그리고 인간은 섹스머신을 만들었다

그리고

인간은

섹스

머신

을 만들었다

호아그 레빈스 지음
한지엽 옮김

감사의 글

이 책을 준비하는 데 많은 사람과 단체의 도움을 받았다. 우선 디자이너이며 그래픽 아티스트인 존 고쉬케에게 감사를 표한다. 그는 마이크로 필름에 담겨진 희미한 원화를 새롭게 옮겨 그리는 데 수고를 아끼지 않았다. 또 패트릭 레빈스도 그래픽 디자인에 도움을 주었다. 구하기 어려운 사료를 찾는 데 많은 도움을 준 레이 더랜스 및 「연합 징보 곤설딘드 회사」(미시긴 주 엔하비 소재)의 임직원 여러분들께도 감사의 뜻을 전하고자 한다. 전직 미 특허청 변리사이자 현재 「제이콥슨 프라이스 홀만 & 스턴 특허 법률 사무소」에 근무하는 조나단 쉬어러는 특허청의 서류를 찾는 작업을 수행해 주었다. 그 외에 자료 수집 및 연구에 도움을 준 분들을 열거하면 다음과 같다.

미시간 대학교 인류학과의 크리스토퍼 파파라스, 「베이커세더버그 박물관 및 문서 보관소」(뉴욕 주 로체스터 소재)의 연구 담당 부관장인 테리 레어, 로체스터 역사학회의 윌라드 C. 버니 여사, 「캘리포니아 역사학회 노스 베이커 도서관」(캘리포니아 주 샌프란시스코 소재)의 관장인 제프리 바 등이 그들이다. 또 샌리 레빈스와 앨 피크는 꼼꼼한 원고 교정을 비롯하여 많은 소중한 도움을 주었다. 이들 모두에게 진심으로 감사하는 바이다.

이렇게 많은 이들의 도움을 받았지만, 이 책에 담긴 주장이나 해석은 모두 필자의 몫이며 또한 오류 및 결함도 전적으로 필자의 책임임을 밝혀 둔다.

서 론

이 책에 대한 구상을 얻게 된 것은 매우 독특한 기록들이 미 특허청에 보관되어 있음을 우연히 알게 되면서부터였다. 그것은 자료들의 세심한 보관 및 관리를 자랑하고 있는 미 특허청의 성(性) 관련 특허품에 대한 서류들로, 150여 년에 걸친 미국 성 문화의 혁신적 변화 과정을 소상히 엿볼 수 있게 해 주는 자료였다. 이 책은 이들 자료를 모아 최초로 선보이는 것이며, 이를 통해 미국인들의 성적 태도 및 성적 관행 등의 변화 과정을 새로운 시각으로 바라볼 수 있을 것이다.

기계 발명에 있어서의 특출한 재능은 지금까지 미국인들이 보여 준 두드러진 주요 특성 가운데 하나였다. 이것은 일찍이 1787년에 소집된 헌법제정회의(미합중국 헌법의 원문 기초를 위해서 1787년 5월에 열림;역주)에서 공식적으로 확인된 사실이다. 바로 그때 특허제도 마련과 더불어 특허청을 중심적인 정부기관으로 설립하였던 것이었다. 산업혁명의 도래를 눈앞에 둔 시점에서 마련된 이 특허제도는 발명가들이 자신들의 발명을 사회와 공유하도록 함으로써 미국의 생산 경제를 더욱 성장하게 만들기 위한 것이었다.

적절한 법적 장치가 없는 상황에서 발명가들은 자신들의 발명을 비밀로 해 놓는 경향이 강하다. 특허제도는 발명가들에게 새로운 선택권을 제공해 주었다. 자신의 발명 내용을 모든 사람들에게 영구히 공개하는 대신 그것의 제조와 판매 및 이를 통한 상업적 이윤 획득에 17년간의 독점적 권리를 부여받는 것이었다.

　법률에 의하면, 특허출원서는 읽는 사람이 그 물건의 중요한 제원(諸元)을 소상히 파악할 수 있도록 상세하고 명확하게 작성되어야 한다. 또한 특허 출원자는 자신의 발명품이 어떤 문제점이나 결함을 보완하기 위한 것인지도 밝히도록 하고 있다. 따라서 특허청에 보관된 서류는 미국인들이 일상생활에서 겪었던 어려움과 불편이 무엇이었는가를 보여 주는 소중한 기록이 된다. 100년이 지난 후, 특허 서류를 분석해 보면 당시의 사회적, 심리적, 도덕적, 기술적 양상 및 그 경향을 알 수 있는 단서가 제공되는 것이다.

　이들 자료가 담고 있는 정보가 더욱 중요한 이유는 자료의 수집과 평가에 있어서 매우 체계적이며 공정하기 때문이다. 특허출원서의 거의 모든 낱말들을 하나하나까지 살피고 평가하던 특허청 심사관들은 전통적으로 높은 교육과 훈련을 받은 기술자 및 법률 전문가들로서, 투철한 직업 의식을 갖고 있었다. 특허출원서에 과장이나 애매한 표현, 중언부언 늘어놓는 것을 금지했기 때문에 매우 세밀한 관찰과 설명이 담긴 역사 자료가 만들어지게 된 것이다.

　책 준비를 위한 연구 과정 중에 필자는 모두 800점이 넘는 성 관련 특허품을 찾아내었다. 시기적으로는 1846년까지 거슬러 올라가며, 고래뼈를 깎아 만든 질 삽입물에서부터 음악 컴퓨터 칩이 내장된 콘돔에 이르기까지 다양한 것들이었다. 이들 특허품이 특별히 한 장소에 따로 보관되어 있었던 것은 아니고 특허청 이곳저곳에 흩어져 있는 상태였다.

특허청 자료 중에는 다른 곳에서는 찾아 볼 수 없는 희귀한 내용이 담긴 것들도 있었다. 예컨대, 정부기관 중에서 특허청만이 유일하게 빅토리아 시대의 성 기구 발달에 대한 체계적 기록을 보유하고 있다. 빅토리아 시대에는 그러한 제품의 생산이 연방법률에 의해 제재를 받고 있었으며, 경찰 단속도 끊이지 않고 이어졌다.

특허 심사에서는 출원품의 효율성이나 안전성 또는 상품성 등을 보기보다는 오로지 혁신적인 발상이냐 아니냐만을 살펴보기 때문에 800점의 특허품 중에서 얼마만큼이 실제로 상품화되었는지는 알 수 없다. 따라서 이 책에 기술된 아이디어나 기구들 중 상당수는 그 사용에 위험이 뒤따를 수 있음을 독자 여러분들이 충분히 숙지하여야 할 것이다.

오래된 성 관련 특허품들은 이미 오래 전에 폐기되어 버린 생리학 이론에 기초해 만들어진 것이다. 또한 근래의 발명품들 중 많은 수가 아직 미국 식품의약국 같은 공인된 기관의 승인을 받지 못하였다. 이들 발명품이 출시되기 위해서는 이런 승인이 먼저 필요한 것이다.

대략 시대순 및 그 유형에 따라 분류하여 배치해 놓은 이들 발명품을 통하여 청교도 선조에서부터 최근 몇십 년간의 성적 혁신과 기술 혁신에 이르기까지, 오늘날 가족관과 안전한 성에 대한 끊임없는 논쟁 등, 미국의 성적 태도에 관한 숨겨진 역사를 살펴볼 수 있게 될 것이다.

이들 발명품 중에 일부는 - 특별히 2차 세계내전 중에 개발되었던 것들 현재 일상적으로 쓰이는 용품이나 개인 위생 기구가 되기도 했다. 그러나 그 외의 다른 것들은 대단히 평범치 않은 것들이다. 외설적인 것도 있고, 잔인한 것도 있으며, 기괴한 것, 또 어쩐지 처량한 기분이 들게 하는 것조차 있다.

하지만 그러한 것들 또한 그 필요성과 시장성을 의심하지 않고 막대한 비용과 노력을 기울인 발명가들의 작품이다. 어찌 되었든 여기 모아 놓은 발명품들을 통해 우리는 미국의 발명에 대한 열의와 인간의 성적 행위 간의 기묘한 만남을 새롭게 바라볼 수 있을 것이다.

- 호아그 레빈스

| 차 례 |

1

섹스머신의 서곡

Early American Sex

1 최초의 성 관련 특허품

1781년 요크타운에서 영국이 항복하자, 미국 독립전쟁은 마을 내리게 되었다. 그때 신생국가인 미국의 영토는 그 동서의 폭이 채 200마일(약 320km;역주)을 넘지 못했다. 역사학자 존 데밀리오와 에스텔 프리드만은 다음과 같이 쓰고 있다.

「당시 미국은 척박한 환경에서 힘겹게 지탱되어 나가던 사회였다. 대부분의 사람들은 가족간의 강한 유대 속에 자급자족 형태의 농장이나 작은 마을에서 생활하고 있었다. 따라서 이들은 종래의 종교 전통 및 국가 전통을 유지하며 살아갔다. 거의 모든 지역에서 공식적인 종교는 청교도주의였다. 이는 영국으로부터 유입된 종파로, 원래의 칼뱅주의와 별다른 차이점이 없었다. 즉, 칼뱅 교도들과 마찬가지로 이들 청교도들은 예정론을 믿었고, 성서를 살아 있는 하나님의 말씀이라고 주장하였으며, 이를 지나치게 맹목적으로 받아들이는 경향이 있었다.」

이 종파의 주된 관심사 중 하나는 인간의 모든 성적 행위를 억압하는 것이었다. 성적 전통의 역사에 대한 존 데밀리오와 에스텔 프리드만의 글을 살펴보자.

「청교도주의의 가르침에 따라 공동체 전체가 자체 내의 도덕적 규율을 유지하기 위한 책임을 지고 있었다. (중략) 게다가 좁은 그물망처럼 긴밀하게 인간관계가 맺어져 있었기 때문에 남의 이목을 피해 부적절한 성적 행위를 하기란 쉬운 일이 아니었다. (중략) 뉴잉글랜드와 마찬가지로 체서피크에서도 교회 및 법원은 종교적인 죄를 지은 사람에게 형벌을 가했다. 예컨대 간음이나 간통을 한 자와 남색한 자, 또 강간을 저지른 자에게는 벌금을 물리거나 매질을 가했다. (중략) 메릴랜드에서는 미혼 남녀가 성행위를 했을 때 최고 20대의 채찍질을 당하거나 500파운드의 담배를 벌금으로 물어야 했다」

그러나 1781년 영국의 패퇴 이후로 다른 종류의 혁명, 즉 사회적 변혁과 기술적 혁신이 일어나기 시작했다. 조지 워싱턴이 사망한 1799년경에는 기계의 적극적 사용으로 인해 미국의 생활 방식과 경제 패턴이 이미 크게 바뀌어 있었다. 갖가지 기계가 발명되고 이것들이 이윤을 올리는 데 활용되자 기계는 종교에 버금갈 정도로 사람들의 생각과 마음을 사로잡게 되었다.

토마스 제퍼슨이 사망한 1826년을 살펴보면, 동부 해안 쪽의 강독에는 곳곳에 공장이 들어서 있었고 그 주위로는 저장소와 가옥, 상점 및 여흥을 제공하는 장소들이 촘촘히 들어차 있었다. 그런 장소들에서 나오는 소란스러움과 활력, 그리고 상업적 열기는 사람들을 유혹하기에 충분했다. 또 이들 장소가 제공하는 익명성은 답답한 시골 생활을 하던 사람들에게 좋은 위안처가 되어 주었다.

제임스 리드는 다음과 같이 기록하고 있다.

「경제적 기회를 찾아 젊은이들은 고향을 떠났다. 이러한 인구의 유동으로 인해 끈끈했던 친족간의 유대는 느슨해져 갔고, 새로 가정을 마련한 젊은 부부들은 그들의 삶을 다스리는 데 있어 개인적 양심이나 내적 기준에 더욱 의존하게 되었다. 경제적 변화 역시 가족 내 남자의 역할과 여자의 역할에 변화를 가져왔다」

이러한 변화의 속도와 그 쪽에 심내한 영향을 미친 새로운 발명품이 있었다. 이 발명품으로 인해 광범위한 논쟁과 사회적 대립이 야기되기도 했다. 그 발명품이란 바로 인쇄 기술이었다.

인쇄 기술의 발달

1830년대가 되자 총기류에서부터 농업용 기계에 이르기까지 다양한 분야의 발명품이 쏟아져 나왔다. 이는 인쇄 기술 분야에도 예외가 아니었다. 잉크 제조 및 종이 처리 기술, 조판 기술이 발전에 발전을 거듭했고 인쇄기도 기계화되었다. 이로 인해, 종이 한 장씩을 올려놓고 손으로 크랭크를 돌려가며 찍어내던 재래의 기술이라면 고작 수십 장밖에 찍어내지 못 했을 시간에 수백 장 또는 수천 장의 인쇄물을 찍어 낼 수 있게 되었다. 대량 인쇄가 가능해지고 또 인쇄 비용이 크게 하락하자 출판사가 폭발적으로 늘어나게 되었다. 그리고 이는 최초의 대중매체가 되었다.

상업 광고를 실은 신문들이 말안장 주머니나 모피로 된 우편 행낭, 또는 거룻배 위의 커다란 상자에 담겨 곳곳으로 퍼져나갔다. 이로 인해 우편 주문 업체들은 전에는 상상할 수 없었던 크기와 다양성을 갖출 수 있게 되었다. 글을 해득할 수 있는 사람들이 점점 많아지고, 또 이들 사이에 책과 신문의 보급이 늘어나자 개인과 사회 간의 긴밀한 커뮤니케이션 통로가 마련되었다. 지역적으로 외떨어진 곳에 사는 사람들도 도시에서 유입되는 새로운 생각과 도발적인 사상의 흐름에 꾸준히 접할 수 있게 되었다. 그 당시 도시에서는 변화하는 사회윤리 및 성적 가치관에 대한 논란이 끊임없이 일어나고 있었다.

예컨대 1831년 뉴욕에서 발간된 〈도덕적 생리학 – 인구 문제에 관한 소고〉란 책의 경우를 들 수 있다. 이 책은 전직 교육감이자 신문 편집인인 로버트 데일 오웬이 쓴 것으로, 미국인이 쓴 책으로는 피임을 다룬 최초의 책이었다. 피임 방법으로 질외 사정을 권하고 있는 이 책은 12개월만에 7판이 발행될 정도였다. 그 당시로는 상당한 호응이었다. 역사학자 제임스 리드는 오웬의 책으로 인해 야기된 당시의 논란에 대해 다음과 같이 기술하고 있다.

「피임이 도덕적인 것인가의 여부와 또 그 안전성에 대한 전국적 규모의 논쟁이 시작됐음을 알리는 책이었다. 부자가 되는 일과 영혼을 구원받는 일이 함께 양립할 수 있다는 주장이 지배하는 시대를 살아가고 있었던 미국인들은 갖가지 실용서적을 구매하기 시작했다. 이런 책들로 인해 가족의 한계에 대한 논의뿐만 아니라 가족과 사회의 적절한 관계 및 가족 내의 각 성원들의 역할에 대한 토론의 장이 마련되었다」

1832년 매사추세츠의 존경받는 의사 찰스 놀턴이 〈철학의 성과 - 젊은 부부를 위한 지침서〉란 책을 썼다.(원문에는 Fruits of Philosophy로 되어 있어 철학의 성과라고 번역하였으나, 원작자가 Physiology(생리학)을 잘못 쓴 것이 아닌가 여겨짐;역주) 이 책은 수동 펌프를 이용해 질 안에 세척액을 주입하는 방법에 대해 쓴 최초의 책이었다. 닥터 놀턴은, 강한 압력의 세척액을 이용해 질 안에 있는 정액을 씻어 내거나 화학적으로 무력화시키는 방법을 이 책에서 권장하고 있다. 또 그는 녹차나 독미나리 껍질 같은 식물을 달여 만든 수렴제를 이용하여 「미소 생물」을 죽이는 방법에 대해서도 설명하고 있다.

「미소 생물」이란 임신을 가능토록 하는 정액 속의 존재라고 놀턴은 믿고 있던 것이다. 그러나 성직자들로부터 비난을 받았던 놀턴은 마침내 매사추세츠 주 톤튼 시의 한 목사에 의해 외설 혐의로 기소당하게 되었다. 그는 법정에서 유죄 판결을 받고 벌금형에 처해졌다. 그 이후 매사추세츠 주 로웰 시의 어느 지역 유지가 다시 닥터 놀턴을 기소하였고, 여기에서 3개월 간의 강제 중노동형을 받았다. 이런 격렬한 비난과 논란에도 불구하고 1840년까지 닥터 놀턴의 책은 놀랍게도 1만 부가 팔렸으며 곳곳에 수많은 해석판이 나돌았다.

성 상품의 광고

 이러한 상업적 성공을 놓치지 않고 주목한 사람들이 있었다. 피임이나 임신 중절에 관련된 정보와 제품 그리고 여러 서비스에 대한 사람들의 요구가 늘어나자 점점 많은 수의 기업인들이 이를 통해 이윤을 얻으려고 시도하기 시작했다. 〈여성의 몸과 여성의 권리 - 미국의 산아 제한에 대한 사회사〉란 책에서 린다 고든은 다음과 같이 쓰고 있다.

 「낙태에 대한 광고가 넘쳐나고 있었다. 신문에서는 '포르투갈 산 여성용 알약. 유산을 일으키므로 임신 중에는 복용을 삼가시오'와 같은 문구의 광고를 자주 볼 수 있었다. '프랑스 산'이란 단어가 피임기구를 의미했듯이, '포르투갈 산'은 낙태 약을 의미하는 말이 되어버렸다.

 낙태를 의미하는 다른 표현으로는 '구제' 또는 '장애 제거'란 말들이 쓰였다. '기혼 여성들을 위한 안전하고 뛰어난 약품. 포르투갈 산 알약으로 즉각적인 구제를 얻으세요. 가격은 5달러.' 이들 광고는 낙태 약을 월경 촉진제로 광고하고 있었다. 따라서 이 약은 '여성용 조절제'란 이름으로 불렸으며, 광고에서는 낙태와 관련된 어떤 말도 찾아볼 수 없었다」

 엘렌 체슬러는 다음과 같이 적고 있다.

 「낙태와 관련된 시장 경쟁이 더욱 치열해지고, 또 상궤를 벗어난 행위가 벌어지자 여러 언론인들이 이들의 비도덕성에 문제를 제기하기 시작했다. 그리고 가격이나 제품의 질을 관리하고 미혼자들의 이용을 규제할 법규의 필요성을 주장하게 되었다」

전직 이발사나 포주, 약장사 또 스스로 '의사'라 칭하는 사람들이 점포를 차려놓고 1840년대 후반까지 대략 태아 5명 중 1명을 낙태시킨 것으로 추산된다. 그리고 불행히도 부식성의 화학 용액이나 식물에서 추출한 독성 물질, 날카로운 칼날, 뾰족한 철사와 여러 기괴한 삽입용 기구로 인해 독성 반응이나 감염 그리고 출혈 등이 일어났다. 그리하여 목숨을 잃는 여성들이 크게 늘어나 큰 사회적 문제가 되었으며, 공인된 의료인과 성직자, 사회 개혁가 및 정치인들은 더욱 조직된 형태로 낙태를 비난하기에 이르렀다. 그 중에는 도덕적 관점에서 문제에 접근하는 부류도 있었지만 다른 이들은 의료 교육을 받지 않은 사람에 의해 행해지는 수술의 해악에 주로 관심을 기울였다.

홈 메이드 콘돔

늘어나는 피해에 대한 우려감뿐만 아니라 낙태에 대한 정치권의 반감이 점차 커져가자 낙태 산업은 더욱 큰 압박감을 받게 되었고, 이에 따라 피임 도구에 대한 선호도가 높아갔다.

문제는 피임 도구가 충분하지 못 하다는 점이었다. 양 창자를 가공해 만든 콘돔이 있었지만 문제점이 많았다. 음경에 졸라매도록 끈이 달려 있는 이 콘돔은 구하기도 쉽지 않았고 값도 비쌌기 때문에 매번 사용 후 잘 세척해서 말리고 재사용하기 위해 보관해 두어야 하는 불편이 있었다.

가정 주부를 위한 책자 중에는 정육점에서 동물의 창자를 구입해 집에서 콘돔을 만드는 방법을 담은 것도 있는데, 이런 역겨운 내용에 대해 대부분의 여성들이 어떻게 반응했을지는 어렵지 않게 상상할 수 있을 것이다.

한편, 발명가들과 제조업자들은 경쟁적으로 새로운 제품을 개발하고 판매하는 데 열을 올리고 있었다. 이미 신문에는 주입기와 파우더에 대한 우편 판매 광고가 실리기 시작했다. 주입기와 파우더는 1830년대 수많은 책에서 자주 소개되었던 세척법에 필요한 물품이었다. 최초의 상업적 「질 삽입 스펀지」도 출시되었다. 이것은 독일인 의사들이 개발한 새로운 질 삽입 제품이었다. 그 중 하나는 질 안쪽 자궁 경부에 밀랍으로 만든 것을 씌워 정액의 유입을 막도록 한 것이었고, 또 다른 하나는 초기 경화 고무로 만든 질 격막(virginal diaphragm)이었다. 당시 찰스 굿이어에 의해 개발된 경화 고무는 아직 개량화 단계를 거치고 있던 중이었다.

이러한 분위기에서 1845년 뉴욕 주 로체스터 시의 치과의사 존 비어스는 느닷없이 치과 의료기 대신 피임 기구 쪽으로 관심을 기울이게 되었고, 마침내 미국 최초의 성 관련 특허품을 완성하게 된다.

닥터 존 비어스

1839년 닥터 비어스가 로체스터로 이주했을 당시 로체스터는 활발한 개발이 이루어지고 있던 미국 최초의 「붐 타운」이었다. 로체스터는 폭포

주위에 세워진 도시로, 제네시 강이 이 폭포를 타고 온타리오 호수로 흘러들어 가고 있었다. 따라서 로체스터는 곡물상이나 운송업자, 금융업자 등이 모여드는 곳이었다.

「밀가루 도시」라는 별명을 갖고 있던 이곳 로체스터에는 세계에서 가장 큰 제분 공장이 있었으며, 당시 최첨단의 기계 설비를 자랑하고 있었다. 이러한 이유로 공구나 발명품에 대한 사람들의 관심도 매우 높았을 뿐만 아니라 이와 관련된 업종에 종사하는 사람의 수도 상당히 많았다. 이것은 바로 산업혁명이 시작되고 있음을 의미하는 것이었다. 별다른 배경이나 수단을 갖지 못 한 사람이라도 새롭고 유용한 도구를 발명해 낸다면 크게 출세할 수 있다는 생각이 마치 신의 계시처럼 미국인의 마음을 사로잡게 되었다. 그것은 유럽의 왕족보다 더 존경받는 존재가 될 수 있다는 꿈, 즉 백만장자의 꿈이었다.

로체스터에 최초로 치과 의원을 개업한 7명 중 한 사람인 닥터 비어스는 기계 수리 매니아이자 발명가이기도 했다. 그것은 당연한 일로, 당시 치과 의사들은 대부분의 진료 도구나 설비를 직접 만들어 써야 했던 것이다. 따라서 이들은 숙련된 야금 기술자이자 기계공이며 목수이자 조각가이기도 했다. 틀니를 조각하는 일, 경첩을 금속판에 다는 일, 부식에 강한 스프링 장치와 드릴, 발치 기구를 만드는 일 등을 해야 했으므로 당시 다른 직종에 비해 치과 의사들은 기계를 상당히 많이 다루어야만 했던 것이다.

1845년 고래 기름 램프의 흔들리는 불빛 아래 작업대에 앉아 있던 닥터 비어스는 치과 진료에 쓰이는 금도금 철사와 작은 크기의 경첩에서 새로운 아이디어를 떠올렸다. 자궁 내로 정액이 들어가지 못하게 하는 도구를 생각해 낸 것이었다. 그 후 그는 임신을 막는 기구 제작에 힘을 쏟기 시작했다. 이 제품이 완성되면 언제든지 임신 걱정 없이 성적 쾌락을 만끽할 수 있을 것이며, 여성들은 성적 활동에 주체적 역할을 할 수도 있을 것이었다. 낙태나 동물 내장 콘돔, 조악한 경부 씌우개, 또 독성이 강한 세척액 등에 비해 월등한 장점을 가지고 있었기 때문에 상업적으로도 크게 성공할 수 있으리라 여겨졌다.

1846년 초 닥터 비어스는 그 설계를 마쳤다. 도안과 설명서에 두 사람의 친구(한 사람은 제본업자였고 다른 한 사람은 변호사)로 하여금 증인으로 서명하게 한 뒤 이것을 특허청으로 보냈다. 당시 특허청은 워싱턴 시 8번가와 F가에 위치한 새 청사로 옮겨 가 있었다. 닥터 비어스는 특허청장 에드먼드 버크에게 보낸 특허출원서에 「부인용 보호구」란 이름의 피임 도구를 출원한다고 썼다. 그 발명품이 바로 격막으로, 금테에 기름 먹인 비단이 끼워져 있었고 손잡이로는 백금을 사용하고 있었다.

닥터 비어스는 특허청에 보낸 심사 서류에 사용법을 다음과 같이 썼다.

「오른쪽 엄지손가락을 이용해 둥그런 금테를 손잡이 쪽으로 접어 넣은 다음 질 안으로 삽입한다. 괄약근과 골반 뼈를 지나면 자동적으로 원래 모습대로 펼쳐지며 원형의 테는 손잡이와 거의 직각을 이루게 된다. 더 안쪽으로 밀어 넣게 되면 손잡이는 원형을 그리며 90도 가량 돌아가게 된다. 이 위치에 놓이면 금테에 끼워진 비단막이 자궁을 완전히 덮게 되

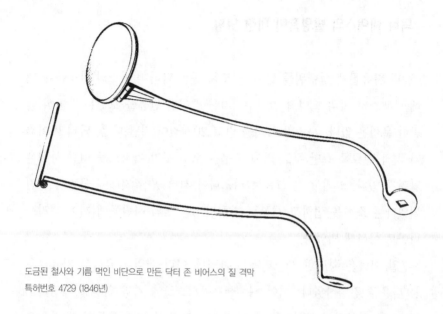

도금된 철사와 기름 먹인 비단으로 만든 닥터 존 비어스의 질 격막
특허번호 4729 (1846년)

어 정액의 유입을 막아주게 된다. 정액이 자궁 안으로 유입되지 않으면 임신은 불가능한 것이다」

　이런 특이한 발명품을 놓고 특허청장과 두 사람의 심사위원 사이에 어떤 논의가 있었는지는 상상만 할 수 있을 뿐이다. 마침내 그들은 닥터 비어스의 격막이 유용하게 쓰일 수 있는 새로운 발명품이며 특허를 획득할 만한 것이라는 결론을 내렸다. 특허청은 1846년 8월 28일 이 발명품에 특허번호 4729번을 부여하였다. 특허를 받는 것은 당시 흔하지 않은 일로서, 큰 영예로 생각되었으며 따라서 이 일은 로체스터 시민들에게 비상한 관심을 불러일으키기에 충분했다.

닥터 비어스의 발명품이 미친 영향

좀더 자유롭게 성행위를 할 수 있도록 돕는 닥터 비어스의 발명품에 대해 로체스터 시의 도덕적 엄격주의자들이 어떤 반응을 보였는지 밝혀 줄 만한 문헌은 없다. 하지만 특허를 받고 20개월이 지난 다음, 닥터 비어스가 치과 진료를 그만 두고 가재 도구를 모두 꾸려 아파트를 떠난 사실은 알려져 있다. 그리고 곧 그는 캘리포니아 서터 공장 지대에 금광이 발견되었다는 소식을 접하고 서부로 향하던 8만 명의 사람들에 끼어 캘리포니아로 향하게 되었다.

후일 이들은 황량한 새크라멘토 계곡에 여러 개의 풍요롭고 자유로운 붐 타운을 건설하였다. 비어스는 샌프란시스코에 치과 의원을 개업하였고 그 후 획기적인 금치관(金齒冠)의 발명과 광산 세광 홈통의 개량 등으로 특허를 여러 개 받게 되었다.

역사적으로 보면 1846년에 비어스가 만든 금테 격막은 그 유래가 없을 만큼 독특한 것이라 하겠다. 그것은 단지 성교에 대해 직접적으로 언급한 최초의 물건이라는 이유뿐만 아니라, 성적 쾌락에 대한 긍정적인 생각을 노골적으로 표명하고 있기 때문이다.

비어스의 발명품은 다른 발명가들에게 성 관련 발명품이 상품으로서의 가능성이 충분히 있음을 환기시켜 주었다. 1840년대에서 1901년까지(이 시기는 대략 빅토리아 시대와 일치한다) 200여 개가 넘는 성 관련 발명품에 특허가 허가되었다.

하지만 발명가들이 이러한 발명품을 만들게 된 동기는 닥터 비어스의 그것과는 확연히 달랐다. 속도를 더해 가고 있던 산업혁명으로 다양한 재료와 풍부한 아이디어가 가능해지자 발명가들은 이를 이용해 오히려 인간의 성적 본능을 강제적으로 통제하고 억압하는 발명품을 만들어 냈던 것이다.

2 자위 행위에 대한 억압

예전 의료인들도 현재의 의사와 크게 다르지 않을 것이라고 생각하는 경향이 있다. 하지만 1700년대의 의료인들은, 사실 의사라기보다는 주술사에 가까웠다. 귀신들림과 같은 미신을 여전히 믿고 있는 사회에 살고 있었으므로 이들은 달의 힘이 사람을 미치게 만들 뿐 아니라 여성 월경의 원인이 되기도 한다고 믿고 있었다. 또 해부한 시체를 앞에 두고 어떻게 영혼이 육체적으로 신경 구조와 결합되어 있는지를 알아 내려고 하였으며, 황열병의 원인이 늪지의 습한 공기 때문인지 아니면 댄스 홀과 같은 죄악을 용인하는 사회에 대해 신이 내리는 분노의 형벌인지를 두고 논쟁을 벌이기도 했다.

당시의 지적 분위기를 명확하게 나타내 주는 글이 있다. 프랑스의 의사이자 작가인 시몽 앙드레 띠소의 작품이 그것으로, 그는 유럽뿐만 아니라 미국에서도 광범위한 독자층을 갖고 있었다. 1758년에 그는 〈오나니즘(Onanism)〉이란 책을 저술하였다. 이 책에서 그는 왜 자위행위가 신경 체계와 두뇌에 해를 끼치는가를 설명하였다. 책의 제목 오나니즘은 〈창세기〉에 실린 한 이야기에서 유래된 것이다. 이 이야기에 따르면, 유다는 큰 아들이 죽자 작은 아들 오난에게 미망인이 된 형수와 동침하여 대를 이으라고 명령한다. 그러나 형수와의 성 관계를 께름칙하게 생각했던 오난은 오르가즘 직전에 성기를 빼내 땅바닥에 사정을 한다.

그리고 얼마 후 오난은 하느님의 분노를 사 죽임을 당하게 된다. 이 이야기의 핵심은 순종의 중요성을 강조하는 데 있다. 오난이 죽은 것은 아버지 유다의 명을 따르지 않았기 때문이라는 것이 이 이야기의 주제인 것이다. 하지만 유럽의 종교 지도자들이 주장한 바는 이와 달랐다. 여자의 질을 쾌락의 도구로 이용한 것, 또 의도적으로 임신을 피한 것이 자위행위에 해당하며, 자위행위를 저지른 죄로 인해 하느님으로부터 죽임을 당했다는 것이다.

자위행위는 머리의 혈압을 높이고, 이로 인해 신경 체계에 회복할 수 없는 해를 끼치게 되며, 결국에는 정신 이상을 일으킨다고 닥터 띠소는 〈오나니즘〉에서 설명하고 있다. 흥미로운 12개의 장으로 이루어진 이 책에서 자위행위가 일으키는 소모성 질환과 사망, 정신 이상, 발기부전, 쇠약, 신체장애, 시각 및 청각 손상 등의 실례를 들고 있는 것이다.

역사가 E. H. 헤어는 다음과 같이 설명하고 있다.

「띠소는 부인할 수 없는 의학계의 권위자였기 때문에 그의 책은 의료 분야에 심대한 영향을 끼쳤다. 18세기 말에는 자위행위에 대한 띠소의 가설이 광범위하게 받아들여지게 되었다」

벤자민 러쉬도 자위행위와 정신 이상과의 관련성을 받아들인 사람 가운데 하나였다. 독립선언서의 서명자였던 벤자민 러쉬는 미군 수석 의무감과 조폐창 재무담당관을 역임하기도 했다. 또한 도덕적 개혁가이자 강연자이며 교사이기도 했고, 미국 독립 초기의 가장 영향력 있는 의료 관련 저술가이기도 했다. 당시의 의학자들과 마찬가지로 닥터 러쉬는 정신 건강에 대한 전통적 견해를 뒤집는 새로운 정보들을 접하고 이로 인해 야기된 여러 난점을 해결하고자 고심하고 있었다. 예컨대 1809년 달과 정신 이상 간의 관련성을 다룬 논문은 달이 정신 이상의 중요 요인으로 작용한다는 이론이 그릇된 것임을 밝히고 있었다. 정신 질환의 또 다른 주요 요인으로 지목되어 왔던 것, 즉 귀신들림도 더 이상 의료인들은 받아들이지 않고 있었다. 따라서 닥터 러쉬를 비롯한 많은 의료인들은 정신 질환을 일으키는 다른 요인을 찾고자 노력하고 있었던 것이다.

달과 정신 질환 간의 관련성을 논박하는 논문이 발표될 당시 닥터 러쉬는 미국 최초의 정신 의학 논문을 집필하고 있었다. 3년 뒤인 1812년 〈마음의 병에 대한 의학적 탐구 및 관찰〉이란 제목의 논문을 발간하였는데, 여기에서 닥터 러쉬는 「소위 광증(狂症)이라 불리는 질환은 실은 뇌혈관 질환이다」라고 쓰고 있으며 뇌혈관 질환을 일으키는 주요 원인으로 자위행위를 지목하고 있었다. 이 주장을 뒷받침하기 위해 그는 자위행위로 인해 정신 질환에 걸린 사람들과의 직접적 임상 경험을 인용하고 있다.

19세기 의학에서 정설로 받아들여지는 상당 부분이 닥터 러쉬의 저작을 통해 확립되었다. 19세기를 살펴보면 갖가지 치료법을 주장하는 수많은 집단들이 경쟁적으로 출현한 시기이다. 정규 의료 교육을 받은 의학 박사에서부터 야채를 숙성시켜 치료제를 만드는 톰슨주의자(톰슨주의 - 사뮤엘 톰슨(1769-1843)에 의해 주창된 의학 이론;역주)에 이르기까지, 또 제 7 안식교의 성령 치료사에서부터 물을 이용한 수(水) 치료사까지 아주 다양했다. 하지만 이들 모두가 한 목소리로 주장하는 것이 있었다. 그것은 자위행위는 비난받아 마땅한 행위일 뿐 아니라 그 자체가 질병이라는 주장이었다.

1800년대 후반에 의사들이 남겨놓은 기록을 살펴보면 의료인들은 전국 규모의 자위행위 반대 운동을 조직했으며, 이를 통해 가족들과 동료들이 자위행위를 하는 듯한 주변 사람들을 감시하고, 또 발견하는 즉시 신고하도록 독려하고 있었음을 알 수 있다. 일리노이 주의 의사 알렌 W. 하겐바흐의 기록에 따르면 자위행위로 발각된 성인은 정신병자 수용소에 강제로 감금되었다고 한다. 또 지방 관리들의 명령에 의해 고환 적출 수술이 행해진 경우도 적지 않았다고 한다.

따라서 자위행위를 방지하는 문제 및 이와 관련된 상업적 가능성에 미국의 발명가들이 주목했던 것은 당연한 일이었다. 1870년 코네티컷 주의 다니엘 쿡은 「자위행위의 악습에 빠져 있는 사람이 자신의 성기에 손을 대지 못 하도록 덮어 가려 주는」 가리개를 특허 출원했다.

「자기 방어 기구」라는 이름의 이 발명품은 성기가 들어가는 주머니에 가죽이나 금속 끈으로 된 거들이 달려 있어서 이것으로 성기 주머니를 하체 부분에 고정시킬 수 있도록 한 것이었다. 또 거들에는 잠금 장치까지

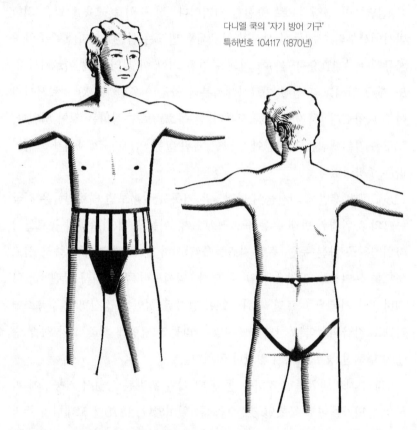

다니엘 쿡의 "자기 방어 기구"
특허번호 104117 (1870년)

마련되어 있었다. 성기 주머니는 「착용자가 자신의 성기를 만지는 것이 불가능하도록」 고안되어 있었다. 성기 주머니에는 소변을 흘려보낼 수 있도록 조그만 구멍이 뚫려 있었다.

　강제적으로 수술을 받거나 쿡의 발명품을 착용해야 했던 사람들도 있었지만 습관적 자위행위에서 벗어나기 위해 스스로 치료를 받으려 한 사람도 상당수 있었다. 이들은 자위행위로 인한 장기적 영향에 대해 걱정을 하고 있던 사람들이었다. 이들로 인해 특히 의약품 판매상이나 우편 주문 관련 사업가 또 자위행위를 억제할 수 있는 치료 요법과 치료제 및 기구를 제공하는 의료 기관들에게 커다란 이윤을 약속해 주는 황금 시장이 형성되었다.

1896년 샌프란시스코의 마이클 매코믹이란 이름의 기업가는 복부에 잡아매도록 고안한 자위행위 방지 장치를 특허 출원하였다. 이 장치에는 날카로운 금속들이 끼워져 있었으며, 옷 안에 착용할 수 있도록 만들어졌다. 매코맥은 자신의 발명품에 대해 다음과 같이 기록하였다.

「자위행위를 방지할 필요성이 있는 자의 경우 접착제 등으로 혁대를 반영구적으로 조여놓을 수 있다」

1903년 콜로라도 주의 알버트 토드는 전기를 이용한 두 가지 형태의 자위 방지용 기구에 대해 특허출원을 하였다. 첫 번째 형태는 강철 코일을 새장처럼 만든 후 이곳에 음경 및 고환을 넣도록 한 것이었다. 「착용자가 부수거나 잘라 내어 끄집어 내기 어렵도록」하였고 또 그 안에 담길 신체 기관이 「앞쪽으로 특정 거리 이상 늘어나지 못 하도록」하였다. 또 아연판과 구리판으로 만들어진 전기 발생 벨트가 달려 있어서 여기에 산성 액체가 닿으면 전기를 일으키도록 하였다. 「땀과 같은 신체 분비액이 벨트에 접촉함으로써」전류가 발생되는 것이지만 자위 행위자의 몸에 묶어 놓기 전에 수 분 동안 적당한 산성 용액에 담가 놓아도 역시 전류를 발생시킬 수 있었다. 성기에 직접 전기가 닿을 때 우려되는 결과를 잘 알고

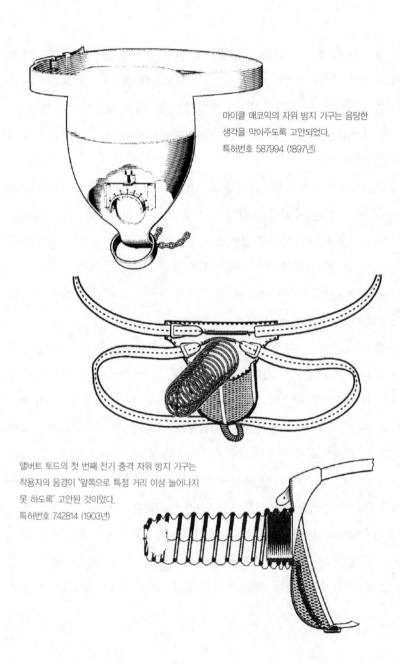

마이클 매코믹의 자위 방지 기구는 음탕한
생각을 막아주도록 고안되었다.
특허번호 587994 (1897년)

앨버트 토드의 첫 번째 전기 충격 자위 방지 기구는
착용자의 음경이 "앞쪽으로 특정 거리 이상 늘어나지
못 하도록" 고안된 것이었다.
특허번호 742814 (1903년)

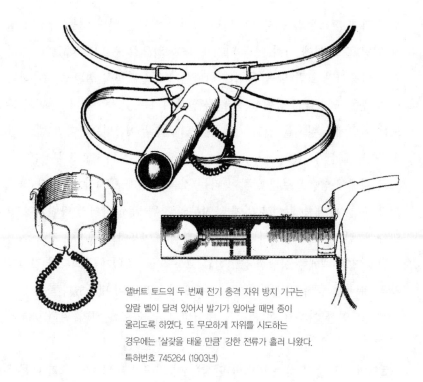

앨버트 토드의 두 번째 전기 충격 자위 방지 기구는
알람 벨이 달려 있어서 발기가 일어날 때면 종이
울리도록 하였다. 또 무모하게 자위를 시도하는
경우에는 "살갗을 태울 만큼" 강한 전류가 흘러 나왔다.
특허번호 745264 (1903년)

있었던 알버트 토드는 다음과 같이 덧붙였다.

「전기 벨트에 의해 발생하는 강한 전류에 의한 손상으로부터 환자를 보호하고자 할 경우에는 성기를 넣는 코일과 고환 주머니에 절연 처리를 할 수 있다」

한 달 후 특허청은 음경 삽입 실린더에 전기 충격 장치와 알람이 장착된 두 번째 발명품에 대해서도 특허를 허가하였다. 속이 비어 있는 튜브 내부에 막대 피스톤과 탐지기가 달려 있어서 발기를 하면 이를 감지해 낼 수 있었고 또 이에 따라 여러 가지 반응을 일으킬 수 있게 하였다. 여러 가지 반응이란 알람 벨을 울리게 한다든가 또는 「성적 질환을 치유하는 데 도움을 줄 만큼의 강력한 전류」를 발생시키는 것 등이었다. 앨버트 토드는 이번에도 상처를 입힐 가능성을 염두에 두어 「필요하다면 벨트 안쪽 면을 섀미 가죽(Chammy, Shammy 흔히 세무 가죽으로 부름;역주)으로 덧대어 놓음으로써 살갗이 타는 것을 미연에 방지할 수 있다」라고 했다. 고급형 제품에는 그 외에도 여분의 자위 방지 장치가 마련되어 있었다. 그런 장치 가운데 하나가 「튜브 자체를 이용하여 음경에 자극을 가하려고 꾀할 때에는 상당한 불편함과 고통을 줄 수 있게끔 적당한 길이를 갖춘」 뾰족한 금속 및 못이었다. 그는 또 다음과 같이 덧붙였다. 「의지가 약한 환자가 이 기구를 벗어버릴 수 없도록 하기 위해 충분히 긴 끈으로 풀기 어렵게 단단히 매듭을 지어야 한다」

토드의 발명품이 갖는 명백한 단점은 이 기구가 지나치게 크기 때문에 사람들 눈에 띄지 않게 의복 안에 착용할 수 없다는 점이었다. 따라서 효용성과 상품성에 제약이 따랐다. 3년 뒤, 라파엘 A. 손이라는 사람이 이러한 단점을 보완하는 자위행위 방지 장치를 특허 출원했다. 그가 발명한 것은 잠금 장치가 달린 음경 조임쇠로, 눈에 띄지 않게 옷안에 착용할 수 있었으며 또 착용한 채로 걸어다닐 수 있도록 만들어졌다. 이것은 작은 크기에 어울리지 않게 매우 잔인할 정도로 정교하게 만들어진 것이었다. 열쇠 및 자물쇠와 더불어 조임쇠 안쪽은 몹시 복잡한 기계 장치로 이루어져 있었다. 라파엘 손은 사용법을 다음과 같이 설명하였다.

「덮개 장치를 열쇠로 열어 성기에 장착한 후 자물쇠를 잠근다. 그리고 조임 장치가 작동할 수 있도록 고정 핀들을 뽑아 낸다. 이렇게 장착하고 나면 고통 없이 이 장치를 벗겨 내는 것은 불가능하다. 벗겨 내려 하면 큰 고통이 따를 뿐더러 성기가 절단될 수도 있다. 설사 벗겨 낸다 하더라 도 열쇠 없이는 원래대로 해 놓을 수 없기 때문에 벗겨 냈다는 사실을 숨 길 수 없다」

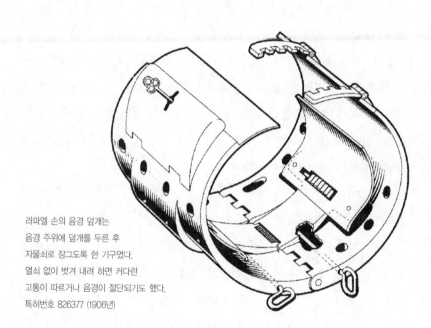

라파엘 손의 음경 덮개는
음경 주위에 덮개를 두른 후
자물쇠로 잠그도록 한 기구였다.
열쇠 없이 벗겨 내려 하면 커다란
고통이 따르거나 음경이 절단되기도 했다.
특허번호 826377 (1906년)

정신병자 수용소에서의 자위행위 억제책

자위행위가 정신이상을 유발한다는 이론이 받아들여지게 된 1800년대 초 이후로 정신병자 수용소에서는 자위행위 문제에 대해 초미의 관심을 기울이게 되었다. 의학 교과서에서는 자위행위가 정신 질환을 일으키는 요인일 뿐만 아니라 이를 더욱 악화시킨다고 쓰여져 있었다. 따라서 자위행위를 하지 못 하도록 하는 것이 정신 질환 치료에 있어 매우 중요한 것으로 여겨졌다. 존 찰스 벅닐은 미국 전역의 정신병자 수용소에서 행해지는 진료 행위에 대하여 조사하고 1876년에 그 결과를 논문으로 발표하였다. 이를 살펴보면 당시 수용소에서는 다음의 네 가지 분류의 환자에 대해서는 물리적 구속 수단을 사용하도록 허락했음을 알 수 있다. 첫째, 자살 충동에 사로잡힌 환자. 둘째, 침대에서 가만 있지 못하는 환자. 셋째, 항시 옷을 모두 벗고 알몸을 드러내는 환자. 마지막으로, 상습적 자위행위자가 바로 이들이었다.

1800년대 말, 미국 정신병자 수용소를 답사한 후 작성한 어느 오스트레일리아 의사의 정부 보고서 기록을 살펴보자.

「철창, 쇠사슬, 수갑, 족쇄, 가죽끈, 우리처럼 만든 침대, 고정 의자 등이 흔히 볼 수 있는 구속 수단이었다. 어느 수용소에서는 215명의 여성들에게 갖가지 구속 도구가 이용되고 있었다. 정신병자 구속복 (camisoles), 수갑, 가죽끈 등을 이용해 이들을 휴게실 벽걸이에 서 있는 자세로 붙들어 매두고 있었다. 또 다른 수용소에서는 43명의 여성들이

오후 3시임에도 불구하고 상자형 침대에 큰 대(大) 자로 묶여 있었다」

독한 성분의 약물도 구속 수단으로 쓰였다. 인디애나폴리스의 한 수용소에 대한 묘사에서 닥터 알렉산더 로버트슨은 다음과 같이 기록하였다.

「330명의 환자 중에 100명 가량이 특별한 약물 치료를 받고 있었다. 다량의 아편이 처방되었으며 상당수는 1회당 30그램의 브롬 칼륨을 복용하기도 하였다. 닥터 록하트의 경험에 따르면, 간질을 억제하고 자위행위 습관을 통제하는 데 이보다 좋은 약품은 없다고 한다」

신경의 긴장이 자위행위 욕구를 일으키는 것이라는 생각이 일반적이었고, 또 아편을 이용해 환자의 신경을 가라앉히면 환자의 긴장 상태를 크게 완화시킬 수 있다고 생각했던 것이다.

자위행위와 정신 건강 간의 관련성은 20세기에 들어서도 정신병자 수용소 관계자들에게는 여전히 중요한 관심사였다. 1908년 미네소타 주 비버베이의 엘렌 E. 퍼킨스는 그녀의 특허출원서에 다음과 같이 썼다.

「개탄할 만한 일이지만, 정신착란과 정신박약 그리고 의지박약 등을 일으키는 주요 원인 가운데 하나가 자위행위임은 잘 알려져 있다. 이러한 불행한 일을 목격해 온 본인으로서는 이 질병의 치유에 관심을 갖고 있는 사람들에게 도움이 될 기구의 필요성을 절실히 느껴왔다」

「성 보호대」라고 이름 붙인 이 발명품은 그 도안과 설명서도 함께 첨부되어 있었다. 이 발명품은 남성이나 여성의 사타구니를 완전히 가리는 금속 장치였다. 그녀에 따르면 이 장치를 가죽끈으로 환자의 몸에 붙들어매어 맹꽁이 자물쇠를 채워놓으면 벗는 일이 절대 불가능하다는 것이

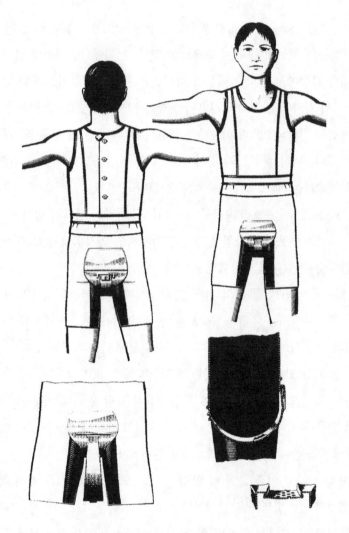

엘렌 퍼킨스는 자신이 일하는 정신병자 수용소에서 자위 행위가 매우 심각한 문제였기
때문에 환자들이 자신의 성기를 만지지 못하도록 "성 보호대"를 발명했다고 말하였다.
특허번호 875,845 (1908년)

었다. 금속으로 된 장치의 사타구니 부분에는 경첩을 달아 만든 성기 출입구가 있었고, 수용소의 책임자들이 이 곳을 열어 환자가 용변을 볼 수 있게 했다.

퍼킨스는 다음과 같이 설명하고 있다.

「실제로 본인이 사용해 본 결과, 이 도구를 환자에게 올바르게 착용시킬 경우 환자가 불편함을 거의 느끼지 못 했으며 또 옷을 적절히 입히면 착용 사실을 거의 눈치채지 못 하게 할 수 있었다」

심사위원들은 퍼킨스의 발명품이 새롭고 또 유용성이 있다고 판단하여 특허를 승인하게 되었다.

2년 후인 1910년 펜실바니아 주 필라델피아의 조나스 에드워드 하이저가 불편을 덜어 주는 개량형 성기 보호대를 특허 출원했다. 그는 다음과 같이 기록하였다.

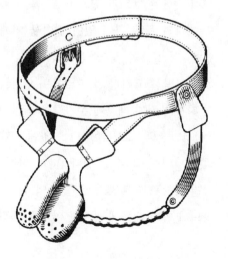

조나스 에드워드 하이저는 정신병자 수용소의 환자들을 위한 자위 행위 방지용 성기 주머니로 특허를 획득하였다. 이 특허에는 가죽으로 만든 것뿐만 아니라 금속이나 사슬 갑옷으로 만든 것도 포함되었다.
특허번호 995,600 (1910년)

「금속으로 된 성기 주머니에 리벳을 박은 가죽끈과 잠금 장치가 된 어깨 끈이 달려 있으므로 환자가 벗겨 낼 수 없으며 또 자위행위를 할 엄두가 전혀 나지 않는다」

다른 발명가들이 재질만 바꾸어 유사한 물건을 만들지 모른다고 우려한 하이저는 가죽이나 판금 또 사슬 갑옷으로 만든 것에 대해서도 특허권을 요청했다. 그는 또한 개개인의 환자 특성에 맞게 다양한 형태로 변형시킬 수 있음도 설명하고 있다.

1915년에는 아이오와 주 데모인의 알프레드 M. 존스는 고무와 캔버스 천 또 쇠로 만들어진 정신병자용 의복에 특허 신청을 하였다. 이 의복은 부피가 상당히 컸기 때문에 잠수복처럼 보였다. 그는 「이 발명품의 목적은 환자들의 자위행위나 자해행위를 방지하는 것이다」라고 설명하고 있다. 그의 설명은 다음과 같이 이어지고 있다.

「이 옷에는 벨트가 있으며, 그 벨트에는 멜빵이 단단히 고정되어 있다. 또 가슴과 등에 끈이 있어 멜빵을 어깨 아래로 밀어 내릴 수 없게 되어 있다. 또 벨트의 솔기에는 쇠사슬이 꿰매져 있다. (중략) 고무 주머니 끝에는 딱딱한 고리가 달려 있으며 이 곳을 통해 소변이 배출된다. 이 고리의 직경은 작기 때문에 손가락을 집어 넣을 수 없다.

여성의 경우 고무 주머니를 없애고 대신 소변이 통과되도록 철망 주머니를 달아 놓을 수도 있다. 다리 아래쪽은 비교적 세게 조여 주는 띠가 달려 있으므로 환자가 손을 집어 넣을 수 없다. 또 멜빵은 철 섬유로 보강되어 있기 때문에 바지를 아래로 내려 손을 집어 넣기란 매우 어렵다」

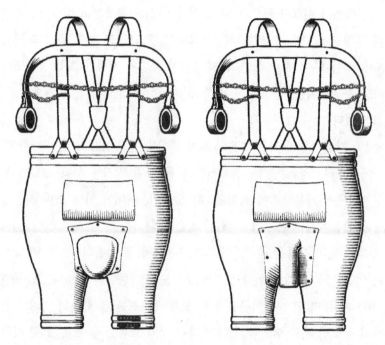

알프레드 M. 존스는 엄청나게 부피가 큰 정신병자 수용소용 자위 방지 의복을 발명하였다. 이 의복은 잠수복을
닮아 있었다. 고무와 캔버스 천, 쇠를 사용하여 만들어진 이 의복은 남성용과 여성용 두 가지 종류가 있었다.
특허번호 1,215,028 (1917년)

자위행위 방지에 대한 관심의 퇴색

사위행위 방시에 대한 관심은 1차 세계 대선 후 섬섬 퇴색뇌어 샀다. 물
론 완전히 사라져 버린 것은 아니었다. 1933년까지도 여러 정신병원에서

는 자위행위가 치료를 필요로 하는 「행동장애」로 분류되고 있었다. 그 당시의 상황을 살펴볼 수 있는 책 〈죄악과 질병 그리고 정신 건강 – 성적 태도에 대한 역사〉에 의하면, 1936년까지 출판된 저명한 의학 참고도서에서도 자위행위를 막기 위한 소작요법(cauterization) 같은 수술을 권하고 있었다.

마지막 자위행위 방지 발명품이 특허 출원된 것은 1930년 인디애나 주 인디애나폴리스의 알랜 P. 리슬리가 만든 자위 방지용 의복 세트였다. 정신병원에서 사용하기에 적절한 것이었지만, 거대한 일반 소비 시장을 겨냥해 만들어진 제품이기도 했다. 리슬리의 자위 방지 의복 세트는 여러 겹의 옷들이 수많은 레이스와 지퍼 또는 끈들로 연결되어 있으며 남성이나 여성 몸의 여러 부위를 강하게 조이도록 만들어져 있었다. 또 구멍이 여러 개 뚫려 있으며 이곳을 통해 접착 테이프를 넣어 옷의 내피와 착용자의 살갗이 서로 달라붙게 해서 자위 방지 효과를 높이고 있다. 리슬리는 특허출원서에서 다음과 같이 적고 있다.

「이 발명품은 남성이나 여성이 수면 상태 또는 반수면 상태에 있을 때, 신체의 특정 부분을 손으로 만지지 못 하도록 특별히 고안된 것이다」

1932년 봄에 특허청은 리슬리에게 특허를 내주었으며, 이것이 마지막 자위 방지 특허품이 되었다.

한편 많은 의료 기관은 성에 대해 과학적이며 객관적인 견해를 수용하는 방향으로 급격히 변화해 가고 있었다. 이러한 새로운 시대의 도래는 1948년에서 1953년까지 알프레드 킨제이에 의해 수행된 기념비적 연구

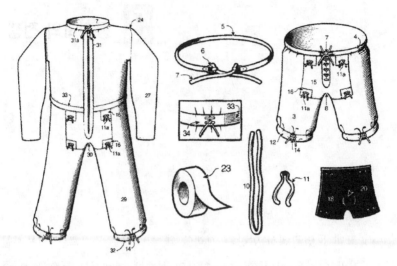

알랜 리슬리의 자위 방지용 야간 의복 세트에는 특별히 마련된 접착 테이프가 있어서
허벅지 및 사타구니 부근의 피부와 의복이 서로 맞붙도록 하였다.
특허번호 1,865,280 (1936년)

에 의해 구체화되었다. 이 연구에 의해 자위행위는 미국의 남녀 모두 일
상적으로 행하는 것임이 밝혀졌다.

　의학적 측면에서는 자위 방지를 정당화했던 모든 이론이 이미 오래 전
부터 잘못된 것으로 밝혀졌다. 하지만 심리적인 면에서는 상황이 다르
다. 자위행위는 여전히 부자연스럽고 비난받아 마땅한 것이라는 생각이
우리 의식에 깊숙이 박혀 있다. 실례로 〈미국의 성〉이라는 1994년의 조
사 보고서를 들 수 있다. 이 보고서에 따르면 미국 남성의 60%와 여성의
40%가 정기적으로 자위행위를 하지만 그 중 절반 가량은 자위행위를 할
때마다 심한 죄책감을 느낀다고 한다.

3 몽정과의 전쟁

여러 고대 문명권에서 인간의 정액을 왜 성스러운 것으로 여겼는지를
이해하기란 어려운 일이 아니다. 인간의 신체에 대해서는 눈으로 볼 수
있는 부분밖에 알 수 없었던 까닭에, 사출된 정액은 새로운 생명의 정수
를 담고 있으며 또 경외감을 보여야 마땅할 우주의 신비한 힘을 품고 있
다고 여겼던 것이다.

기록을 보면, 당시 사람들은 생명력을 담고 있는 이 체액의 양이 한정되
어 있다고 여기고 있었다. 정액을 방출할 경우 그 사람의 전체 에너지는
줄어들며, 이 줄어든 에너지는 다시 보충될 수 없다고 생각했다. 이런 믿
음으로 인해 사람들은 몽정을 매우 심각하게 받아들였다. 서기 1세기에
플리니(로마의 저명한 학자 A.D. 29~79;역주)가 쓴 기록에 의하면, 몇
몇 로마 사람들은 성기에 작고 납작한 납 덩어리를 대 놓고 잤다고 한다.
플리니의 설명에 따르면, 비교적 차가운 납의 성질이 몽정을 일으키는 성적
열정을 막아 주고 야한 꿈에 사로잡히지 않게 한다는 것이다.

서기 2세기 고대 세계에서 가장 영향력 있는 의료 저술가인 갈렌은 그리스 남자들은 몽정을 예방하기 위해 사타구니에 차가운 납 철판을 끼고 잠자리에 들고 있음을 기록하고 있다. 그 외에도 몽정을 막기 위해 잠잘 때 옆으로 눕거나 단단하고 차가운 침대에서 잠을 자는 등의 방법, 식초에 담가 놓았던 해면으로 성기를 감싸는 방법 등이 권장되고 있었음도 알수 있다.

정액 방출 쇠약 이론

1700년대 초는 현대 의학 및 과학이 출현하기 시작한 시기였지만 사람들은 여전히 지나친 정액의 방출이 신체에 해를 줄 수 있다는 믿음을 견지하고 있었다.

미국이 독립할 즈음에는 과도한 정액 방출로 인한 쇠약증은 치매에까지 이를 수 있다는 주장이 의학적 사실로 받아들여지고 있었다. 1830년대에는 이에 대한 치료가 중요시되었으므로 이 분야의 의학 교과서인 클로드 프랑소와 랄르망의 〈의지에 반하는 정액 방출에 대하여〉란 책이 저술되기도 했다. 닥터 랄르망은 유정(遺精, spermatorrhoea)이라는 새로운 말을 만들어 냈다. 유정이란 몽정으로 인해 생명력의 균형을 잃게 되고, 그에 따라 여러 질환이 발생함을 포괄하는 단어였다. 특히 미국에서 유정에 대해 큰 관심을 기울였는데, 그 이유는 이 질병이 효율적 경제 활동에 필요한 체력과 논리적 사고력 그리고 지적 능력을 약화시킨다고 믿었기 때문이었다. 직장에서 제대로 작업을 수행하지 못 한다거나, 지나치게 피곤해 한다든지, 또 주의력이 떨어지는 사람이 있으면 주위의 동료나 가족들은 그 사람의 유정을 의심하곤 했다.

야간 오염

유정에 대한 일반 남성들의 우려는 빅토리아조의 새로운 의학 이론으로 인하여 더욱 증폭되었다. 이 이론에 의하면 몽정은 자신의 의지에 반하여 일어나는 것이 아니라 평소 마음에 품고 있던 불건전한 생각에 의해 일어난다는 것이었다. 이 이론은 비뇨기과 의사인 윌리엄 액톤에 의해 구성되었다. 그는 비뇨기과 분야에서 여러 뛰어난 연구서를 쓴 사람으로, 몽정을 「야간 오염(nocturnal pollution)」이라 명명, 저급한 사람이 아니라면 꿈의 내용을 건전하게 유지할 수 있다고 주장하였다.

낮에 불건전한 생각을 하거나 과도한 성행위를 했을 거라고 아내가 의심하지 않을까 하는 걱정에 몽정을 한 사람이 안절부절못했을 것을 생각하면 실소를 금할 수 없다. 또 이들은 몽정으로 건강을 해칠지 모른다는 걱정까지 해야 했다.

많은 의사들이 여러 유정 치료법을 제시하였다. 세인트루이스의 닥터 루이스 바우어는 유정 환자의 일반적 상태를 다음과 같이 기술하고 있다.

「환자는 심리적으로 크게 불안정한 상태에 있으며 자신이 미쳐버릴지도 모른다는 공포에 항상 사로잡혀 있다」

닥터 바우어는 성적 반응을 약화시키기 위해 마취제(chloral hydrate)를 처방했으며, 수술까지 시행하였다. 그는 수술에 대해 다음과 같이 설명하고 있다.

「환자의 포피에 비단실을 박아 놓았다. 그리고 잠자리에 들 때 귀두 앞쪽으로 졸라매도록 했다. 성기가 발기하려 할 때 고통이 생겨 환자를 잠에서 깨어나게 하는 것이 그 목적이었다. 이 치료법은 몽정을 예방하는 데 효과적인 것으로 판명되었다」

몽정 방지 기술

이러한 수술 요법의 최대 단점은 포피가 결국에는 여기저기 뚫린 구멍으로 만신창이가 된다는 점이었다. 게다가 성기 주변에 구멍을 내는 것은 심리적으로도 큰 부담을 주는 수술이었다. 따라서 많은 사람들이 몽정을 막는 데 좀더 나은 방법을 찾으려 한 것은 당연한 일이었다. 제약회사에서는 몽정을 치유할 수 있다고 주장하며 여러 종류의 의약품을 판매하였다.

열성적인 종교인들은 육식이나 맛난 음식을 피하고 생야채와 통밀로 만든 빵과 광천수 등을 섭취하는 금욕적 생활 방식을 주장하기도 했다. 기업가와 발명가들은 몽정을 예방하는 제품에 대한 시장이 큰 이윤을 가져다 줄 것임을 깨닫기에 이르렀다.

1853년 가을, 〈찰스톤 의학 저널〉에 실린 글에서 사우스캐롤라이나 주의 의사 J. A. 마에스는 기적적 유정 치료제라고 과대 광고를 하면서 약을 파는 상인들을 격렬하게 비난하였다.

「이 질병을 앓고 있는 사람들은 가짜 약을 구입하는 데 많은 돈을 쓰고 있지만 아무 효과도 보지 못하고 있다. 환자들은 신체적 약화뿐만 아니라 금전적 손실마저 당하고 있는 실정이다」

그리고 그는 효과적인 치료법을 알고 있다고 주장했다. 「이것은 '유정 방지 고리'란 이름의 간단한 기구로, 최근에 보스턴의 의사들에 의해 사용되고 있다」고 닥터 마에스는 설명하였다. 닥터 마에스는 또 성공적으로 유정 환자에게 이 기구를 사용해 오고 있음도 언급했다.

「이 환자는 매우 심각한 상태였다. 자신의 증세에 너무 신경을 쓰고 있어서 어떤 활동도 할 수 없는 상태였다」

닥터 마에스는 볼티모어의 우편 주문 업체에 주문한 음경 고리를 환자에게 사용하였다. 그는 다음과 같이 기록하였다.

「처음 일주일 간 환자는 잠을 거의 잘 수가 없었다. 수 분마다 고리에 달린 톱니에 찔려 잠을 깼던 것이다. 때때로 뱀이 성기를 물어뜯는 악몽을 꾸며 잠에서 깨어나곤 했다. 하지만 몽정을 막는 데는 탁월한 효과를 보여 주었다. 처음 일주일이 지난 뒤, 지금까지 별 불편 없이 밤마다 착용하고 있다」

가시 고리

3년 뒤인 1856년 매사추세츠 주 노스햄튼의 L. D. 시블리는 개량된 형태인 야간 착용 음경 고리를 발명함으로써 이 종류로는 최초의 특허를 받았다. 시블리는 이 고리에 대해 다음과 같이 기록하였다.

「이 고리는 음경이 발기하는 순간 환자를 잠에서 깨울 정도의 강도로 찌름으로써 낭패를 당하지 않도록 한다」

다시 3년 뒤에는 뉴욕 주 로체스터 출신의 사람이 여러 기능을 추가해 만든 유정 방지 고리로 특허를 받았다. 「추가된 기능으로 인해 이 고리는 여러 크기의 음경에 더욱 쉽게 착용할 수 있게 되었으며, 또 좀더 빠르게 성기에 자극을 줄 수 있고 종전의 제품이 주던 불편함도 거의 없다」는 주장이 덧붙여졌다.

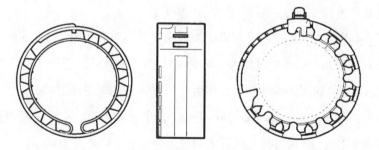

의학 논문들에 의하면 음경 가시 고리는 1850년대 보스턴에 거주하던 의사들이 처음으로 사용하였다고 한다. L. D. 시블리는 보스턴 근처에 살았으며 1856년 음경 가시 고리로 특허를 받았다. 특허번호 14,739 (1856년)

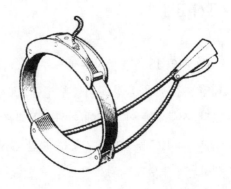

드와이트 기본의 "유정 고리"에는 단번에 열리도록 하는
장치가 마련되어 있었다. 특허번호 22,796 (1859년)

　남북전쟁이 일어난 해인 1861년에는 히람 H. 레이놀즈가 용수철로 된
발명품 및 압박판으로 이루어진 발명품 두 가지로 특허를 받았다. 이 모
두는 음경을 두 개의 압박용 판으로 감싸게 되어 있었다. 레이놀즈는 첫
번째 특허품에 대해 다음과 같이 설명하고 있다.

　「용수철의 힘으로 귀두에 압박을 가해 음경의 길이가 늘어나거나 굵어지
기 어렵게 함으로써 발기를 예방해 준다. 발기가 일어나는 경우에도 그 속
도는 매우 느리게 이루어지도록 하여 발기력이 곧 사라지고 만다」

　두 번째 발명품은 좀더 과격한 것으로 압박 판 여기저기에 금속 가시를
박아 놓았다. 이 발명품에 대한 레이놀즈의 설명은 다음과 같다.

　「피부를 뚫는 등 상처를 주지 않으면서도 압박감과 거친 표면의 따끔한
느낌으로 인해 불쾌감이 일어나 성적 흥분을 가라앉혀 주기 때문에 몽정
을 예방할 수 있다」

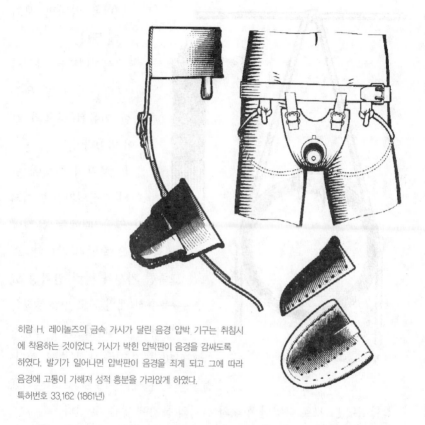

히람 H. 레이놀즈의 금속 가시가 달린 음경 압박 기구는 취침시
에 착용하는 것이었다. 가시가 박힌 압박판이 음경을 감싸도록
하였다. 발기가 일어나면 압박판이 음경을 죄게 되고 그에 따라
음경에 고통이 가해져 성적 흥분을 가라앉게 하였다.
특허번호 33,162 (1861년)

  1년 뒤 보스턴의 라 로이 선더랜드는 특허청 심사관들에게 레이놀즈의
발명품은 그 효과가 매우 의심스럽다는 주장을 했다. 그의 설명을 들어
보면 다음과 같다.

  「그런 제품과 같이 직접적으로 압박을 가할 경우에는 성적 흥분을 가라
앉히기보다는 오히려 더 자극하게 된다. 따라서 질병을 치료하기는커녕

더욱 악화만 시키
게 된다」

선더랜드는 자신의
발명품이 훨씬 우수
한 이유를 다음과 같
이 밝혔다.

「착용자의 신체에 단
단히 고정되지만 발기되
지 않을 때에는 음경에
직접적으로 닿지 않는다. 또
뾰족한 가시가 달린 탄력성 있
는 용수철 레버를 고리에 부착하
여 발기가 일어나려 할 때 착용자
에게 미리 경고를 보낼 수도 있다.
용수철 레버는 원하는 각도로 고리 주위에

라 로이 선더랜드의 유정 고리
특허번호 37,116 (1862년)

부착할 수 있으므로 다양한 형태와 크기의 음경에 맞출 수 있다」

　1876년에는 펜실바니아 주의 하비 A. 스티븐슨이 「정액 트러스
(Spermatic Truss)」라고 명명한 발명품으로 특허를 받았다. 의복 안에
착용하기 적합하도록 만들어진 이 발명품은 가죽과 캔버스 천을 재료로
하여 만들어진 것이다. 사용자가 자신의 음경을 주머니 안에 넣고 끈으
로 맨 다음 사타구니 뒤쪽으로 잡아 끌어내린다. 그 다음 엉덩이 쪽으로

펜실바니아주의 하비 스티븐슨은 자신의
의사에 반하는 발기를 막아 주고
주간 및 야간에 음탕한 생각을
억제시켜 주는 두 가지 형태의
음경 트러스를 고안해 냈다.
음경을 끈으로 묶은 후
사타구니 뒤로 잡아 끌어내리도록
했다. 이때 약간의 발기만 일어나도
상당한 고통이 뒤따랐다.

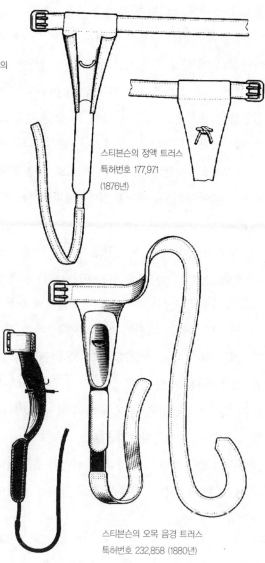

스티븐슨의 정액 트러스
특허번호 177,971
(1876년)

스티븐슨의 오목 음경 트러스
특허번호 232,858 (1880년)

끈을 팽팽하게 잡아당겨 음경을 고정하도록 한다. 이러한 상태에서 발기가 되면 매우 심한 고통을 느끼게 된다. 따라서 신체적 불편에 신경이 쏠리기 때문에 애초에 발기를 일으켰던 음탕한 생각이 사라져 버리게 된다. 4년 후에 스티븐슨은 이것을 개량하여 다시 특허를 받았다. 예전의 발명품은 음경을 제대로 붙잡아 둘 만큼 충분히 강하지 못했으며, 이는 스티븐슨 자신도 인정하고 있었던 것이다. 개량형은 단단한 나무를 깎아 만든 것으로, 이전의 것과 마찬가지로 음경을 밑으로 내려 사타구니 뒤쪽으로 잡아당기도록 하고 있다. 따라서 약간의 발기에도 심한 고통을 느꼈다.

1899년 펜실바니아 주 필라델피아의 제임스 H. 보웬은 취침시 발기를 막아 주는 발명품을 선보였다. 이 발명품은 독창적일 뿐만 아니라 미적으로도 훌륭한 것이었다. 보웬은 말굴레의 작동 원리에서 아이디어를 얻은 듯하다. 세련된 모습의 이 발명품은 마치 화려한 보석 장신구를 보는 것 같다. 금속 뚜껑이 음경 머리 쪽에 단단히 고정되도록 했고, 뚜껑 양쪽으로는 작은 쇠줄이 있으며, 사슬 끝에는 용수철이 장착된 클립이 매달려 있다. 이 클립은 음경 뿌리 쪽의 음모에 집어 놓도록 하였다. 보웬의 주장을 들어보면 다음과 같다.

「음경이 발기를 시작하게 되면 길어진 음경에 의해 쇠줄이 음모를 당기게 된다. 이때 약간의 아픔에 의해 잠에서 깨어나게 되며, 이로써 몽정을 예방할 수 있다」

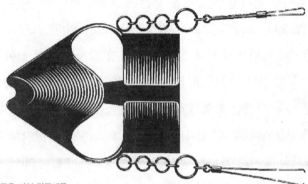

제임스 H. 보웬의 발명품은 마치 말굴레를
축소해 놓은 것 같았다. 음경의 머리 쪽에
씌우도록 했고 쇠줄 끝에는
스프링이 장착된 집게가 달려 있어
이것을 음경 뿌리 쪽의 음모에 집어 놓도록
하였다. 발기가 일어나면
따끔함에 잠을 깨게 된다.
특허번호 397,106 (1889년)

음경 냉각 장치

우아한 미니멀 아트 작품 같은 보웬의 발명품과 완전히 대조되는 것이 있었으니, 프랭크 오스의 발명품이 그것이었다. 프랭크 오스는 오리건 주 애스토리아 출신의 발명가로, 몽정 방지 기술에 있어 루브 골드버그 (미국의 만화가이자 조각가. 1883-1970. 아주 정교한 장치를 갖고 있지만 매우 단순한 작업만을 하는 기계들을 그려 유명해졌다;역주) 시대를 연 인물이라 할 수 있다. 1893년에 오스는 몽정 방지를 위한 수랭식 및 공랭식 장치로 특허를 받았다. 이 발명품은 주방 설비에 버금갈 만큼 커다랗고 복잡한 기계였다. 우선 수랭식 장치는 배관 시스템까지 갖추어진 것으로, 급수통은 선반 위 높은 곳에 올려 놓았고 사용한 물을 모으는 통은 침대 밑에 위치시켰다. 공랭식은 배터리로 작동하는 전기 모터를 사용한 것이었다. 당시로서는 첨단의 기술로, 모터가 팬을 작동시키면 팬이 튜브를 통해 공기 순환 주머니가 달린 고무 팬티로 차가운 공기를 불어넣었다.

오스의 발명품은 마치 가구처럼 침대에 영구적으로 설치하도록 설계되어 있었다. 취침 시간이 되면 사용자는 여러 가지 끈과 줄 또는 탄력성 있는 관을 온몸에 주렁주렁 달고 이불 밑으로 들어갔다.

중력을 동력으로 이용하는 수랭식의 경우, 오스는 그 사용법을 다음과 같이 설명하고 있다.

「음경을 구멍에 넣은 다음 레버 사이로 밀어 넣는다. 만일 밤에 발기게 되면 굵어진 음경으로 인해 레버가 밀려나게 된다. 이때 생긴 틈으로 튜브를 타고 차가운 공기가 주머니로 흘러 들어와 성기를 식혀 주면서 발기를 진정시키고, 결국 몽정을 막아 주게 된다」

전동기로 작동하는 오스의 공랭식 장치는 편안한 이불 밑에서 몸이 더워지면 성적으로 더욱 민감해진다는 일반적 믿음에 바탕을 두고 만들어진 것이었다. 오스의 설명은 다음과 같다.

「성기의 온도가 올라가서 발기가 시작되면 커진 성기로 인해 스프링 막대가 끊겨 있던 회로를 이어 주게 된다. 그러면 팬이 작동하게 되며 성기는 발기가 진정될 때까지 차가운 바람을 쐬게 된다. 또 같은 회로에 의해 위험한 순간이 오기 전에 경고음이 울리도록 되어 있다」

음경을 경고음 장치와 연결한 오스의 생각은 실은 다른 많은 발명가들도 사용했던 것으로, 이들은 20세기 초엽에 발기 감지와 예방에 관한 발명에 열을 올리고 있었다. 캘리포니아 주의 조지 E. 더들리가 1899년에 획득한 특허품은 음경에 씌워 놓도록 한 금속의 관을 허리 밴드를 이용해 고정해 놓게끔 한 것이었다. 마치 시계처럼 복잡한 기계 장치가 되어 있는 내부에는 가벼운 피스톤이 음경의 움직임을 감지해 낼 수 있게 되어 있다. 발기가 일어나면 톱니바퀴와 스프링 그리고 고무밴드의 작동으로 금속관 맨 위쪽에 위치한 종을 울렸다. 더들리의 말을 들어보면 다음과 같다.

「종소리로 인해 착용자는 잠에서 깨어나게 되고 낭패를 당할 뻔한 상황을 모면하게 된다」

오스의 수랭식 음경 냉각 장치
특허번호 494,437 (1893년)

1890년대에 프랭크 오스는 발기를 감지하고 그에 따라 적절히 반응하도록 한 기구를
두 종류 개발하여 특허를 획득하였다. 두 가지 모두 주방 기구만큼이나 크고도 번거로운 것이었다.
발기를 감지하면 수랭장치 또는 공랭장치가 작동되어 음경을 식혀주도록 하였다.

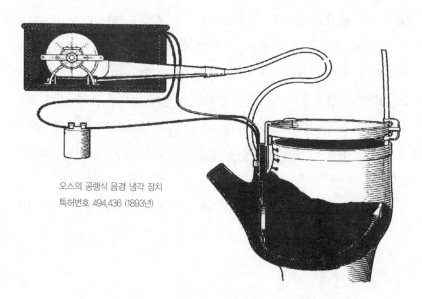

오스의 공랭식 음경 냉각 장치
특허번호 494,436 (1893년)

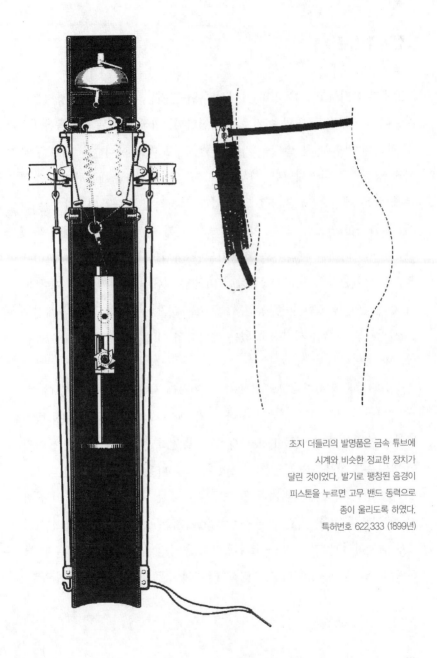

조지 더들리의 발명품은 금속 튜브에
시계와 비슷한 정교한 장치가
달린 것이었다. 발기로 팽창된 음경이
피스톤을 누르면 고무 밴드 동력으로
종이 울리도록 하였다.
특허번호 622,333 (1899년)

전기의 시대

19세기가 저물고 20세기로 들어설 무렵 전기는 온 미국을 열광적으로 사로잡는 새로운 문명의 이기로 자리잡았다. 미국의 모든 신문들은 「멘로 파크의 마법사」란 별명을 가진 사람, 즉 토마스 에디슨을 새로운 국가적 영웅으로 치켜세웠다. 사무엘 모르스의 전신기를 개량하여 다소의 부를 쌓은 에디슨은 1878년 그의 가장 독창적인 발명품인 「말하는 기계」로 특허를 받았다. 그는 이 발명으로 인해 세계적 명성도 얻게 되었다. 1890년대에는 에디슨의 축음기뿐만 아니라 「그라모폰」과 「그라포폰」이란 이름의 유사한 발명품들이 미국 전역에서 판매되었다. 이에 따라 소매상인, 광고회사 등 상업적 이윤을 추구하는 여러 집단과 개인들은 사람들의 마음을 사로잡고 있는 에디슨의 이 발명품을 이용해 이윤을 얻고자 하였다.

펜실바니아 주 서미트힐의 조셉 리즈도 그런 사람들 중의 하나였다. 그는 에디슨의 축음기를 모델로 삼아 전기 제어 장치를 이용한 몽정 방지 장치를 개발하였고, 이를 1899년에 특허 출원하였다. 값비싸게 만들어진 이 발명품은 식자층을 겨냥한 것이었다. 그는 다음과 같이 적고 있다.

「이 발명품의 목적은 발기가 될 경우 매우 깊은 잠을 자는 사람의 잠까지 깨우는 데 있다. 이런 발명품을 필요로 하는 사람들은 대개가 신경이 매우 섬세하여, 날카롭고 큰 소리에 다소 좋지 않은 영향을 받게 된다. 특히 갑작스러운 소리에 더욱 그러하다. 따라서 좀더 부드러운 방법으로

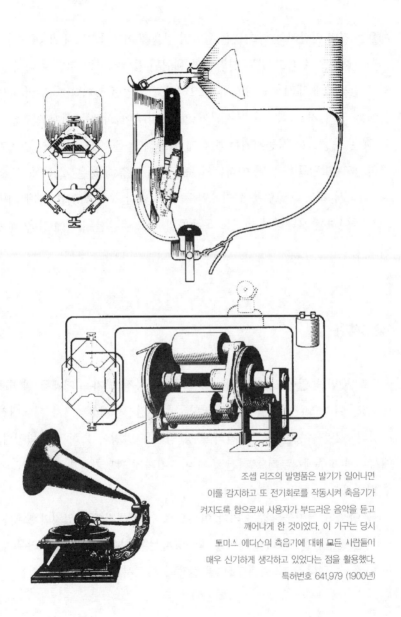

조셉 리즈의 발명품은 발기가 일어나면
이를 감지하고 또 전기회로를 작동시켜 축음기가
켜지도록 함으로써 사용자가 부드러운 음악을 듣고
깨어나게 한 것이었다. 이 기구는 당시
토미스 에디슨의 축음기에 대해 모든 사람들이
매우 신기하게 생각하고 있었다는 점을 활용했다.
특허번호 641,979 (1900년)

깨우는 것이 바람직하며, 그것은 음악의 선율을 이용함으로써 가능하다」

판매 대상으로 삼고 있는 사람들의 세련된 음악적 취향뿐만 아니라 심리적 섬세함에 대해서도 세심하게 고려하고 있었던 것이다. 리즈의 발명품에는 전기 경고 회로가 부착되어 있었으며, 이 회로를 벨에 연결하거나 혹은 축음기를 작동시키는 모터에 연결해 놓을 수도 있었다. 리즈가 그려 놓은 발명품을 보면 에디슨의 축음기에 연결해 놓은 것을 볼 수 있다. 따라서 리즈의 고안품을 착용한 사람이 취침 중에 발기를 하게 되면 그가 좋아하는 오페라나 피아노 독주곡의 작고 은은한 소리에 잠을 깨게 되었다.

20세기

그후 20년 동안에도 발명가들은 계속해서 몽정 방지용 기계를 발명해 내었고, 이것으로 특허를 획득하였다. 남북 전쟁에서부터 1차 세계대전까지의 62년을 통틀어서 21건의 몽정 방지용 발명이 특허 승인되었다. 매사추세츠 주에서부터 오리건 주에 이르기까지 발명가들의 출신지도 아주 다양했다.

되돌아보면 어처구니없는 의학 이론으로 인해 생긴 일이었지만 오랫동안 이런 발명품을 만드는 데 힘을 기울였다는 사실은 몹시 혐오스러운 일이 아닐 수 없다. 2차 세계대전 후 킨제이 보고서가 출간된 뒤부터는 야간의 발기와 몽정이 남성들의 정상적 생리 현상이라는 과학적 사실로 받아들여지게 되었다. 이제는 건강의 척도로 여겨질 만큼 중요하게 여겨지고 있어서 오히려 야간 발기가 없을 경우 심각한 질병의 증세로 받아들여지기도 한다. 지금에 와서 보면 이들 발명품만 해도 충분히 기이한 것들이지만, 이것은 빙산의 일각에 불과하다. 몽정과의 전쟁이라는 비이성적인 전쟁을 수행하면서 회유, 신상 공개, 입법, 약물 사용, 수술, 잔인한 처벌 등 온갖 방법들이 동원되었던 것이다.

4 질 기구의 발달

　영화에서 자주 보아온 것과는 달리, 미국 건국 초기의 여성들이 직면했던 가장 큰 위험은 방울뱀이나 인디언의 공격이 아니었으며 폭설이나 굶주림 또는 황열병도 아니었다. 여성의 생명과 건강을 위협하는 가장 큰 위험 요소는 임신이라는 결과를 낳게 하는 행위, 즉 성행위였다. 임신은 그 당시 죽음이나 장애를 안겨 줄 수 있는 심각한 문제였던 것이다.

　높은 도덕적 수준을 유지하고 있었던 것도 기실은 의학적 사실에 대해 많은 것을 알지 못 했던 탓이었다. 수술 도구가 헛간에서 쓰이는 연장처럼 조악하고 무시무시했던 것 역시 높은 도덕적 수준이 원인이라고 할 수 있다. 심한 난산의 경우 의사나 산파는 옴짝달싹 못 하는 태아의 두개골에 쇠갈고리로 구멍을 낸 뒤 태아의 시신을 비틀어 잡아 빼고는 했다.

　이때 심각한 출혈을 발생하는 일도 다반사였다.

　박테리아에 대해 알지 못했던 때라 감염도 비일비재하였다. 따라서 건강한 아기를 순산한 경우라도 몇 주 뒤에 알 수 없는 열병으로 산모가 죽는 일이 많았다. 정상 분만을 한 경우에도 근육이나 인대 또는 내부 기관이 당시의 의료 수준으로는 치료할 수 없을 정도의 손상을 입고는 했다.

따라서 1800년대 여성 일인당 평균 7명이 넘는 아이를 출산했던 상황에서는 사람들이 항시 임신에 대해 두려움을 갖고 있었음이 당연한 일이었다. 이런 심각한 후유증을 제외하고 비교적「양성」인 부작용이 있었는데, 그 중에서 가장 사람들이 두려워한 것은 자궁 탈수라는 질환이었다. 자궁 탈수는 난산으로 인한 외상 및 여러 차례에 걸친 출산으로 질 위쪽에서 자궁을 붙잡아 매고 있는 근육과 인대가 약화되어 늘어지거나 혹은 파열되어 일어나는 현상이나. 이런 경우 시양배 모양의 지궁이 아래로 처지기 시작하며, 질을 잡아내려 마치 뒤집어 놓은 양말처럼 보이게 한다. 질 안으로 조금 내려오는 정도에서 그치기도 하지만 심한 경우에는 몸 밖으로 빠져 나오기도 하는데, 이런 경우를「탈출증(procidentia)」이라고 한다. 여성 의료 역사에 대한 에드워드 쇼터의 책을 보면 탈출증에 대해 다음과 같이 쓰고 있다.

「이 질환을 앓고 있는 여성은 마치 코끼리 코를 다리 사이에 달고 있는 것처럼 보인다」

탈출 페서리

자궁 탈출증은 인간 역사와 더불어 오랫동안 여성을 괴롭혀 온 질환이다. 페서리는 고대로부터 가장 많이 쓰였던 치료 기구로서, 그리스어에서 따온 그 이름은 「타원형의 돌」이란 뜻을 갖고 있다. 질과 자궁을 제자리로 밀어 넣기 위해 기름을 바른 반질반질한 돌을 사용했던 것이다.

자궁 탈출증은 18세기와 19세기의 북미 대륙 여성들에게 흔한 질병이었지만, 여성의 성기에 대한 언급을 몹시 꺼리고 있었으므로 이 질환에 대한 논의나 저술은 흔히 볼 수 있는 것이 아니었다. 이런 터부가 강하게 자리하고 있었으므로 1800년대 의사 수련생들 중에는 여성 환자의 성기를 눈으로 직접 쳐다보지 않고도 산부인과 진단을 내리고, 심지어 아이를 받아낼 수 있도록 훈련받기도 했다. 자궁 탈출증과 같은 부인병에 대한 언급이 금기시 되고 있었으므로 성적 주체성과 자신감에 손상을 줄 뿐만 아니라 장애마저 일으킬 수 있는 여성 질환에 대해 여성들이 어떻게 대처했는지를 말해 주는 공식 기록은 찾아보기 어렵다.

초기의 페서리 특허품

그러나 특허청의 문서를 살펴보면, 발명을 통해 삶의 질을 향상시키고자 노력하고 있던 1840년대의 발명가들은 페서리에 대한 시장성에도 주목하고 있었음을 알 수 있다. 이 시기에 나무, 뼈, 여러 종류의 금속, 고무, 도자기 등 다양한 재료로 만들어진 수많은 페서리에 특허가 주어졌던 것이다.

이들 발명품을 만드는 데 있어 발명가들이 염두에 두었던 것은 착용자가 성행위를 할 때 별다른 제약을 받지 않도록 하는 것이었다. 가장 이상적인 페서리란 질이 제 모습을 유지하도록 하면서도 밖으로 드러나지 않으며 음경에도 방해가 되지 않아야 하는 것이었다. 발명가들은 이런 요구 사항을 모두 만족시키는 페서리 발명에 힘을 쏟았다.

1856년 2월 뉴욕 시의 의사 F. 뢰슬러는 스프링이 달린 페서리로 특허를 받았다. 이 페서리는 질 안쪽 깊숙한 곳에 단단히 고정되도록 만들어져 있었으므로 앞쪽 부분에서는 전혀 방해가 되지 않았다. 그 당시의 완곡한 표현을 사용해 그는 다음과 같이 설명하고 있다.

「이 기구는 착용한 채로 부인으로서 또 어머니로서의 자연적 기능을 행할 수 있도록 한다」

여성이 이 기구를 착용하고 성행위를 하는 경우, 남성은 단단한 표면이나 스프링에 찢기는 상처를 피하기 위해 세기와 깊이를 조심스럽게 조절해 가며 왕복 운동을 해야 했다.

몇 개월 후 미주리 주의 윌

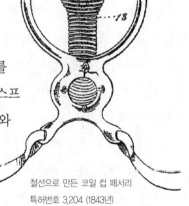

철선으로 만든 코일 컵 페서리
특허번호 3,204 (1843년)

리엄 프로바인즈는 고리 모양의 팽창이 가능한 페서리로 특허를 받았다. 이 페서리 역시 질 앞쪽에서는 전혀 방해가 되지 않았다. 공기를 뺀 페서리를 질 깊숙이 넣은 다음 분리가 가능한 기다란 튜브를 이용해 입으로 공기를 집어 넣는다. 페서리가 제자리에 위치하게 되면 질과 자궁을 본래의 모습대로 잡아 줄 뿐 아니라 성행위시 삽입도 용이하게 해 준다는 것이었다. 닥터 뢰슬러의 금속 페서리와는 다른 이점이 있었으니, 그것은 성행위 중 깊이 삽입하는 경우에도 성기가 부드러운 고무에 닿는다는 점이었다.

「줄기와 공」

하지만 1800년대 후반 가장 많이 쓰이던 페서리의 형태는 부피가 훨씬 큰 「줄기 및 공」 또는 「줄기 및 컵」 모양의 것으로, 이것을 착용하고는 성행위가 불가능했다. 이들 페서리에는 복잡한 여러 장치가 달려 있었다. 지지대가 달린 마구 형태의 멜빵, 경첩, 스프링, 레버, 가죽끈과 밴드 등이 부착된 것이다. 이 멜빵의 기능은 차량의 차대 받침 장치와 크게 다르지 않았다. 즉 그것은 착용자가 가사 일을 하거나 힘든 노동을 하며 심하게 몸을 움직일 때에도 페서리가 제 위치를 유지할 수 있도록 했다.

발명가들은 자신들의 페서리가 착용감이 좋고 기능도 뛰어나다고 주장하며 서로 우열을 다투었다. 1868년 제임스 A. 모렐의 특허품은 전형적인 마구 형태의 멜빵과 선회축 장치가 된 것이었다. 이 페서리는 허리띠에 달린 탄력 있는 끈에서부터 선회축 레버에 이르기까지 여러 기계 장치가 서로 긴밀하게 스프링이나 레버로 연결되어 있었다. 선회축 레버는 복부를 감고 질 속으로 들어가 중앙 줄기에 연결되어 있고, 중앙 줄기 끝에는 공처럼 생긴 컵이 내부의 스프링에 의해 지탱되어 자궁 입구를 막았다.

수많은 자궁 탈출 방지용 기구 중에서 가장 특이한 것은 시카고의 찰스 C. 프레디케가 개발한 페서리로, 서양배 형태에 속이 비어 있고 갈빗대 모양의 뼈대를 갖고 있었다. 과일 크기의 주름진 모습을 한 이 페서리를 삽입하기 위해서는 가슴을 무릎에 댄 자세를 취해야 했다. 프레디케는 어떠한 상황에서도 이 페서리는 질 안에서 빠져 나오지 않는다고 주장하였다. 꽤 커다란 크기를 갖고 있기 때문에 호흡이나 기침을 할 때, 또는 힘을 쓸 때에도 밑으로 빠져 나오지 않는다는 것이었다.

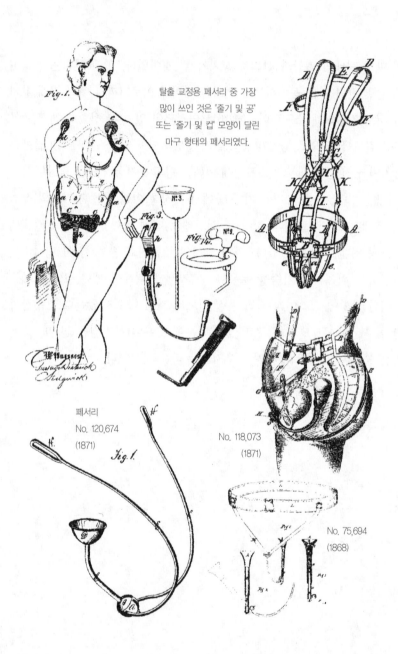

탈출 교정용 페서리 중 가장
많이 쓰인 것은 "줄기 및 공"
또는 "줄기 및 컵" 모양이 달린
마구 형태의 페서리였다.

페서리
No. 120,674
(1871)

No. 118,073
(1871)

No. 75,694
(1868)

전기 페서리

남북전쟁이 끝나고 그 후 몇 년 동안 전기는 사람들의 관심을 강하게 사로잡았다. 전쟁 중에는 전신기가 매우 중요한 군사적 도구가 되었으며, 또 전쟁으로 인해 크게 팽창한 산업 경제는 이 새로운 문명의 이기에 의존하게 되었다. 필라델피아와 뉴욕 그리고 보스턴과 같은 도시의 지붕 위로는 전선이 거미줄처럼 은행과 증권거래소를 연결해 주고 있었다. 수많은 전신 관련 노동자와 기술자들은 전기에 대한 이해가 깊지 않았음에도 불구하고 전기를 이용한 새로운 발명품을 만들어 내려는 일에 열중하고 있었다. 미국 전역에 걸쳐 많은 사람들이 마술과도 같은 전기를 이용해 여러 가지 형태의 상품과 서비스를 개발해 내려 했던 것이다.

자칭 「전기 의사」라는 일단의 사람들은 「전기 의학」이라는 새로운 분야에서 일을 하고 있었다. 이 분야는 20세기 초까지 각광을 받았다. 제임스 H. 영은 당시에 대해 다음과 같이 기록하고 있다.

「신문과 잡지에서는 연일 자기 유체, 전기 벨트, 전기 구두 안창, 전자기 손목 밴드 등과 같은 제품들을 광고하고 있었다. 그 외에 넥타이, 베개, 양말, 팔꿈치 패드, 목걸이, 모자, 코르셋, 빗 등 수많은 물품에도 전기 장치를 달아 전자기파를 사람 몸에 쐬게 함으로써 치유 효과를 얻으려 했다」

이런 희한한 이론을 적용하여 만들어진 초기 의료기구 중에 전기 페서리란 것이 있다.

1867년 뉴욕 시의 앨버트 J. 스틸은 거대한 크기의 전신국용 전지로 작동하는 전기 페서리와 거들에 대한 특허를 출원하였다. 스틸은 다음과 같이 설명하고 있다.

「이 발명품은 환부에 전자기파를 쏘여 주기에 적절한 형태로 절연선을 구부려 놓은 것이다」

3년 뒤인 1870년 일리노이주의 제임스 S. 샤논은 구리와 은을 이용해 만든 페서리로 특허를 받았다. 샤논은 다음과 같이 설명하고 있다.

「이 발명품은 질과 자궁을 지지해 줄 뿐만 아니라 은 뚜껑이 달린 구리공이 분비물이나 오줌에 닿으면 전기를 일으키게 되어 있다」

일리노이주의 닥터 릴랜드 A. 밥콕은 이런 식으로 자궁에 직접적으로 전류를 닿게 하면 환부를 신속하게 치료하는 데 큰 도움을 줄 것이라고 보증하였다.

마사 헤인즈의 발명품
특허번호 350,246 (1886년)

전기 의학 분야의 또 다른 의사인 뉴욕 주 이스트오토의 닥터 에밀리 A. 테프트도 특허출원서에서 자신의 전기 페서리에 대해 다음과 같이 말하고 있다.

「전기와 전자기파를 이용한 질병 치료는 이제 의학의 한 분야로 인식되고 있다. 그러나 효과를 보기 위해서는 환부에 항상 일정한 양의 전류를 중단 없이 흘려보내야 한다. 예전에는 그렇게 하기 어려웠지만 이제는 본인이 만든 휴대용 기구로 문제를 해결할 수 있다」

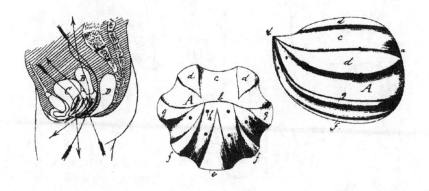

찰스 프레디케가 개발한 특이한 형태의 페서리는 작은 자몽만 한 크기로 삽입과 제거에 상당한 힘을 필요로 했다. 특허번호 435,491

테프트의 기구는 주머니 속의 배터리에서 전기가 흘러나와 절연선을 타고 금속 공으로 가며, 그곳에서 전기가 자궁으로 전해지도록 한 것이었다.

펜실바니아 주의 발명가 존 제이 루니는 멜빵 달린 전기 페서리를 비난하며 자신의 특허출원서에 다음과 같이 쓰고 있다.

「치료를 위해 배터리를 몸에 착용하도록 하는 것으로 알고 있다. 몸 주변, 주로 허리둘레에 배터리를 휴대하며 환부와 연결하기 위한 특별한 도선을 사용하고 있다. 하지만 이런 배터리는 휴대하기에 불편하고 걸핏

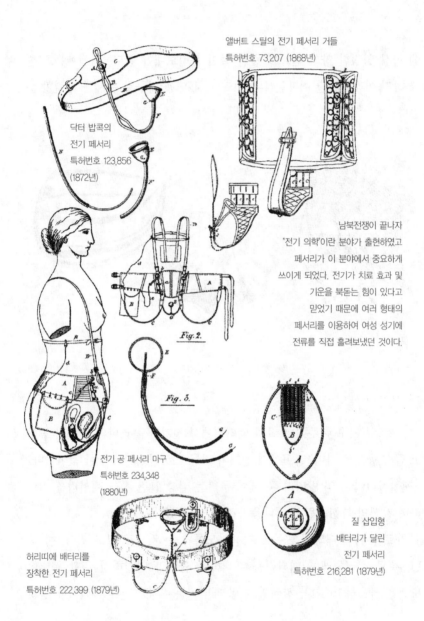

앨버트 스틸의 전기 페서리 거들
특허번호 73,207 (1868년)

닥터 밥콕의
전기 페서리
특허번호 123,856
(1872년)

남북전쟁이 끝나자
"전기 의학"이란 분야가 출현하였고
페서리가 이 분야에서 중요하게
쓰이게 되었다. 전기가 치료 효과 및
기운을 북돋는 힘이 있다고
믿었기 때문에 여러 형태의
페서리를 이용하여 여성 성기에
전류를 직접 흘려보냈던 것이다.

Fig. 2.

Fig. 3.

전기 공 페서리 마구
특허번호 234,348
(1880년)

질 삽입형
배터리가 달린
전기 페서리
특허번호 216,281 (1879년)

허리띠에 배터리를
장착한 전기 페서리
특허번호 222,399 (1879년)

하면 오작동을 일으킨다. 또 착용자의 땀이 충분히 나지 않을 때는 인위적으로 자주 물기에 적셔 주어야 한다. 하지만 본인의 개량 배터리 단자는 환부에 직접 닿기 때문에 도선이 불필요하며 배터리의 크기도 훨씬 작게 할 수 있다」

루니의 발명품은 배터리를 타원형의 고무공으로 감싼 것으로, 질 안에 직접 삽입하여 질 내 분비물로 인해 항상 젖어 있도록 한 것이다. 그의 주장에 따르면 전류의 손실을 제거함으로써 질 내에 가해지는 전기의 힘을 크게 상승시켰다는 것이다.

다른 종류의 페서리

전기 페서리와 같은 기괴한 모양의 발명품들이 나오고 있는 동안에 다른 목적을 위한 페서리가 개발되고 있었다. 페서리를 피임이나 임신 중절의 도구로 쓰고 있었던 것이다. 19세기 중반에는 페서리가 출산율을 낮추는 데 큰 역할을 하였다. 그리고 또 동시에 격한 논쟁을 야기하기도 했다. 이 시끄러운 논쟁의 반향은 지금까지도 가라앉지 않고 있다.

5 빅토리아 시대의 피임법

1866년 뉴햄프셔 주 의료 학회에서 행한 연설에서 회장인 닥터 W. D. 벅은 광범위하게 퍼져 있는 페서리 사용을 비난하였다.

「전국 의료 협회(National Medical Association)의 1864년 공식 발간물에 따르면 간단한 삽입물에서 넓은 치마를 입어야 착용할 수 있는 거대한 기계 장치 특허품에 이르기까지 123가지의 다양한 페서리가 사용되고 있다고 한다. 이러한 페서리는 유용하게 쓰일 때도 있지만 필요 이상으로 남용되고 있기도 했다. 싸구려 장난감 가게처럼 질 안을 이런 것들로 채워 넣다니, 정말 어처구니없는 일이라 하겠다. 페서리가 적어지면 적어질수록 임신 중절도 줄어들 것이다」

닥터 벅의 이 연설은 19세기의 질 삽입 피임 기구에 대한 정보를 제공하는 흔치 않은 기록으로 역사가들에 의해 자주 인용되어 오고 있다. 이 시기에 임신 중절 및 피임 도구들이 페서리란 이름으로 판매되고 있었다는 사실은 잘 알려져 있지만, 이들 기구의 구조와 같은 구체적 기록은 거의 남아 있지 않다. 당시의 광고문에서는 의미가 분명치 않은 완곡한 표현을 쓰고 있었기 때문이다. 임신 중절이나 피임과 관련된 정보 및 제품의 배포를 금지하는 법이 제정된 1873년 이후로는 이러한 제품을 언급하고 있는 글은 더욱더 그 의미를 파악하기 어렵게 되었다.

하지만 미국 특허청의 문서 보관소에서 「페서리」, 「자궁 경부 치료 기구」, 「척추 지지대와 자궁 조절기」, 「페리스테론(Pherysteron)」, 「자궁 지지대」, 「자궁 배터리」 등의 단어로 자료를 검색해 보면 100여 개의 자료가 나오며, 여기에서는 빅토리아 시대의 피임 도구 특허품에 대한 상세한 도안과 설명을 볼 수 있다.

주입기 페서리

1846년 말 매사추세츠 주 셰필드의 조엘 B. 메리만은 속이 빈 막대 모양의 유리 페서리로 특허를 받았다. 사용자는 이 기구를 이용해 치료 용액을 자궁 입구에 직접 주입할 수 있었다. 당시에는 뜨거운 물이나 부식성 용액을 자궁 입구에 직접 뿌려 주는 것이 자궁 수축을 일으켜 태아를 몸 밖으로 밀어내는 데 가장 효과적인 방법이라고 생각했던 것이다.

1840년대 말 많은 가정에서 이 기구가 쓰인 이유는 임신 중절의 도구로 사용할 수 있다는 점만이 선부는 아니었다. 애초에 의료계에서는 질 세척 기구로 그 사용을 권장하고 있었다.

속이 빈 막대 모양의 페서리
특허번호 4,825 (1846년)

당시는 목욕을 자주 할 수 없었던 때이므로 질 감염이 많았고, 질 세척법이 그 치료법으로 이용되었다. 1700년대 말에는 소수의 여성들만이 세척법을 피임의 방법으로 활용하였으나, 결혼 생활에 대한 참고 서적들이 최초로 발간된 1830년대 이전부터 세척법은 피임 목적으로 광범위하게 쓰이고 있었다. 제임스 리드는 다음과 같이 설명하고 있다.

「제대로 이용하면 세척법은 임신 위험을 80% 이상으로 줄일 수 있다. 단순한 개인적 청결 행위로 가장할 수 있었을 뿐만 아니라 피임 도구를 구입할 필요가 없었기 때문에 인기가 높았다」

당시 조산원이나 의사들이 사용한 임신 중절용 주입기는 놋쇠와 백랍(주석을 주성분으로 한 합금;역주)으로 만든 조잡한 물건이었다. 질을 통과해 자궁 입구에 닿는 길고 가느다란 주둥이도 아직 갖추어져 있지 않았다. 1848년 뉴욕 주의 앤소니 게쉐트의 특허 관련 서류에는 이런 초기 형태의 주입기 그림을 볼 수 있다. 「페리스테론」이란 이름의 이 주입기는 질 깊숙이 위치한 환부에 용액의 주입을 용이하게 하도록 만든 것이었다. 고무

페리스테론 주입기 특허번호 5,556 (1848년)

제품인 이 기구에 입으로 공기를 불어넣은 다음 질 안쪽으로 넣고 빈 관을 통해 자궁까지 용액을 밀어 넣는 것이었다.

2년 뒤인 1850년 매사추세츠 주의 조나단 호비 로빈슨은 은으로 만든 페서리를 개발하였다. 페서리에 달린 줄기는 속이 빈 튜브로 되어 있었다. 로빈슨의 설명은 다음과 같다.

「작은 크기의 주입기를 언제든지 튜브 속으로 밀어 넣을 수 있다. 이때 용액이나 치료제를 자궁 입구에 단단히 밀착되어 있는 페서리 컵 쪽으로 주입하면 된다」

주입기는 그 형태와 기능에 있어서 너욱 징교해져 갔다. 그리고 많은 경우 「주입기」라는 말은 임신 중절 도구라는 의미로도 사용되었다. 예컨대 1878년 아이오와 주 차리튼의 애나 L. 파머는 「흡입기 · 자궁 소작기(燒灼器) 및 질 주입기를 모두 결합」한 발명품으로 특허를 출원하였다. 이 발명품은 피스톤이 달린 강력한 주입기 형태의 기구로, 가느다란 탐침(探針)이 달려 있었으며 피스톤의 한 가운데를 통해 이 탐침을 조작할 수 있

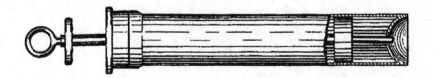

애나 파머의 주입기는 실은 만능의 낙태 기구였다. 특허번호 213,588 (1879년)

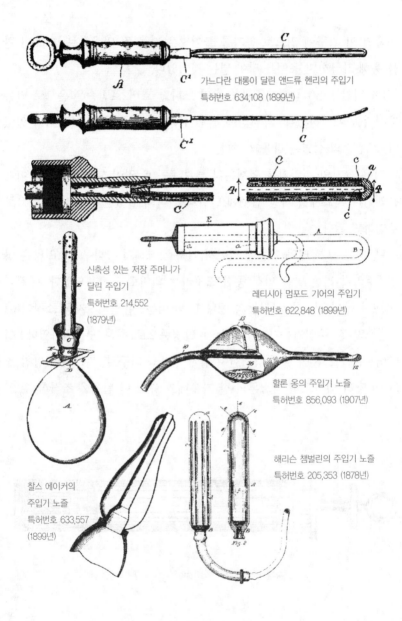

가느다란 대롱이 달린 앤드류 헨리의 주입기
특허번호 634,108 (1899년)

신축성 있는 저장 주머니가
달린 주입기
특허번호 214,552
(1879년)

레티시아 멈포드 기어의 주입기
특허번호 622,848 (1899년)

할론 옹의 주입기 노즐
특허번호 856,093 (1907년)

해리슨 챔벌린의 주입기 노즐
특허번호 205,353 (1878년)

찰스 에이커의
주입기 노즐
특허번호 633,557
(1899년)

게 되어 있었다. 피스톤의 머리는 튀어나온 자궁 입구의 모습으로 조각되었다. 이 기구는 「자궁에 쌓여 있는 좋지 않은 물질들」을 강하게 빨아 낼 수 있도록 만들어졌다. 피스톤을 자궁 입구에 밀어 넣으면 탐침을 원하는 곳으로 유도해 갈 수 있는 역할을 하며, 삽입된 탐침은 자궁벽의 표피를 벗겨 내는 자극을 가해 자궁이 수축을 일으키게 하며, 이로써 태아를 밖으로 밀어 내게 했다. 탐침은 또 솜이나 고체성 부식제를 자궁 안으로 삽입하는 데 쓰일 수도 있었다.

유사한 특허품으로는 호레이쇼 E. 쿡의 발명품을 들 수 있는데, 여기에 달린 주입기 주둥이는 작은 숟가락 모양을 하고 있어 자궁벽을 긁어 내는 데 매우 적합하게 만들어져 있었다.

또 인디애나 주 라도가의 앤드류 L. 헨리가 만든 주입기에는 대롱으로 만든 길고 가느다란 첨단부가 세정이나 흡입에 적합하도록 휘어져 있었다. 그러나 그 중에서 가장 정교한 것은

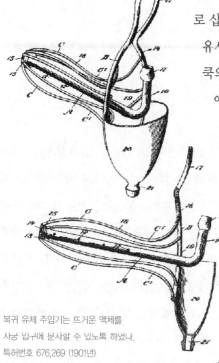

복귀 유체 주입기는 뜨거운 액체를 자궁 입구에 분사할 수 있도록 하였다.
특허번호 676,269 (1901년)

뉴욕 시의 덴우드 N. L. 뉴베리가 특허 출원한 「복귀 유체 주입기 (Return Flow Syringe)」란 이름의 발명품이었다. 이 발명품은 인체 공학적으로 디자인된 새장 형태의 기구로, 질 안에 삽입되어 질을 벌려 주면서 상부는 외음부에 걸쳐져 기구를 지탱하도록 되어 있었다. 그리고 가운데로는 액체를 주입할 수 있는 튜브가 들어가 있어 마치 각이 진 금속관 속에 들어가 있는 소방 호스와 흡사한 모습이었다. 뉴베리의 주입기는 자궁 입구에 뜨거운 물이나 약제를 첨가한 물을 강한 물살로 장시간 분사할 수 있도록 설계된 것이었다.

질 차단 페서리

주입기 세척법과 더불어 질 차단 페서리는 1800년대에 가장 많이 쓰이던 피임 기구였다. 19세기 동안 이와 관련한 기술이 크게 발전했지만 기본적인 개념은 고대부터 존재했다. 전세계의 여성들이 성행위시에 여러가지 물체를 질 안으로 삽입해 임신을 막아 왔던 것이다. 고대 문명 세계에서는 이런 방법이 어떻게 임신을 막아 주는 것인지 정확한 이유는 몰랐지만 어쨌거나 그 결과는 만족스러웠다. 삽입물로는 지역에 따라 여러가지 다양한 물질이 사용되었다. 이집트에서는 벌꿀과 악어의 배설물로만들었고, 고대 로마에서는 양털 뭉치에 송진 섞은 것을 사용했으며, 일본에서는 기름먹인 대나무 종이 뭉치를 이용하였다. 또 중세 유럽에서는 접착제 모양의 밀랍 덩어리가 사용되었다. 당시 남태평양을 여행하고 돌아온 미국의 포경선 선원들에 의하면 남태평양 섬들의 여성들은 해초 덩어리를 질 삽입용 피임 도구로 사용하였다고 한다.

1800년대 초엽 미국에서는 자연산 스펀지나 솜뭉치를 피임 목적으로 이용하는 일이 보편화되었다. 작은 줄이나 리본이 달린 것으로, 스펀지나 솜뭉치에 레몬 주스나 산성 물질을 흠뻑 적신 후 성행위에 앞서 질 깊숙이 밀어 넣었다. 그러면 스펀지나 솜뭉치는 정액이 자궁에 들어가지 못 하도록 하는 장벽 역할을 했다. 산성 주스나 수렴성 발효액이 정액의 임신 능력을 약화시키는 데 탁월한 효과가 있다고 믿고 있었던 것이다. 하지만 실내 욕실이 없던 시대에 손가락을 이용해 스펀지를 질 깊숙이 삽입하는 일은 상당히 번거로운 일이었다. 1849년 럿셀 콜킨스는 이런 불편을 해소하고자 삽입기를 이용해 젖은 스펀지를 질 안으로 밀어넣는 발명품으로 특허를 출원하였다.

오하이오 주 클라이드의 W. G. 그랜트는 피임용 스펀지를 종 모양으로 잘라 자궁 경부를 단단히 덮는 발명품으로 1867년 특허를 받았다. 그의 특허 관련 서류를 보면 그의 발명품은 삽입과 제거가 용이하도록 만들어져 있다고 주장했다. 제자리를 잡게 하는 삽입기가 포함되어 있었으며, 또 종 모양의 스펀지 끝에 끈이 달려 있어 쉽게 빼낼 수 있다는 것이었다.

1864년 필라델피아의 의사 에드워드 블리스 푸트는 결혼 생활에 대한 인내시인 〈의학 성식〉 2판에서 「자궁 베일」이라는 이름의 새로운 발명품이 가장 뛰어난 피임 기구라고 밝히고 있다. 그는 이에 대해 다음과 같이

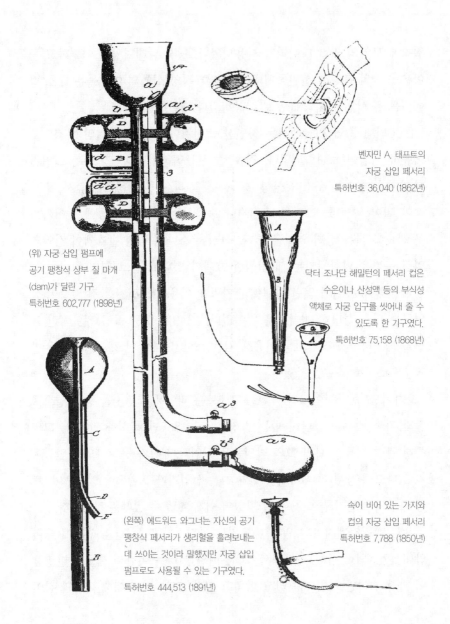

벤자민 A. 태프트의
자궁 삽입 페서리
특허번호 36,040 (1862년)

(위) 자궁 삽입 펌프에
공기 팽창식 상부 질 마개
(dam)가 달린 기구
특허번호 602,777 (1898년)

닥터 조나단 해밀턴의 페서리 컵은
수은이나 산성액 등의 부식성
액체로 자궁 입구를 씻어내 줄 수
있도록 한 기구였다.
특허번호 75,158 (1868년)

(왼쪽) 에드워드 와그너는 자신의 공기
팽창식 페서리가 생리혈을 흘려보내는
데 쓰이는 것이라 말했지만 자궁 삽입
펌프로도 사용될 수 있는 기구였다.
특허번호 444,513 (1891년)

속이 비어 있는 가지와
컵의 자궁 삽입 페서리
특허번호 7,788 (1850년)

쓰고 있다.

「이 기구는 얇은 고무 막을 자궁 입구에 씌워 놓음으로써 정액의 유입을 막아 준다. 사용도 용이하며, 불빛이 없는 곳에서도 즉시 삽입할 수 있다. 이 기구로 이제 가정 주부는 임신을 자신의 뜻에 맞추어 할 수 있게 되었다」

푸트의 책은 베스트셀러가 되었으며, 그로써 격막의 개념을 사람들에게 심어 주는 데 큰 역할을 한다. 실제로 푸트는 격막을 자신이 발명한 것이라고 주장했으며, 미국에서는 대부분의 사람들이 그렇게 믿게 되었다. 그러나 닥터 푸트는 격막을 널리 알리는 데 큰 역할을 한 것일 뿐 최초의 발명자는 아니었다. 자궁 경부에 얇은 불투과성 막을 씌워놓아 정액의 유입을 막는 방법은 1830년대 독일에서 닥터 프리드리히 아돌페 빌데에 의해 처음으로 사용되었다.

1842년에 역시 독일 의사인 브레슬라우의 W. P. J. 멘징가가 초기의 조악한 경화 고무를 사용하여 만든 질 격막을 환자들에게 처방하였다. 앞에서 언급한 바와 같이 로체스터의 치과의사 존 B. 비어스는 기름을 먹인 비단을 사용한 격막으로 1846년 미국에서 최초의 성 관련 특허를 얻었다. 닥터 푸트가 이에 관련된 글을 쓰기 시작했던 1864년에는 경화 고무의 획기적 발전으로 격막의 질도 크게 향상되었다.

1867년 뉴욕 주의 어거스트 C. 롤레더는 얇은 고무로 만든 질 격막 테두리에 스프링을 박아 놓은 발명품으로 특허를 빚었다. 이 격막은 질 안으로 삽입할 때 손가락으로 쉽게 압축시킬 수 있었다. 삽입된 격막은 스

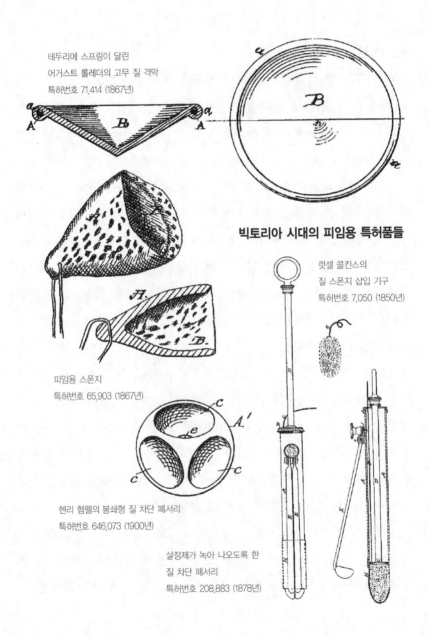

테두리에 스프링이 달린
어거스트 롤레더의 고무 질 격막
특허번호 71,414 (1867년)

빅토리아 시대의 피임용 특허품들

러셀 콜킨스의
질 스폰지 삽입 기구
특허번호 7,050 (1850년)

피임용 스폰지
특허번호 65,903 (1867년)

헨리 헴펠의 봉쇄형 질 차단 페서리
특허번호 646,073 (1900년)

살정제가 녹아 나오도록 한
질 차단 페서리
특허번호 208,883 (1878년)

프링에 의해 펼쳐져 투과할 수 없는 막을 형성했다. 19세기가 저물고 20세기가 될 무렵 격막의 개량화는 더욱 빠르게 진행되어 여러 발명가들이 연화 고무나 컵 모양의 격막 등으로 특허를 받았다.

1914년 마가렛 생거가 「산아 제한(birth control)」이라는 말을 만들어 내었을 때는 산아 제한 문제가 정치적으로 격렬한 논란의 대상이 되어 있었던 시기였다. 이때 또 다른 형태의 격막이 특허 출원되었다. 얇은 고무에 스프링을 장착한 이 발명품들을 보면 당시의 제조 기술이 괄목할 만큼 진일보했음을 알 수 있다.

블록 페서리

차단 방법을 사용하는 피임 도구 중에서 특이한 종류가 「봉쇄 페서리」였다. 널리 쓰이지 못 하고 사라져 버린 이 도구는 그 아이디어를 1700년대의 문헌에서 얻어온 것인데, 「새로운」 발명품으로서 1900년에 특허 출원되었다. 그 해에 플로리다 주 고다의 헨리 A. 헴펠은 표면에 6개의 옴폭한 구멍이 뚫린 질 차단 기구로 특허를 받았다. 이 기구의 작동 원리는 다음과 같다. 질 안에 삽입되면 체액으로 표면이 미끄러워지게 되며, 이때 음경의 끝 부분에 눌리면 옴폭한 구멍 중의 하나가 자연스럽게 자궁경부를 덮게 되어 정액의 유입을 막게 된다는 것이다. 헴펠에게 특허를 허가했던 특허 심사관들은 지오반니 지오코모 카사노바의 저작에 대해 제대로 알지 못하고 있었던 모양이다. 카사노바는 이탈리아의 작가이자 군사 모험가이며 희대의 바람둥이로, 그의 글을 읽어보면 이미 100여 년 전에 금으로 블록 페서리를 만들어 사용했음을 알 수 있다.

자궁 삽입 막대 페서리

더욱 중요하고 또 광범위하게 쓰인 페서리 개발품이 1864년에 출현하였다. 이 기구는 위스콘신 주 스티븐스포인트의 제임스 리가 격막 모양의 질 차단 기구와 새로운 형태의 자궁 흡착 기구를 결합하여 만든 것이었다. 리는 다음과 같이 설명하였다.

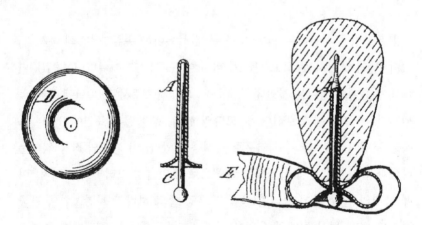

제임스 리의 발명품은 격막에 특이한 줄기 모양의 고정 장치가 달린 것이었다. 이 발명품을 시발로 그 후 악명 높은 유사 기구들이 개발되어 나왔다. 특허번호 45,506 (1864년)

「이 페서리는 특이한 모양의 탐침 또는 막대가 달려 있어 이것을 직접 자궁 속으로 삽입하게 된다. 자궁 속으로 들어가는 막대는 단단한 것이라야 하며 상아나 금속, 단단한 고무 또는 여타의 물질로 만들 수 있다」

막대의 목적 중 하나는 자궁을 똑바로 펴기 위한 것이었다. 그리고 그는 자신의 발명품에 대해 이렇게 말하고 있다.

「다른 제품보다 여러 가지로 월등한 점이 있으나, 이는 의사나 이런 기구에 대해 잘 알고 있는 사람들에게는 분명한 것이기 때문에 특별히 여기에서 언급할 필요성을 느끼지 않는다」

그런데 아이러니컬하게도 언급하지 않은 월등한 점 중의 하나는 여성의 임신 능력을 높여준다는 것이었다. 당시에는 자궁의 입구를 넓혀 주면 임신 능력을 높일 수 있다고 믿었다. 자궁 속으로 밀어 넣은 막대에는 작은 구멍들이 나 있으며, 이 구멍난 막대는 정자가 헤엄쳐 올라가기 쉽게 만드는 물고기 사다리(물고기가 폭포나 댐 따위를 거슬러 올라갈 수 있게 층계 모양으로 만든 것;역주) 역할을 할 수 있다고 생각했던 것이다.

또 다른 형태의 것이 1871년 일리노이 주 센트랄리아의 닥터 윌리엄 S. 반 클리브에 의해 만들어졌다. 그는 자궁 내 막대와 임신 중절 주입기를 결합하여 만든 발명품을 특허 출원하였다. 「복부와 척추 지지대 그리고 자궁 조절기」라는 이름으로 불린 이 기구는 기다란 형태의 장식물처럼 보였다. 속이 빈 막대가 컵 모양의 자궁 삽입물을 뚫고 위로 올라와 있어 그 모습은 마치 꽃의 수술과 같았다. 닥터 반 클리브의 설명은 다음과 같다.

「자궁 지지대의 역할과 주입기의 역할을 동시에 하는 이 기구는 다양한 크기의 노즐을 통과시킬 수 있기 때문에 자궁 안으로 용액을 직접 주입하기에 매우 용이하다」

위에서 예를 든 것 외에도 1887년에서 1920년 사이에 특허를 받은 자궁 삽입 막대 페서리가 최소 18개나 된다. 그 중에는 쉽게 뗄 수 있는 손잡이가 달려 있어 신속하게 삽입하고 또 빼낼 수 있는 것도 있다. 19세기 말이 되자 디자인도 중요한 고려 사항이 되었다. 예를 들어 허만 M. 라이만이 받은 2개의 특허품은 멋진 귀고리 모양과 커프스 단추 모양을 하고 있다.

닥터 반 클리브의 자궁 삽입 기구
특허번호 118,073 (1871년)

자궁 삽입 막대 페서리 특허품 중 네 가지는 종류가 다른 금속으로 만들어진 장치가 달려 있어서 전기를 발생시키는 것이었다. 전기는 곧바로 자궁으로 전달되어 낙태를 유발하도록 되어 있었다. 이 중에 전기를 이용한 산아 제한용 기구의 효시는 1894년 줄리어스 C. 페티트가 발명한 것으로, 「자궁 배터리」란 이름으로 불렸다. 당시 널리 쓰이던 완곡한 표현법을 이용하여 그는 다음과 같이 설명하고 있다.

「이 발명품은 월경을 조절해 주고 특별히 여성에게만 발생하는 많은 질환들의 치료를 촉진한다」

또 마사 엘렌 켈러도 자신의 전기 발생 자궁 삽입 막대 페서리가 「자궁의 비정상 상태」를 치유하는 것이라는 완곡한 표현법을 썼고, 찰스 사우더도 같은 방식의 표현법으로 발명품에 대해 다음과 같이 말했다.

「본인이 발명한 자궁 삽입 막대 페서리는 전류를 자궁벽으로 흘려보내는 역할을 한다. 그리고 그 효과가 어떤 것인가는 독자 여러분이 충분히 알 것이다」

1912년 시카고의 리차드 젠취는 후일 「차골(叉骨 새의 흉골 앞에 난 뼈; 역주)」 페서리란 이름으로 악명 높은 페서리를 발명해 특허를 얻었다. 끝이 Y자 모양을 하고 있는 이 기구는 자궁 입구를 강제적으로 벌려 태아를 몸 밖으로 끄집어 내는 데 탁월한 효과를 발휘했다.

또 그의 설명에 의하면 이 기구는 속이 비어 있었기 때문에 자궁 안의 노폐물을 배출시킬 수 있다는 것이다.

차골 형태의 페서리는 널리 쓰이게 되었고 또 끊임없이 개량되어갔다. 마침내 1920년에는 뉴욕 주의 레온 마르토치 피스쿨리가 저장통이 달린 페서리를 개발했는데, 이 기구는 자궁 입구를 확장시킬 뿐만 아니라 동시에 부식성의 포름알데히드 증발 기체를 자궁 안으로 분사시켰다.

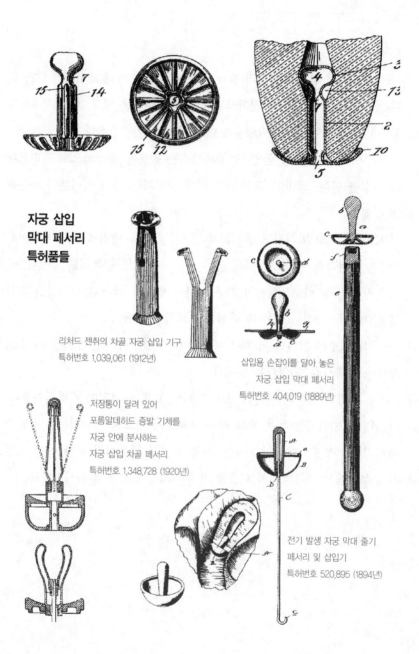

**자궁 삽입
막대 페서리
특허품들**

리처드 젠취의 차골 자궁 삽입 기구
특허번호 1,039,061 (1912년)

삽입용 손잡이를 달아 놓은
자궁 삽입 막대 페서리
특허번호 404,019 (1889년)

저장통이 달려 있어
포름알데히드 증발 기체를
자궁 안에 분사하는
자궁 삽입 차골 페서리
특허번호 1,348,728 (1920년)

전기 발생 자궁 막대 줄기
페서리 및 삽입기
특허번호 520,895 (1894년)

서서히 녹는 화학 페서리

피임용 페서리의 발달 과정에서 마지막으로 들 수 있는 것은 화학 물질의 사용이다. 1878년 트레바니온 N. 베를린은 새로운 종류의 페서리를 만들어 특허를 얻었다. 이 페서리는 점착성의 화학 물질로 만들어진 것으로, 체온과 질 안의 분비물로 인해 서서히 녹아 내리게 되어 있었다. 녹아감에 따라 자궁 경부 주위에 물리적 장벽이 형성되었고, 또 녹아 나온 화학물질의 작용도 그에 더해졌다. 베를린은 공식적으로는 화학 물질이 치료를 위한 것이라고 했지만 아마도 여기서 「치료」란 구체적으로 정액의 화학적 무력화를 말하는 것이라 하겠다.

현대의 페서리

1930년대가 되자 자궁 탈출증에 대한 수술 요법은 완벽한 경지에 이르렀고, 이 질병과 관련된 발명품의 필요성도 사라져버렸다. 하지만 페서리는 사라지지 않고 계속 남았다. 그동안 다양한 변화를 겪었던 페서리는 이제 치료 목적이나 피임 목적을 위해 질 안에 삽입하는 모든 삽입물을 통틀어 페서리라는 단어로 불리게 되었다. 그리고 현재도 새로운 종류의 질 기구가 계속 발명되어 특허를 받고 있으므로, 페서리란 이름은 그 의미가 계속 확대되어 나가는 중이다.

페서리들 중에서 이론의 여지 없이 가장 눈에 띄는 새로운 발명품은 강간 방지용 기구일 것이다. 이 기구들은 매우 흥미로운 것으로, 이에 대해서는 뒤에서 다시 다루어질 것이다. 이 기구들은 탬폰 모양으로 생겼으나 날카로운 가시가 달려 있고 또 면도칼도 내장되어 있어서 강간범의 성기를 잘라 내도록 하였다.

100여 년 전 불필요한 이물질 삽입을 비난했던 닥터 벅이, 여성의 질을 무시무시한 치명적 무기로 바꾸어 놓은 것을 보면 뭐라고 말할지 궁금하기 짝이 없는 일이다.

6 고무 혁명

미국 독립 전쟁과 힘께 출현하게 된 미국의 문명은, 기계 문명적 관점에서 보면 이곳저곳 솔기가 터져 내용물이 줄줄 흘러나오는 허점 투성이 문명이었다. 액체를 담거나 액체와 더불어 사용하는 도구 및 기계류들은 그 목적에 부합되지 않는 재질들로 만들어져 있었다. 바다코끼리의 이빨을 깎아 페서리를 만들고, 양의 창자로 콘돔을 만들었던 것만이 아니었다. 속을 파낸 나무를 급수 파이프로, 또 가죽을 꿰맨 것을 호스로 사용하였으며, 캔버스에 타르를 발라 우산으로 쓰기도 했다. 값비싼 유리나 도자기를 빼고는 대부분의 액체 용기에서 액체가 유출되었으며 방수용 제품들에는 물이 스며들었다. 니스를 칠하거나 왁스를 먹인 부츠도 진창길이나 여름철 강변을 걷다 보면 이내 흠뻑 젖어버리고는 했다. 눈길이나 얼음길에서는 짧은 거리라야 안심하고 걸을 수 있었다. 젖은 몸에 동상을 입어 불구가 되거나 심지어 목숨까지 잃을 우려가 있었기 때문이다. 이렇게 적절한 방수용 재질이 없다는 것은 자유로운 인구 유동에 큰 제약 조건이 되었다. 또한 이것은 상업의 발달에도 영향을 주었다.

예를 들면 맥주를 주조할 경우 상당량의 맥주가 호스의 구멍이나 용기의 틈으로 새어나가 버렸던 것이다.

따라서 나무처럼 깎아 만들기 쉽고 가죽처럼 유연하면서 동시에 물기를 투과하지 않는 새로운 재료를 사람들은 절실하게 찾고 있었다. 그러한 특성을 지닌 물건을 1820년 카리브 해의 무역항에서 돌아온 배 한 척이 보스턴 항에 내려놓았다. 그 물건은 「쿠축(ko-chook)」이란 이름의 물질로 만들어진 조잡한 형태의 신발 한 켤레였다. 이 신발은 견고하게 형태를 유지하고 있으면서도 희한할 만큼 유연했다. 물위에 놓으면 마치 배처럼 떠다녔고 물이 튀기면 물은 방울이 되어 표면에서 흘러내리는 것이었다.

물기를 머금지 않는 정글의 진액으로 만들어진 이 신발의 출현은 그야말로 엄청난 사건이었다. 당시 이 신발은 개당 5달러에 판매되었다고 한다. 지금으로 환산하면 300달러가 넘는 금액이다.

곧 쿠축은 그 유래가 없을 정도로 강하게 뉴잉글랜드 상인들의 마음을 사로잡았으며, 결국에는 미국 기계 문명의 근본을 변혁시키게 되었다. 당시의 일상적인 성적 행위 그리고 정치적 행위에 있어 중심적 역할을 하게 된 고무가 그것인 것이다.

정글 진액의 역사

유럽인들이 총과 칼을 들고 해안으로 몰려들기 훨씬 이전에 멕시코와 중앙 아메리카 또는 남아메리카의 부족 사회에서는 나무 밑동에 상처를 내어 쿠축 진액을 만들어 냈다. 아즈텍 사람들은 이것을 망토와 방패에 칠해 놓았다. 1730년대의 프랑스 과학 조사단 기록에 따르면 아마존 원주민들은 진흙으로 대강 빚어 놓은 것을 젖빛의 쿠축 액에 담그는 방법으로 다양한 제품을 만들어 냈다고 한다. 고무를 여러 겹 입혀야 할 때는 한 겹 입힐 때마다 연기에 잠시 쬐어 말리는 방법을 반복했다. 완성품은 그다지 볼품이 없었지만 유연성과 방수성을 갖춘 유용한 것들이었다. 가장 많이 만들어진 품목이 신발 및 물방울 모양의 용기였다. 용기의 주둥이를 열어 놓으면 병과 같이 물을 담을 수 있었고, 주둥이에 속이 빈 갈대 줄기를 꽂으면 조잡하기는 하지만 주입기로도 사용할 수 있었다.

이 이상한 물질은 1820년 고무신 한 켤레가 미국에 당도하기 이전까지는 전혀 미국인의 관심을 끌지 못했다. 그러나 몇 년 뒤에는 아마존 원주민이 만든 고무신이 3만 켤레나 보스턴 항에 하역되었고, 이익 마진은 88%를 넘었다. 한편 약제상들의 배는 부지런히 「용기 병」을 수입하고 있었다. 이들 병은 「브라운의 자동 주입식 인도 고무 기구」란 상호로 팔려 나갔다.

이들 제품은 인기가 아주 높기는 했지만, 1년 이상 사용할 수 있는 경우가 드물었다. 습기를 투과시키지 않는 반면에 열에 매우 민감했다. 추운

날씨에는 단단하게 굳어 버리고 열에는 약한 것으로 악명이 높았다. 따라서 난로나 촛불 근처에서 고무 제품을 사용해서는 안 된다는 것은 삼척동자도 알고 있는 사실이었다. 그런데 더욱 심각한 문제는 고무 자체의 자연적 부패였다. 처음에는 견고한 형태를 취하지만 안에서부터 썩어 들어가기 때문에 결국 신발과 주입기 같은 제품들도 뭉개져서 냄새를 풍기는 아교질 덩어리만 남게 되었던 것이다.

고무 붐과 그 실패

1830년대 초에 코네티컷 주와 매사추세츠 주 그리고 로드아일랜드에 갑작스런 고무 「붐」이 일어났다. 여러 다양한 사람들이 고무의 문제점을 해결해 주는 비법을 발견했다는 주장이 나오자 이러한 붐이 일었던 것이다. 발명가들과 기업인들은 고무를 안정화시키는 방법의 발견이야말로 새로운 주요 산업의 탄생을 가져올 것이라는 점을 잘 알고 있었다. 1834년 내내 이러한 붐은 그 열기를 더해 갔고, 그 와중에 고무 제품을 대량으로 생산하기 위한 회사와 거대한 헛간 모양의 공장이 세워졌다.

그들의 생산 기술은 모두 다 동일했다. 쿠축 덩어리를 테레빈 유에 용해시켜 액체 고무를 만드는 것이었다. 여기에 옷감을 담가 가장 값비싼 상품이었던 방수옷을 만들었다. 옷감이 마르면 꿰매어 유용한 것들로 만들 수 있는데, 가장 중요한 것 중 하나가 공기를 불어넣을 수 있는 구명 조끼였다.

1834년, 뉴헤븐의 발명가이자 공구상인 35세의 사나이가 매사추세츠 주 록스베리에 있는 「인도 고무 회사」의 사무실로 걸어 들어왔다. 그 즈음 광고되던 공기 주입식 구명 조끼를 구매하기 위해서였다. 찰스 굿이어란 이름의 이 남자는 기계에 매우 밝은 사람으로, 단추와 숟가락 제조 방법에 대한 특허와 당밀 항아리에 다는 스프링 레버 물꼭지로 이미 특허를 받아 놓고 있었다. 그는 발명에는 뛰어났지만 사업에는 성공적이지 못 했다. 그와 그의 아버지가 여러 도시에 연이어 열었던 공구 상점들은 모두 망해 버리고 만 상태였다. 거의 무일푼 상태였던 굿이어는 새로운 사업 기회를 잡기 위해 필사적인 노력을 기울이던 중이었다.

그는 그 기회를 고무 제품 판매에서 찾았던 것이다.

그런데 굿이어는 구입할 구명 조끼가 썩는 물건이라는 사실을 알게 되었다. 고무 붐은 거짓된 주장에 근거하고 있었던 것이다. 천연 고무를 안정화시킨다는 처리 과정은 사실 전혀 효과가 없었다. 뉴잉글랜드에 새로 세워진 공장에서 쏟아낸 엄청난 양의 고무 제품들이 악취를 풍기는 쓰레기 더미로 변질돼 갔다.

굿이어는 간단한 사실 하나를 깨달았다. 즉 고무를 안정화시키는 효과적인 방법을 발견하게 되면 엄청난 부를 얻게 되리라는 사실이었다. 그는 그 방법을 알아내는 일에 전력을 쏟아 붓기 시작했다.

그 이후의 이야기는 마치 찰스 디킨스의 소설처럼 다재롭고 가슴 찡한 것이다. 그것은 계속된 실패로 모든 것을 잃은 병약한 사람의 이야기이다. 그는 믿을 수 없을 정도로 꼬리를 잇는 불행을 겪어야만 했다. 감옥에 갇히기도 했고, 극빈자를 위한 초라한 장례식장에서 아들을 자신의 손으로 묻기도 했으며, 세상의 조롱도 견뎌내야 했고, 실험이 잘못되어 독성 물질에 중독되기도 했다. 또 기아선상에서 고통받던 가족들은 눈보라로 쓰러진 오두막에서 아직 덜 자란 감자로 겨우 연명하며 지내기도 했다. 하지만 그는 포기하지 않았다. 그는 한시도 고무에서 손을 떼지 않았다. 그는 고무에 완전히 미쳐 있었다.

마침내, 우연히도 그는 결코 이룰 수 없으리라 여겨졌던 것을 이루게 되었다. 유황 가루와 함께 반죽한 고무 원료 덩어리를 부엌에 있는 뜨거운 난로에 대 보았던 것이다. 유황이 스며 있는 고무 덩어리는 녹아 버리는 대신 숯처럼 검게 변했는데, 그것을 추운 바깥으로 가지고 나오자 단단하게 굳는 대신 여전히 유연성을 지니고 있었던 것이다. 또한 이것은 열에도 손상되지 않았으며 썩지도 않았다. 고무 원액에 유황과 섞어 적당한 열을 가하는 처리 과정이 고무의 치명적인 단점을 제거시켜 준 것이었다. 1844년 굿이어는 이 처리 과정으로 특허를 획득하였다. 특허번호 3633번이었다. 굿이어는 이 처리 과정을 로마 신화에 나오는 불의 신 불칸의 이름을 따서 불칸화 과정(경화 과정)이라 명명하였다.

경화 과정의 발견은 산업시대에 있어서 가장 중요한 사건이라고 하더라도 전혀 과장이 아니다. 굿이어가 사망한 해인 1860년에는 경화 과정 덕분에 기계 설계와 그 조작에 엄청난 발전을 가져왔던 것이다.

고무로 인한 성 혁명

많은 사람들의 이목을 집중시키지는 못했으나 어느 것 못지 않게 중요했던 것이 굿이어의 발견으로 인해 촉발된 성 혁명이었다. 신체 기관에 쓰이는 기구로서, 안전하고 효율적인 물건을 만드는 데 있어 경화 고무는 더할 나위 없이 알맞은 재질이었던 것이다. 고무로 만든 기구는 튼튼할 뿐만 아니라 매우 가벼웠다. 또 탄성이 뛰어난 동시에 유연성도 좋았고 불활성이며 내구성도 좋았다. 값싼 고무로 만든 밸브와 호스, 노즐, 카테터(catheter, 導尿管), 콘돔, 질 삽입물 등의 기구로 인해 전에는 생각할 수 없었던 정도까지 신체 기능을 조절하고 통제하는 것이 가능해졌다. 1840년대 말, 뉴잉글랜드의 고무 제품 생산업자들은 아직 기본 생산 기술을 발전시켜 나가는 과정 중에 있었지만 성과 관련된 고무 제품의 생산도 빠르게 늘려 나가고 있었다. 의료 역사가들에 따르면 1850년 말에는 카테터 형태로 출시된 고무 튜브를 이용한 낙태가 성행하였다고 한다. 앞에서 쓴 바와 같이 여러 종류의 질 차단 페서리가 1850년대에 등장하기 시작했으며, 고무로 만든 질 내 주입기는 약사들과 우편 주문업자들이 가장 많이 파는 품목이 되었다. 두껍고 사용하기 거북한 최초의 콘돔이 곧 출시되는데, 제한된 수효만이 매춘부들 사이에서 사용되고 있었던 듯하다. 당시는 전쟁으로 인해 수많은 도시와 군 주둔지를 중심으로 매춘부들의 수가 급증하였다.

그러나 이러한 전쟁의 소용돌이를 헤치고 북군의 한 젊은 군인이 나타나 남성을 위한 「닥터 파워의 예방 기구」와 여성용 「굿이어 고리」 격막 같은 상품의 판매에 대해 격렬히 반대의 목소리를 높였다. 그가 바로 앤소니 콤스톡으로, 코네티컷 주 제 17연대를 제대한 직후 42년간에 걸쳐 놀랄 만한 투쟁을 벌였던 인물이다. 투쟁의 대상은 고무였다. 그는 고무를 가리켜 여성의 미덕과 가정의 신성함, 미국의 선하고 신령된 것 모두를 위협하는 물질이라 하였다.

콤스톡의 고무와의 전쟁

경화 고무가 특허를 획득하던 해에 태어난 앤소니 콤스톡은 코네티컷 주 뉴카아난에서 성장했다. 뉴카아난은 뉴헤븐에 있는 찰스 굿이어의 고향과 불과 50km밖에 떨어져 있지 않은 곳이었다. 농부이자 목수인 부친을 둔 콤스톡의 가족은 초기 청교도 정착민들의 신앙에 따라 살아가는 기독교 근본주의 종파에 속해 있었다. 엄격한 금욕주의적 생활을 영위하던 이들은 페인트칠이나 실내장식이 전혀 되어 있지 않은 삭막한 나무 건물에 모여 예배를 보았으며 음주와 노름, 화려한 옷을 입는 일, 자손을 보기 위한 부부 관계 이외의 성행위를 삼갔다.

그들은 또한 검약하고 부지런한 사람들이었으며 죄로 가득한 세상에 하느님의 정의로움을 적극적으로 드러내라고 자녀들을 교육하였다. 1862년, 식료잡화점의 직원으로 일하고 있던 건장한 체격의 앤소니 콤스톡은 처음으로 술집에 난입하여 술통을 모두 바닥에 쏟아 붓고는 술집을 폐쇄하지 않을 경우 더 큰 낭패를 보게 될 것이라는 익명의 협박 편지를 주인에게 남겨 놓았다.

그 이듬해 그의 형이 게티스버그 전투에서 전사하자 콤스톡은 북군에 입대한다. 그는 자신의 일기에 텐트 안에서 생활하며 받은 충격에 대해 쓰고 있다.

「텐트 안은 온통 사악한 자들의 악담과 욕지거리로 가득했다」

당시 군대에서는 병사들에게 위스키를 보급품으로 지급하였다. 콤스톡은 이것을 마시지 않았을 뿐만 아니라 그 술을 달라고 요구하는 주위의 동료들 앞에서 마치 의식을 치르듯이 매일 땅에 술을 부어 버렸다.

1865년 봄, 전쟁이 종식되자 지칠 대로 지친 북군과 남군의 병사들이 마침내 아포마톡스에서 평화적으로 걸어 나와 자신들의 고향을 향하기 시작했다. 고향으로 가는 길에 이들이 목격한 것은 폐허로 변한 마을과 도시, 어지러운 경제, 심리적 혼란 등이었다. 전쟁은 미국 사회를 완전히 파괴하고 말았다. 범죄가 횡행했고, 사람들은 부끄러운 줄도 모르고 방탕한 생활에 빠져 있었으며, 정치적 부패는 미국을 좀먹어 들어가고 있었다. 헤이우드 브라운과 마가렛 리치는 후일 이 시대를 두고 다음과 같이 쓰고 있다.

「전쟁이 끝난 후 사회적 행위는 그 규범을 잃고 극도로 해이해졌으며 돈의 유혹 앞에 쉽게 무너지곤 했다. 전박한 섯, 역겨운 것, 노골적인 것 모두가 수면 위로 떠올라 온 사회를 뒤덮고 있었다」

예컨대 전쟁 기간 동안 이루어진 인쇄 기술의 혁신적 발달로 인해 값싼 책들을 대량으로 펴낼 수 있게 되었다. 그 중에 가장 큰 이익을 가져다 준 책들은 음란한 내용을 담고 있는 싸구려 소설들이었다. 이런 음란물이 크게 퍼지자 이것들을 건전한 사회를 위협하는 것으로 보고 「도덕적 개혁 운동」의 압력을 받은 의회는 음란한 내용물의 우송을 금지하는 법률을 1865년에 통과시켰다. 하지만 처벌 규정이 약했고 또 적용 대상도 매우 한정된 것이었다. 그리고 뇌물이 횡행하는 뉴욕 같은 도시에서는 이 법률이 거의 무시되고 있었다. 1867년, 바로 이 뉴욕에 앤소니 콤스톡이 정착하게 된다.

콤스톡은 애초에 직물 사업으로 성공해 보려고 뉴욕에 온 것이었다. 하지만 당시 뉴욕의 상황을 접하고 충격을 받게 되었다. 그는 뉴욕에서 생활하고 있는 것이 마치 「하수구 끝의 더러운 웅덩이에 잠겨 있는 것 같다」라고 기록해 놓고 있다. 사방에 가득한 타락과 악행 그리고 부도덕과 싸우기 위하여 그는 당시 「사회 정화」 운동에 선도적 역할을 담당하고 있던 단체에 몸을 담게 된다. 그 단체는 기독교 청년 연합, 즉 YMCA였다. 뉴욕 시의 YMCA는 부유한 사업가의 돈과 인맥 그리고 그들의 명망에 힘입어 활발히 활동을 펼치던 조직으로 상당한 정치적 영향력을 지니고 있었다. 콤스톡은 그의 열정과 카리스마, 명쾌한 화술, 그리고 기자들과 두텁게 형성해 놓은 친분 등으로 인해 유명인사가 되었다. 처음에는 YMCA의 간사로 일했으나 곧 「악행 제거를 위한 뉴욕 협회」라는 단체를 만들어 그 단체의 리더가 되었다. 콤스톡은 기자들을 대동하고 뒷골목의 책방, 젊은 무희들이 춤추는 곳, 노름이 벌어지는 장소, 특히 의약품 판매점 등을 휩쓸고 다녔다.

반 외설 연방 법률 제정을 로비하기 위해 1872년 워싱턴으로 향한 콤스톡은 전후 무질서와 타락에 실망과 좌절을 느끼고 있던 수많은 사람들에게는 이미 영웅과 같은 존재가 되어 있었다. 정치적 압력을 받던 의회와 율리시즈 S. 그랜트는 1873년 초에 훗날 「콤스톡 법안」이라 알려지게 된 법안에 서명하였다. 성적 묘사나 언급을 담은 인쇄물의 출판과 판매를 금지할 뿐만 아니라 피임과 낙태 등 부도덕한 내용을 담은 것과 또 그것과 관련된 기구 등을 금지하는 법안이었다. 이 법안에는 피임이나 낙태를 목적으로 광고되는 모든 기구와 약품이 포함되어 있었다. 연방 정부의 법 집행 요원이 된 콤스톡은 「저주받아 마땅한 고무 제품」의 생산과 판매를 금하고자 했다. 이들 고무 제품으로 인해 그가 온 몸을 바쳐 막으려 하고 있는 성 혁명이 조장되고 있다고 믿었던 것이다.

질 세정법이나 고무 격막을 삽입하는 방법 등 기본 위생에 관한 책과 팜플렛을 썼다는 이유만으로도 의사들이 체포되었다. 약사들은 주입기를 팔았다는 이유로, 또 이발사들은 콘돔을 판매한 이유로 체포되었다. 이 법률이 발효되고 처음 12개월 동안 콤스톡이 이끄는 단속반은 6만 300개의 「부도덕한 고무 제품」과 「부도덕한 목적」에 사용되는 특허 의약품 3만 150점을 압수하였다.

그들은 또한 고무 제조 산업도 가만두지 않았다. 콤스톡의 행동 보고서에는 이렇게 쓰여 있다.

「공장 세 군데를 습격했다. 너무나도 추악해 소돔과 고모라도 무색할 지경이었다. 주형과 제품을 압수, 파괴하여 공장을 폐쇄시켰다」

언더그라운드 콘돔

콤스톡의 시대에도 발명가들은 질 세척기나 피임용 페서리 및 인공 유산 기구를 개량하여 특허를 출원하였으나 콘돔의 경우는 그렇지 않았다. 콘돔은 오직 피임이라는 단 한가지 목적을 가진 물건인 데 반해 다른 기구는 그 이외에도 의료 및 건강상의 목적을 갖고 있었기 때문에 합법적인 판매가 가능했던 것이다.

이로 인해 콤스톡이 이끄는 무리들은 콘돔을 「비도덕적인 고무 제품」중 가장 끔찍스러운 것으로 여겼다. 고무 제품을 좀더 얇게 하는 여러 생산 공정에 대해서는 특허가 내려졌지만 콘돔 자체를 개량한 발명품은 한 건도 특허 출원된 바가 없었다. 기술 혁신을 꾀할 여건이 안 되었던 것이다.

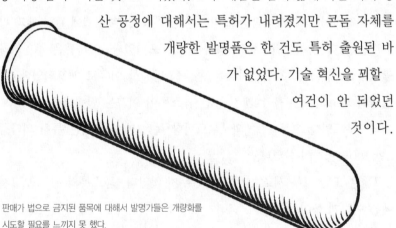

판매가 법으로 금지된 품목에 대해서 발명가들은 개량화를 시도할 필요를 느끼지 못 했다.

콘돔 제조업은 이제 언더그라운드 사업이 되어 바텐더나 이발사들을 통해 제품이 은밀히 유통되고 있었다.

1920년대에는 콤스톡 법률의 적용이 완화되고 산아 제한을 옹호하는 운동이 정치적 힘을 얻기 시작했다. 이에 때맞추어 메릴 영스가 영스 고무 회사를 설립하여 최초의 전국적인 콘돔 판매 활동을 전개하였다. 영스는 「트로전」이란 상표를 붙인 자신의 콘돔을 약국에서만 판매하도록 했다. 이로써 제품에 대한 신뢰감을 더하여 줄 수 있었다. 그는 가장 이윤이 많이 남는 품목이 되도록 가격을 매김으로써 약사들을 판매에 협조하게 만들었다. 더욱 중요한 것은 영스는 콘돔 판매 전략에 있어 질병 예방 효과를 홍보하는 데 주력하면서 다른 목적의 사용에 대해서는 언급을 회피했다는 것이다.

1920년대 말에는 영스의 콘돔 판매가 폭발적으로 늘어나 있었다. 그러나 경쟁 회사에서 트로전 상표와 포장을 도용하는 일이 발생하였다. 당시 지하 산업에서는 특허나 등록 상표 등이 무시되고 있었다. 불법적인 사업을 하고 있었기 때문에 서로 소송을 제기할 수 없었던 것이다. 하지만 영스는 경쟁사와 콤스톡 법률의 일부 내용에 대해 소송을 제기하였다. 마침내 미 항소 법원의 토마스 스완 판사는 영스의 등록 상표에 대한 권리에 대해 승소 판결을 내려 주었을 뿐만 아니라 콘돔에 대한 콤스톡 법률의 적용도 무효화하였다.

한편 1930년 내내 마가렛 생거와 그녀가 이끄는 산아 제한 산성론자들은 콤스톡 법안 중에서 그때까지도 유효한 부분에 대해 법률적 이의 제기를 벌였다. 그리고 세관 당국에 의해 피임용 페서리가 비도덕적 수입 금지 품목으로 지목되어 압수된 사건과 관련된 1936년 재판에서 기념비적인 판결이 나오게 되었다. 2차 연방 순회 항소 법원이 살아남아 있던 콤스톡 법률의 나머지 부분도 무효화를 선언했던 것이다.

미 정부의 부도덕한 고무 제품과의 전쟁은 끝났다. 경화 고무로 굿이어가 특허를 얻은 지 92년 만이었다. 마침내 공개적으로 성 제품을 고무로 만드는 것이 합법화되었다. 고무로 인해 성 관련 기술의 혁신적 변화가 가능해지게 되었던 것이다. 1930년대 말까지 영스 고무 회사와 슈미드 제조소는 활발히 판매 활동을 전개해 나갔고 이들이 내놓은 상표는 곧 콘돔과 동의어가 돼 버렸다. 즉 트로전, 시크, 람세스 등이 그것이었다. 판매는 하루 150만 개로 늘어났다.

콘돔 개발의 새로운 시대

1940년대 합법적이고 질서 있는 콘돔 시장의 형성은 기술 혁신에 유리한 환경을 제공해 주었다. 즉, 특허품 사용에 따른 사용료를 특허법으로 보장받을 수 있게 된 것이다. 이에 따라 많은 발명가들은 콘돔의 개량에 힘을 쏟았다.

콘돔에는 두 가지 큰 단점이 있었다. 피임 목적과 질병 예방 효과를 얻기 위해서 예전의 콘돔은 음경 주위에 단단히 착용해야 했다. 따라서 성행위를 하게 되면 음경 앞쪽은 더욱 강하게 조여지게 되었다. 이렇게 고무로 밀봉된 상태가 되기 때문에 오르가슴 시에 강한 압력의 정액이 방출되지 못 하게 되고, 이로 인해 전립선에 해를 끼쳤다. 또한 정액이 음경 표면과 콘돔 사이의 밀착된 부분으로 밀려들어가면 상당한 압력이 얇은 콘돔의 고무 막에 힘을 가하게 되는데, 이것은 콘돔이 터지는 현상의 주요 원인이 되었다. 이런 파열은 아주 흔하게 일어나는 일이었다. 1940년대 제조업자들은 좀더 좋은 품질의 튼튼한 라텍스 고무를 만들어 내는 데는 성공했지만 이 두 가지 문제점은 완전히 해결하지 못한 채였다.

1948년 뉴욕 주 용커스의 스텐리 펜크사는 끝에 정액 「저장」 주머니가 달린 콘돔으로 특허를 출원하였다. 최초의 디자인에는 저장 주머니 끝에 매우 작은 공기 구멍이 뚫려 있었다.

펜크사의 설명은 다음과 같다.

「정액이 방출될 때에 압력을 받은 공기는 이 구멍을 통해 빠져나가지만 구멍이 작기 때문에 체액은 통과하기 어렵다」

하지만 공기가 통과할 정도의 구멍이라면 적은 양의 체액 역시 통과하기에 충분한 것이었다. 그 결과 1950년에 구멍을 없앤 제품이 출시되었다.

프리디리히 론은 펜스카의 저장 주머니 디자인에 대해 비판적 견해를 갖고 있던 사람이었다. 그는 다른 방법을 이용해 정액의 압력을 분산하는 콘돔 개발에 힘을 쏟았다. 그의 주장에 의하면 펜크사의 제품은 성행위로 인한 힘이 저상 주머니에 가해시기 때문에 아예 그 기능이 작동되지 않거나 작동되더라도 매우 비효율적이라는 것이었다. 론의 아이디어는

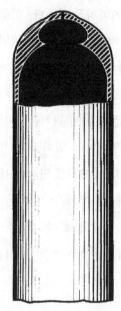

그물 모양의 정액 저장 주머니가 달린
프리드리히 론의 콘돔
특허번호 2,586,674 (1952년)

**저장 주머니가 달린
콘돔 특허품**

최초로 저장 주머니를 달아 놓은
스탠리 펜크사의 콘돔
특허번호 2,525,238 (1950년)

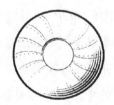

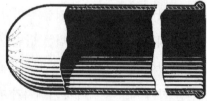

홍채 모양의 저장 주머니가 달린 콘돔
특허번호 3,085,570 (1963년)

콘돔의 고무 막을 두터운 고무 갈빗대로 얽어 놓는 것이었다. 사정된 정액이 고무 갈빗대 사이의 얇은 부분들로 퍼져나가며 그곳에 고이도록 만든 것이었다. 즉 벌집과 같은 여러 개의 정액 저장 주머니가 생기는 모양이었다.

펜크사는 특허를 받은 지 12년 후 홍채 모양으로 확대되는 저장 주머니로 특허를 출원하였다. 전반적으로 그의 발명품의 작동 원리는 팝콘이 터져 압력이 가해지면 위로 부푸는 팝콘 튀기는 장치와 같은 것이었다.

매사추세츠 주 캠브리지의 클레이턴 H. 알렌은 성행위 도중 콘돔에 가해지는 힘에 대해 체계적인 연구를 하였다. 이 연구를 바탕으로 하여 1975년 특허출원서에서 종전의 발명가들은 콘돔이 찢어지는 이유를 제대로 파악하지 못 했다고 주장하였다. 그의 글을 인용하면 다음과 같다.

「얇은 고무로 만든 콘돔이 성행위 도중 자주 찢어져 버리는 일이 있음은 잘 알려져 있는 사실이다. 사정 직후 격렬한 움직임이 있을 때 주로 이런 일이 발생한다. 지금까지는 사출된 정액에 의해 내부의 부피가 늘어나고 이에 따라 고무가 팽창되기 때문이라고 알려져 왔다. 요즘 시판되는 새로운 형태의 콘돔에는 앞쪽에 조그만 정액 저장 주머니가 달려 있으며, 이 저장 주머니가 콘돔을 팽창시키지 않고 체액을 받아 낸다고 광고하고 있다. 그러나 이들 콘돔이 끝이 밋밋한 예전의 콘돔에 비해 덜 찢어지는 것은 아니다. 오히려 예전 것에 비해 훨씬 더 잘 찢어지는 경향이 있다.

일견 모순적으로 보이는 이 현상은 그 이유가 간단하나. 예전의 콘돔은 사출된 정액에 의해 늘어난 부피를 지탱하는 데 필요한 정도의 신축성보다도 훨씬 높은 신축성을 지니고 있었다. 그렇지 않다면 한 가지 사이즈 밖에 없는 콘돔은 쓰일 수 없었을 것이다. 왜냐하면 보통 사정을 통해 2~5cc의 정액이 방출되지만, 사람들 간의 음경 크기 차이는 이보다 훨씬 크기 때문이다. 예전에 쓰이던 콘돔을 가지고 19cm에서 120cm까지 반복적으로 당겼다 놓았다 해도 아무 이상이 없다. 또 바람을 불어넣어 직경 20cm에 길이 80cm까지 부풀렸다가 다시 공기를 빼는 일을 반복해도 터지지 않는다. 따라서 사정된 정액으로 부피가 조금 늘어났다고 해도 콘돔은 찢어지지 않는 것이다」

그의 설명은 계속 다음과 같이 이어지고 있다.

「정액이 사출된 후 질벽의 압력으로 인해 정액은 음경을 따라 콘돔 입구 쪽으로 밀려가게 된다. 이로써 정액은 음경과 콘돔 사이에 윤활 작용을 하게 된다. 따라서 콘돔은 질벽 쪽보다 음경 쪽에서 더욱 잘 미끄러지게 된다. 이런 현상은 음경이 질 바깥으로 완전히 나와 있는 경우, 또는 미끄러워진 음경 부분이 비교적 습윤 정도가 낮은 음순 밖으로 나와 있는 경우에 더욱 그러하다. 질 안으로 들어가는 콘돔의 움직임이 음모로 인해 더욱 방해받기도 한다. 이런 상태에서 음경을 깊게 밀어 넣으면 콘돔의 끝 부분이 견뎌 내지 못 할 정도로 늘어나게 된다. 따라서 정상적 왕복 운동만으로도 고무 막을 찢기에 충분한 힘이 가해지는 것이다」

이에 덧붙여 알렌은 다음 사실을 언급하였다. 즉 성행위가 끝날 무렵, 갑자기 콘돔의 내부와 음경 사이가 질과 콘돔 외부 사이보다 더 미끄러워지기 때문에 콘돔이 위로 올라가는 경향이 있다. 이로 인해 정액이 질벽

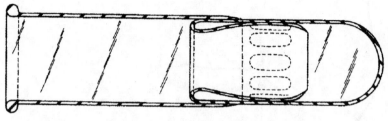

클레이턴 H. 알렌의 한 쪽으로만 입이 열린 두 겹짜리 콘돔
특허번호 4,009,717

과 직접 닿게 되는 것이다.

알렌은 이런 문제점을 해결하는 새로운 종류이 콘돔을 선보였다. 이 콘돔은 두 겹으로 만들어져 있는 것으로, 내부에 한쪽으로만 입이 열린 자루가 있어 이곳에 정액이 모이도록 하였다. 따라서 고무 표면과 음경 사이에 윤활 작용이 일어나지 않았던 것이다.

콘돔의 미끄러짐

콘돔의 가장 큰 단점은 음경 위로 쉽게 벗겨지는 것이었다. 발명가들은 여러 가지 방법을 동원하여 이 문제를 해결하고자 노력하였다. 어떤 두 발명가의 경우, 콘돔을 붙들어매는 끈을 만들어 특허를 받았다. 그 중 하나는 끈이 딜린 곤돔으로 그 끈을 음낭 뒤로 돌려 묶세 한 것이었나. 또 다른 하나는 엉덩이에 매는 끈으로, 한 쪽에 똑딱단추가 달려 있어서 이

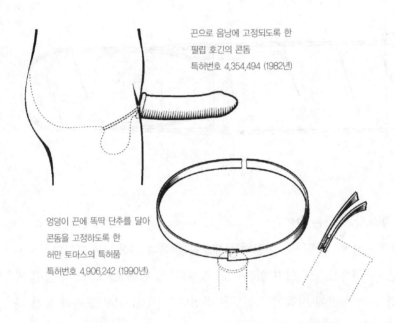

끈으로 음낭에 고정되도록 한
필립 호긴의 콘돔
특허번호 4,354,494 (1982년)

엉덩이 끈에 똑딱 단추를 달아
콘돔을 고정하도록 한
허만 토마스의 특허품
특허번호 4,906,242 (1990년)

미끄럼 방지 및 누출 방지용
콘돔 특허품

 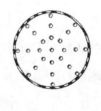 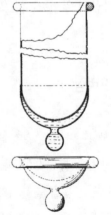

앨버트 브라운의 특허품은 살정제가
콘돔 내부로 녹아 나오게 한 것이었다.
특허번호 2,904,041 (1952년)

제임스 로빈슨의 특허품은 콘돔 외부로
살정제가 녹아 나오도록 한 것이었다.
특허번호 2,410,460 (1941년)

것을 콘돔 한쪽 끝에 잡아 묶도록 한 것이었다.

다른 발명가들은 화학적 방법을 사용하였다. 이들이 만든 콘돔에는 그 끝에 살정제를 내보내는 장치가 마련되어 있었다. 제임스 P. 로비슨이 만든 콘돔에는 특별한 주머니가 달려 있어서 이곳으로부터 살정제가 스며 나와 질 안으로 들어갔다. 앨버트 L. 브라운은 약품이 흘러나오도록 하는 콘돔을 개발하여 특허를 획득하였다.

정액이 방출되었을 때 콘돔 안으로 흘러나온 약품이 이를 무력화시킴으로써 밖으로 새어나가도 아무런 문제를 일으키지 못 하도록 한 것이었다. 모튼 거트닉이 생각해 낸 약품 분비 콘돔은 각 지역의 보건 위생 활동에 맞추어 제작될 수 있도록 한 것이었다. 즉, 살정제뿐만 아니라 그 지역에서 가장 많이 유행하는 성병에 유효한 약품을 넣도록 한 콘돔이었던 것이다. 에드워드 N. 멜달이 특허를 얻은 콘돔은 내부에 스펀지로 된 고리가 달려 있었다. 이 고리는 정액이 음경을 타고 밖으로 흘러나오는

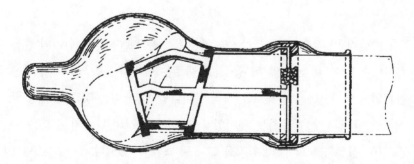

에드워드 멜달의 콘돔에는 내부 정액 차단 고리와 살정제 분비 장치 및 "감각 마구"가 마련되어 있었다.

특허번호 2,586,674 (1952년)

것을 막아 주었고 동시에 이곳에서 살정제를 분비하였다.

또 멜달은 콘돔 내부에 「감각 장치(sensitivity harness)」를 달아 놓아 남성에게 좀더 강한 쾌감을 줄 수 있도록 하였다. 상당한 부피를 가진 이 콘돔을 위해 멜달은 콘돔 전체를 덮는 두 개의 공 모양 콘돔을 내놓아 별 도의 의장 특허까지 얻었다.

미니멀 콘돔

멘달의 경우에서와 같이 「감각」의 문제는 오랫동안 콘돔 산업에서 중요 하게 여겨졌던 문제였다. 아무리 얇은 재질로 만들어도 콘돔은 남녀 모 두의 감각에 영향을 미치지 않을 수 없었다. 콘돔이 생산되기 시작하던 때부터 많은 사람들은 콘돔 구매와 사용을 기피해 왔다. 그것은 콘돔이 감각을 둔하게 만들기 때문이었으며 감각 둔화의 정도는 남성에게 더욱 심했다.

1940년대 이 점을 개선한 최초의 콘돔 특허품으로 해롤드 워너의 콘돔 을 들 수 있다. 이것은 옆부분을 없앤 새로운 형태의 콘돔, 즉 미니멀 콘 돔이었다. 이 콘돔은 실제로는 정액 주머니만 달려 있는 것으로 음경 끝 에 모자를 씌우듯 착용하는 것이었다. 따라서 음경의 나머지 부분은 콘 돔 없이 성행위를 할 때의 감각을 그대로 느낄 수 있었다. 그 후 40년간 이 콘돔을 포함해 12개의 미니멀 콘돔이 특허를 획득하였다. 워너는 자신의 1947년 특허품을 개량하여 1971년에 다시 특허를 출원하면서 기존의 미니멀 콘돔들이 벗겨지는 경향이 있음을 지적하였다. 쥴리어스 찌렐리는 이 문제를 해결하고자 접착제를 이용한 콘돔을 개발하였고 이것으로 특허를 획득하였다. 성행위를 하기 전에 남성은 피부용 접착제를 사용하여 작은 「정액받이」를 음경 끝에 붙이도록 한 것이었다. 그리고 성행위가 끝난 후 특별한 용해제를 이용해 콘돔을 떼어 내면 되었다.

오하이오 주 A. 프란시스 라이트 같은 발명가는 기존 형태의 콘돔 옆부분과 앞쪽을 상당 부분 잘라 내어 직접적 자극이 음경에 가해지도록 하였다. 이론적으로 이 콘돔은 정액을 받아 내는 앞쪽 부분을 좀더 단단히 붙잡아 주면서도 또 동시에 감각도 높여 줄 수 있는 발명품이었다.

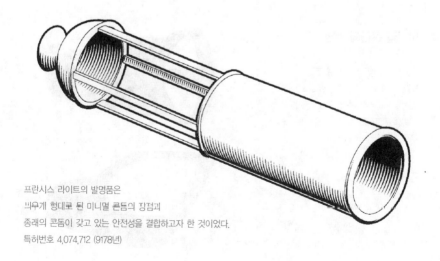

프란시스 라이트의 발명품은
씌우게 형태로 된 미니멀 콘돔의 강점과
종래의 콘돔이 갖고 있는 안전성을 결합하고자 한 것이었다.
특허번호 4,074,712 (9178년)

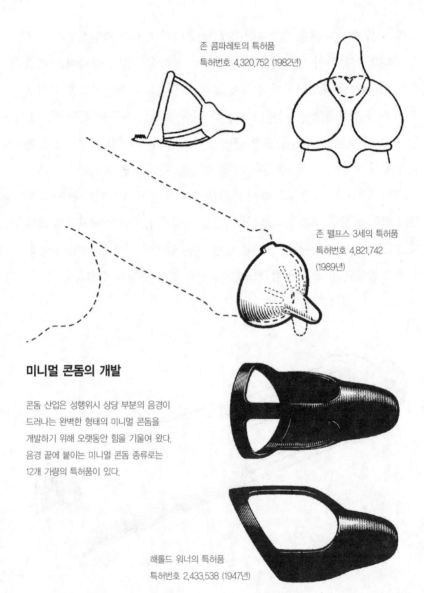

존 콤파레토의 특허품
특허번호 4,320,752 (1982년)

존 펠프스 3세의 특허품
특허번호 4,821,742
(1989년)

미니멀 콘돔의 개발

콘돔 산업은 성행위시 상당 부분의 음경이
드러나는 완벽한 형태의 미니멀 콘돔을
개발하기 위해 오랫동안 힘을 기울여 왔다.
음경 끝에 붙이는 미니멀 콘돔 종류로는
12개 가량의 특허품이 있다.

해롤드 워너의 특허품
특허번호 2,433,538 (1947년)

해롤드 워너의 특허품
특허번호 3,648,700 (1972년)

**그 외의 미니멀 콘돔
특허품**

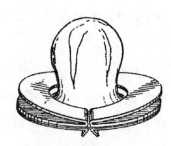

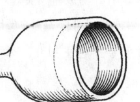

제임스 야어의 특허품
특허번호 4,820,290 (1989년)

앨버토 코펠로위츠의 특허품
특허번호 3,951,141 (1976년)

쥴리어스 찌렐리의 콘돔에는
피부용 접착제가 사용되었다.
성행위시 음경에 붙였다가 행위가
끝나면 특별히 마련된 용해제로
떼이니도록 했디.
특허번호 3,677,225 (1972년)

여성 자극용 콘돔

1970년대에는 발명가들이 여성의 성기를 자극하는 콘돔을 개발하기 시작했다. 그것은 여성들의 구매력을 염두에 둔 것이었다. 이들은 콘돔이 차단 작용을 하는 것뿐만 아니라 자극의 도구로 쓰일 수 있다는 생각을 하게 된 것이었다.

1977년 알라바마 주 출신의 두 사람이 직접적 자극을 주기 위해 콘돔 표면에 돋을 새김으로 점과 선 모양을 박아 넣었고 이것으로 특허를 획득하였다. 1977년과 1979년 사이에 일본의 다다오 오카모토는 나선 무늬, 작은 돌기, 점 모양, 별 모양을 박아 넣은 콘돔 디자인으로 4개의 의장 특허를 얻어 냈다.

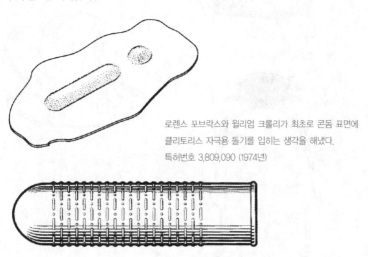

로렌스 포브락스와 윌리엄 크롤리가 최초로 콘돔 표면에 클리토리스 자극용 돌기를 입히는 생각을 해냈다.
특허번호 3,809,090 (1974년)

감각을 줄여 주는 콘돔

다른 발명가들은 정반대의 목적으로 콘돔을 개선할 필요성이 있음을 인식하였다. 즉 남성의 감각을 둔하게 하거나 줄여 주는 콘돔의 필요성이었다. 이런 콘돔은 조루증으로 고통받는 남성들에게 유용할 터였다.

1950년 미시시피 주 출신의 세 사람이 앞쪽을 두껍게 만든 콘돔으로 특허 출원하며 다음과 같이 말하였다.

「본 발명품은 남성 성기의 신경 중추에 완충 작용을 함으로써 성교 시간을 늘리도록 해 준다」

오하이오 주의 리처드 B. 프리만은 자신의 특허출원서에서 미시시피 주 출신의 세 사람이 만든 콘돔은 문제점을 갖고 있다고 주장하였다. 너무 지나치게 감각을 죽여버린다는 것이었다. 그의 설명은 다음과 같다.

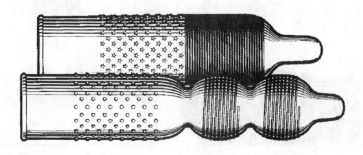

일본의 나나오 오카모토는 특수한 무늬를 박아 넣은 콘돔으로 네 개의 의장 특허를 받았다.
특허번호 D.253,009 (1979년), 특허번호 246,118 (1977년)

「음경 전체가 촉감에 민감한 편이지만 특히 귀두의 아래 쪽 부분이 촉감에 매우 민감하다. 이 부분의 자극을 통제해 주면 성행위의 전반적 감각을 줄여 주지 않고도 오르가슴을 늦출 수 있다」

프리만이 특허를 받은 콘돔은 눈물 모양을 한 두터운 부분이 귀두 경계 부분에 위치해 있었다. 감각을 줄여 주는 이 부분은 다른 부분보다 12배나 더 두꺼웠다.

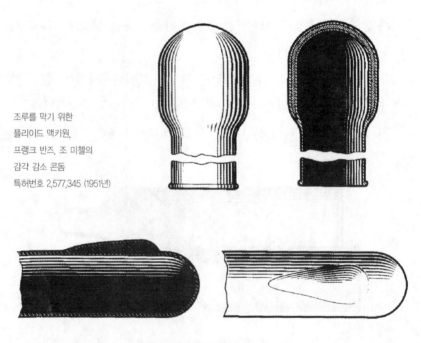

조루를 막기 위한
플리이드 맥키원,
프랭크 반즈, 조 미첼의
감각 감소 콘돔
특허번호 2,577,345 (1951년)

리차드 프리만의 조루 방지용 감각 감소 콘돔
특허번호 2,816,542 (1957년)

다른 종류의 혁신적 콘돔 발명품

전후 발명가들 중에는 콘돔의 차단 효과나 감각의 문제와는 전혀 다른 문제에 대해 연구와 개발을 해온 이들이 있었다. 예컨대 도쿄 출신의 구니타미 아사카는 특허출원서에서 다음과 같이 밝히고 있다.

「사용되고 난 고무 콘돔을 도시의 하수구나 쓰레기장에서 심심치 않게 볼 수 있다」

아사카가 출원한 것은 새로운 화학 물질이었다.

「이 물질로 만든 신축성 있는 막은 차가운 물에 닿으면 짧은 시간 내에 분해된다. 하지만 따뜻한 액체에서는 내구성을 유지한다」

아사카는 최초의 미생물 분해 콘돔으로 1971년 특허를 획득하였다.

다른 사람들에게는 콘돔이 성적 능력을 높여 주는 수단으로 생각되기도 했다. 성기의 크기가 작거나 발기력에 문제가 있던 사람들에게는 더욱 그러했다. 성적 능력을 높여 주는 도구로 콘돔을 사용하려는 이러한 생각이 두드러지게 된 것은 1970년대 말 떠들썩했던 성 혁명의 열기가 식기 시작할 무렵이었다. 또한 이 시기는 발기부전 문제가 예전에 생각했던 것보다 훨씬 흔한 문제라는 것을 의료계가 깨닫기 시작한 때였다.

루이지애나 주 다운스빌의 M. 모리스 로저스는 공기 주입식 콘돔으로 특허를 획득하였다. 그의 설명은 다음과 같다.

「이 콘돔은 남성 성기를 크게 해 주는 데 쓰이며 그 크기를 남녀 모두가 조절해 줄 수 있어 원하는 만족도를 얻는다」

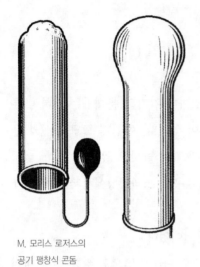

이중 벽으로 된 이 콘돔에는 고무 공이 달려 있어서 손으로 공을 누르면 공기로 콘돔을 부풀릴 수 있었다.

「이 콘돔은 윤활제를 바른 것과 그렇지 않은 것 두 종류가 있다. 또 좀더 강한 자극을 위해 구슬 모양을 넣거나 울룩불룩한 돌출형으로 만들 수도 있다」

M. 모리스 로저스의
공기 팽창식 콘돔
특허번호 4,281,648 (1981년)

스스로 단단해지는 콘돔

플로리다 주 잭슨빌의 마크 L. 포메란츠가 선보인 것은 하이테크 콘돔의 아주 좋은 예라 할 것이다. 「리오펙스(rheopexic)」라는 새로운 물질의 특성을 이용하여 스스로 단단해지는 콘돔을 만든 것이다. 리오펙스 액체는 압력이 가해지면 그 밀도와 점도가 커지는 특이한 화학 합성물이다. 포메란츠는 콘돔에 이 액체를 채워 넣었다. 그의 설명은 다음과 같다.

「성행위시 반복되는 움직임에 의해 리오펙스 액체에 압력이 가해지게 된다. 그 결과 리오펙스 액체의 밀도가 커져 액체는 단단해지며 이로써 발기가 일어나게 된다」

2년 후 포메란츠는 다시 콘돔 옆에 지퍼를 달아 놓은 것으로 특허를 획득하였다. 그의 설명을 들어보자.

「일반 형태의 콘돔은 음경이 발기된 상태에서만 사용할 수 있다. 발기부전 환자와 같이 음경이 처져 있는 상태에서 콘돔을 씌우는 일은 불가능하지는 않다고 하더라도 매우 어려운 일이다」

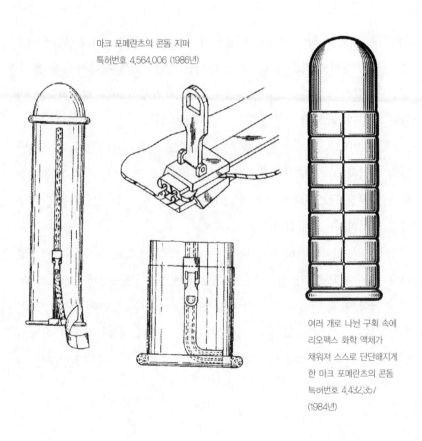

마크 포메란츠의 콘돔 지퍼
특허번호 4,564,006 (1986년)

여러 개로 나뉜 구획 속에
리오펙스 화학 액체가
채워져 스스로 단단해지게
한 마크 포메란츠의 콘돔
특허번호 4,432,357
(1984년)

그의 새로운 지퍼 달린 콘돔의 사용법은 지퍼를 올려 콘돔을 성기 주변에 감싼 후 지퍼를 닫는 것이었다.

콘돔 - 현대의 논란

이러한 첨단의 화학 기술을 이용하여 고민을 가진 남성들을 위해 콘돔을 만드는 일이 흥미로워 보이기는 하지만 약국의 진열대에서 금방 볼 수 있을 것 같지는 않다. 그것은 콘돔이 우리 사회에서 가장 정치적으로 민감한 개인 위생 품목 가운데 하나이기 때문이다.

우리는 비약적인 기술 발전을 이루었다. 또 커뮤니케이션의 혁명적 발달과 심리학 및 사회학의 깊이 있는 연구 성과도 얻었다. 의료 분야의 놀랄만한 발전으로 인해 우리는 인간 생명체의 가장 기본적인 기능을 연구하고 이해할 수 있게 되었다.

그러나 우리는 여전히 성에 대한 문제를 열린 자세로, 또한 이성적으로 다루지 못 하고 있다. 실례로, 성적으로 활발한 십대들에게 콘돔을 나누어 주어야 할지 말아야 할지의 여부를 놓고 벌이는 논란을 들 수 있다. 이는 우리 사회 관습의 정신분열증적 모습으로서, 우리 사회가 아직도 앤소니 콤스톡으로 대표되는 보수적 사고에서 자유롭지 못 함을 보여 주는 것이라 하겠다.

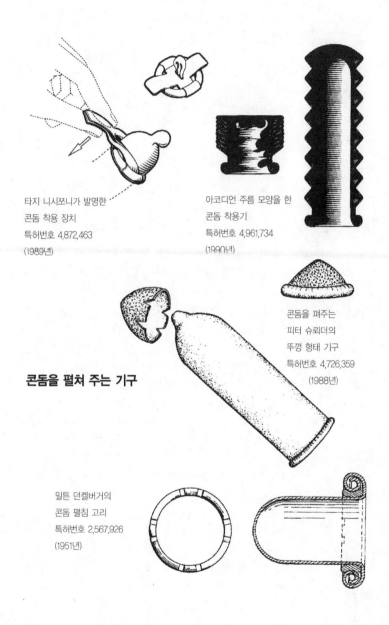

타지 니시쯔니가 발명한
콘돔 착용 장치
특허번호 4,872,463
(1989년)

아코디언 주름 모양을 한
콘돔 착용기
특허번호 4,961,734
(1990년)

콘돔을 펴주는
피터 슈뢰더의
뚜껑 형태 기구
특허번호 4,726,359
(1988년)

콘돔을 펼쳐 주는 기구

밀튼 던켈버거의
콘돔 펼침 고리
특허번호 2,567,926
(1951년)

2

새롭고, 발전된 남성

The New, Improved Penis

7 발기 고리

19세기 의료계에서는 발기부전을 자위로 인해 일어나는 여러 질병 중의 하나로 여기고 있었다. 당시의 생각에 따르면, 자위행위자는 자신의 신경 에너지를 소진해 버려 결국 신경계에 돌이킬 수 없는 해를 주며, 이로 인해 정상적인 성적 기능을 수행할 수 없게 된다는 것이었다. 따라서 발기부전을 치료받고자 하는 것은 당시 변태 행위로 여겨졌던 자위행위를 행한 적이 있음을 인정하는 행동이나 마찬가지였다.

그러므로 당시 대부분의 남성들이 그런 문제를 의사와 상의하려 들지 않은 것은 당연한 일이라고 할 수 있다. 의사들 또한 그런 혐오스러운 문제를 다루고 싶어하지 않았다. 심지어 의학 참고서까지도 발기부전은 되도록 다루려 하지 않았던 것이다. 예컨대 당시 최고의 권위자였던 닥터 윌리엄이 쓴, 생식기 질환에 관한 267페이지짜리 의학 참고서를 보면 발기부전에 대해 고작 7페이지도 할애하지 않고 있음을 알 수 있다. 발기부전으로 치료를 받고자 찾아온 어느 대학생의 사례에 대해 그는 다음과 같이 적고 있다.

「나는 그에게 이렇게 말해 주었다. '음란한 생각 때문에 학업에 지장을 받지 않은 거나 다행으로 여기시오'」

1800년대 당시의 발기부전에 대한 확실한 통계 자료는 없지만 아마도 그 수는 현재보다 훨씬 많았으리라 여겨진다. 당시의 충분치 못한 영양 상태와 열악한 위생 수준, 창궐하는 전염병, 낮은 의료 수준, 또 그와 더불어 성에 대한 죄의식과 불안감 등으로 인해 기질성 발기부전 및 심인적 발기부전이 분명 상당히 많았을 것으로 추정된다. 권위 있는 기관의 조사에 따르면 현재 성인 남성의 24%가 발기부전을 겪고 있다고 한다. 빅토리아 시대에는 그 수가 훨씬 더 많았을 것이다. 당시에는 이런 문제를 안고 있던 사람들이 도서관이나 서점에서 그와 관련된 정보조차 얻을 수가 없었다. 왜냐하면 성을 주제로 한 책이나 팜플렛을 출판하거나 판매 또는 소지하는 것 모두가 범죄 행위였기 때문이다.

19세기 어느 의사의 기록을 보면 당시 발기부전 환자들이 겪어야 했던 고통의 정도를 가늠할 수 있다.

「여러 큰 도시에서는 신경계에 문제를 안고 있는 사람들을 집단으로 수용하고 있다. 이들은 모두 성적 질환을 앓고 있는 사람들로, 비관적인 삶을 이어가고 있다. 그들의 처지를 더욱 힘들게 하는 것은 바로 심한 자책감이다. 스스로 자초하여 그런 처지에 이른 것이라 믿고 있기 때문이다」

당시 의료계의 주류는 발기부전에 별다른 주의를 기울이지 않고 있었다. 하지만 이들과는 달리 치료사를 자칭하는 이들이나 떠돌이 장사꾼

등은 발기부전에 대한 특효약을 열올려 선전하고 있었다. 이들은 약과 의료기 판매를 목적으로 하는 공연을 곳곳에서 열었으며, 그것은 1800년 대의 명물이 되기도 했다.

그런 공연에 출연했던 사람으로 바이올렛 맥닐과 같은 사람이 있었다. 그녀는 비단으로 만든 중국 옷을 입고 「연꽃 공주」란 이름으로 등장하여 「활력의 불꽃(Vital Spark)」이란 약을 팔았다. 그녀는 그 약이 거북이의 뇌를 이용하여 만든 발기부전 치료제라고 선전하였다. 하지만 후일 자신 의 회고담을 쓴 책에서 「활력의 불꽃」은 실은 사탕을 으깨어 물에 적신 후, 불감늘인 알로에 가루를 묻힌 깃이라고 고백히였다.

이런 약장사 외에도 미국 도시의 뒷골목에는 「은밀한 남성의 질환」을 전문적으로 다루는 새로운 형태의 「의학 연구소」들이 우후죽순처럼 생겨 났다. 이에 관한 역사책을 쓴 스튜어트 홀부룩은 그의 책에서 다음과 같 이 적고 있다.

「대부분 이들 '의료기관'은 입구 앞쪽에 '해부학 박물관'이란 걸 마련 해 놓고 '교육적이며 관람도 무료'라고 선전했다. 이곳에는 짧은 복도가 있어서, 그 복도를 따라 여러 가지 남성 질환에 걸린 사람의 모습이 유리 케이스 안에 담겨 전시되어 있었다. 몇 미터를 더 걸어 들어가면 복도 끝 의 문이 열리고 그 안쪽에 커다란 방이 나오는데, 거기에는 100여 개의 밀랍 인형이 있었다. 이들 인형들 역시 '은밀한 남성 질환'에 걸린 사람 들 모습으로, 상당히 병이 진행된 상태를 보여 수는 겻이었나. 전시물을 하나하나 살피다 보면 마침내 유리로 된 캐비닛에 다다르게 된다. 그 속은 처음에는 어둠에 싸여 아무 것도 보이지 않지만, 잠시 그 앞에 서 있으면 갑자기 그 속의 전구가 자동적으로 켜지면서 무시무시한 얼굴을 하고 밖을 노려보는 정신박약아 모습의 사내가 불쑥 나타났다. 그리고 그 흉측한 모습 위에는 「남성 상실」이란 경고문이 붙어 있었다」

　이러한 「의학 연구소」와 해부학 박물관은 발기부전 및 성병 치료용 제품들을 판매하기 위한 것이었다. 이에 관한 책을 쓴 제임스 H. 영은 다음과 같이 이야기하고 있다.

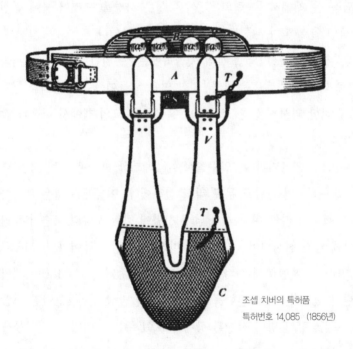

조셉 치버의 특허품
특허번호 14,085 (1856년)

「뉴욕 해부학 박물관이 1868년에 발행한 카탈로그에는 2만 167개의 전시품이 나열되어 있었고, 그와 함께 호기심을 자극하기 위한 사디즘이나 성행위 등의 견본들도 실려 있다.

 강조하여 보여 주고 있는 것은 질환으로 인해 끔찍하게 변한 신체 여러 부위, 특히 그 중에서도 차마 입에 담을 수 없는 질환에 의해 손상된 은밀한 부분이었다. 전시장에는 호객꾼들이 진을 치고 있었다. 그들은 관람객을 살피다가 그 중 낭패한 표정이나 겁먹은 표정을 짓고 있는 사람에게 접근해 전시장 뒤로 유인해 갔다. 그곳에는 고가의 치료비를 받는 '의사'가 그를 기다리고 있었다」

 알약 및 가루약, 물약 그리고 연고 외에도 우편 판매 업자나 밀랍세공 판매상 등이 다양한 기구를 선보였다. 이런 기구들이 어떤 성격의 것이었는지는 매사추세츠 주 보스턴 출신인 조셉 치버의 특허품을 살펴보면 대강 알 수 있을 것이다. 그의 특허품은 전기 고환 주머니가 「발기부전 및 성기 질환」을 치료해 주는 것으로 기술하고 있다.

 종류가 다른 금속 단추들이 달려 있어 땀에 의해 전류가 발생되도록 했고, 철망으로 된 고환 주머니는 일정한 양의 전류를 고환으로 흘러 보낼 수 있도록 만들어졌다. 특허 출원 서류에 기술한 치버의 주장에 따르면 고환으로 흘러 들어간 전류는 자연스럽게 음경으로 들어가며 어떤 이유에서인지 이렇게 흘러 들어간 전류에 의해 치료 효과 및 여러 유용한 효능을 얻을 수 있다는 것이었다.

그로스 클리닉

19세기 후반부 내내 이런 종류의 상업주의적 성격의 제품들이 주류 의료계와 직접적인 경쟁을 벌여나가고 있었다. 이것이 심각한 경제적 타격이 되고 있음을 인식한 이들은 이 문제를 갖고 열띤 토의를 벌였으며, 몇몇 의료기관으로 하여금 지금까지 무관심했던 발기부전과 같은 질환에 대해 관심을 기울일 것을 촉구했다. 예컨대 1877년 필라델피아의 저명한 의사 닥터 사무엘 W. 그로스는 필라델피아 카운티 의학 학회에서 발기부전을 주제로 강연을 하였고 이는 곧 전 의료계에 있어 중요한 사건이 되었다. 당시 닥터 그로스는 미국 내에서 가장 명망 있는 의사였으며 필라델피아의 제퍼슨 메디컬 병원에 있는 그의 클리닉은 화가 토마스 이킨에 의해 불후의 명성을 얻기 이전부터 이미 전세계에 널리 알려져 있었다.

닥터 그로스는 획기적인 그의 강연에서 다음과 같이 말하였다.

「어떤 원인에 의해서건 성적 능력의 저하는 가장 큰 고통과 스트레스를 안겨 주는 질병입니다. 따라서 의료인들의 이해와 관심이 있어야 마땅할 터이지만, 불행하게도 현재는 이에 대한 논의조차 전혀 없는 실정입니다」

그는 또 발기부전의 병리에 대해 전혀 모르고 있음을 지적하기도 했지만, 그의 수많은 임상 경험을 근거로 발기부전의 원인을 자위행위로 돌렸다. 강연에서 그는 다음과 같이 상세하게 그 이유를 밝히고 있었다.

「자위행위가 성적 능력을 저하시키는 것은 지속적인 울혈 상태와 요도의 과도한 민감성을 일으키기 때문이다」

이러한 민감성으로 인해 마침내 내부 협착(狹窄)을 일으키는 것으로 그는 믿고 있었다. 또 이 협착은 「병적인 감각」을 낳고, 다시 병적인 감각으로 인해 음경은 발기 능력을 상실한다는 것이었다.

닥터 그로스는 동료 의료인들에게 발기부전 환자를 다루는 세 가지 방법을 권하였다. 「성욕을 감퇴시키는」 브롬화칼륨을 처방하여 발기부전으로 인한 스트레스를 감소시킬 것, 「순결한 생각과 순결한 행동」의 중요성을 환자들에게 충고해 줄 것, 그리고 하루에 한 번씩 「강철로 된 부지 (bougie 식도나 요도를 살피거나 넓히는 가느다란 기구;역주)」나 무딘 도구를 사용하여 환자의 요도를 넓혀 줄 것 등이 그 세 가지였다. 닥터 그로스는 강철 부지로 요도를 위 아래로 쓸어 주면 발기부전의 원인이 되는 협착을 없애 줄 것이라고 믿었던 것이다.

발기의 수력학적 원리

그 후 10년간 의료인들은 발기부전에 대한 이론 및 그 치료법을 고안해 내기 시작했다. 닥터 존 J. 콜드웰은 1879년 볼티모어 의학 학회에서 행한 연설에서 발기를 일어나게 하는 비교적 간단한 수력학(水力學)적 원리를 기술하였다. 그는 발기에 있어 필수적인 근육 수축은 신경 상태나 신체적 이상 및 나이에 민감한 영향을 받는 신경 자극에 의해 지배된다고 주장하였다. 그는 또 여러 의사들이 발기부전 환자의 음경과 고환을 라이덴병(축전지의 일종;역주)과 전기 자극 치료기에 전선으로 연결하여 다양한 전기 충격 치료법을 사용하고 있음도 보고하고 있다.

하지만 콜드웰 자신은 신경을 진정시키고 감정을 차분하게 해주는 데 목적을 둔 좀더 세련된 방법을 선호하였다. 그는 「강장제, 맥주, 비프 스테이크, 운동, 산의 신선한 공기나 해수욕」을 권하였다.

「가장 좋은 치료 효과를 보이는 것 중에 하나는 척추 하단 쪽으로 물을 끼얹는 샤워 방법이다. 때밀이용 솔이나 결이 거친 수건으로 세게 문지를 경우에는 그 사용법을 충실히 따라야 한다. 이 치료법은 특히 나이든 사람에게 매우 유용한 것이다. 노년이 되면 사람들의 욕정은 변함이 없지만 그 성적 능력을 서서히 잃어가기 때문이다」

최초의 고무 밴드 치료법

그러나 다른 의사들은 음경의 수력학적 원리를 직접 적용해 보는 일에 관심을 집중하기 시작했다. 닥터 제임스 H. 던은 그의 1885년 논문에서 다음과 같이 쓰고 있다.

「빈발하는 발기부전으로 인해 무지한 환자들이 몸과 마음에 고통을 겪고 있음과 악덕 돌팔이 의사들의 마수에 걸려드는 일을 빈번히 보아왔다. 또 생식 기관의 생리적 특성과 그 위생에 대한 좀더 심화된 이해가 강하게 요구되는 바, 이 문제에 대한 관심을 촉구하는 것은 당연하다 하

겠다. 이들 환자들이 마땅히 누려야 할 관심과 치료에 있어서 우리 의료
계의 역할이 크게 부족했던 점은 누구나 부인할 수 없는 사실이다. 하지
만 최근의 눈부신 의학 발달에 힘입어 이 질환에 대한 새로운 조망이 이
루어지고 있으며, 의료계 일반은 과학적 접근법에 의한 이 질병의 치유
책에 깊은 관심을 기울이고 있는 실정이다」

닥터 던의 과학적 접근법에 있어서 가장 핵심적인 기구는 고무 밴드였
다. 그는 다음과 같이 설명하고 있다.

「성교하려는 순간 발기력이 약화될 때는 음경 뿌리에 고무 밴드를 가
볍게 감아 혈류의 유출을 막음으로써 많은 경우 효과를 볼 수 있다. 최
근까지도 이것을 본인이 발견한 것이라고 생각했지만 이전부터 많은 환
자들과 의사들이 동일한 방법을 사용해 오고 있음을 알게 되었다」

인위적으로 혈관을 압박해 발기가 일어나도록 하는 방법은 환자와 의사
모두에게 귀가 솔깃해지는 것이었다. 어떤 의사들은 여기에서 새로운 수
술 요법을 발견하기도 했다. 닥터 G. R. 필립스는 발기부전 환자에게 행
한 수술에 대해 글을 남기고 있는데, 그 수술에서 환자의 음경 혈관 일부
분을 꿰맸다고 기록하고 있다. 그 결과 음경으로부터의 혈액 유출을 제
한함으로써 음경이 항상 반 발기 상태를 유지하게 되었다.

닥터 필립스의 이런 방법을 의사들은 매우 흥미로운 방법으로 여겼을지
모르나, 작은 수술에도 심각한 감염이 일어나곤 하던 시대였으므로 자신
의 음경을 칼로 째고 실로 꿰매는 것에 대한 발기부전 환자들의 반응이
긍정적이지만은 않았다.

압박 고리

따라서 발명가들과 기업가들은 위험한 수술이 필요 없고, 고통이나 불편도 없이 혈관 압박 효과를 내는 간단한 기구를 만들어 내려 했다. 그 기구는 음경 주위에 단단히 끼워져 있어야 했고 또 혈액이 유출되는 혈관에 압력을 가해 줄 수 있어야만 했다. 하지만 발기를 유지시키는 해면체에 혈액을 공급하기 위해 음경 중심부에 있는 정맥에는 압력이 가해지지 않도록 하는 것 또한 중요했다. 발기부전으로 고통받는 사람들이 부지기수였으므로 그러한 제품은 무한한 시장성을 갖게 될 터였다.

1897년에 음경 배부 정맥 압박용 기구가 최초로 특허 출원되었다. 오하이오 주 애크론의 호레이스 D. 태가트의 발명품이 바로 그것이었다. 그는 이 발명품에 대해 다음과 같이 적고 있다.

「성교시에 남성 생식기에 사용하는 간단하고 효과적인 기구로 남성 생식기가 본래의 기능을 제대로 수행할 수 없을 때에 음경의 혈관에 탄력적으로 압박을 가해 주도록 만들어져 있다」

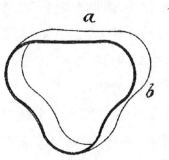

호레이스 태가트의 특허품
특허번호 594,815 (1897년)

1897년 11월 태가트에게 특허가 허가되고 몇 개월이 지나지 않아서 또 다른 특허 출원이 접수되었다. 그것은 뉴욕 주 시라큐스의 제임스 도티의 발명품으로 음경 압박 기구에 전류발생 장치를 덧붙인 것이었다.

142

이 발명품은 허리띠와 허리띠 뒤쪽에 이어져 있는 끈으로 이루어져 있었다. 이 끈은 아래로 내려가 엉덩이를 감아 돌아 음경 쪽으로 올라가며, 그 끝에는 음경을 넣을 수 있는 고리가 달려 있었다. 끈은 어느 정도 탄력성이 있었으며, 허리띠 안에는 전기를 일으키는 금속이 들어 있고, 여기서 발생된 전류는 끈을 타고 흐르도록 고안되어 있었다. 또 끈은 그 길이 조정이 가능하였으므로 음경 밑뿌리의 배부정맥(dorsal vein)을 눌러 내리는 「전자기적」 고리에 그 압박 정도를 늘리거나 혹은 줄일 수 있도록 했다.

음경 고리 마케팅

이런 기구들을 판매하는 뒷골목의 모습이 어떠했는지는 미시간 주 잭슨의 코리엘 바톨로메오의 활동에 대한 기록을 보면 알 수 있다. 바톨로메오는 의료기 판매를 목적으로 하는 공연단의 일원이었는데, 「바톨로메오 교수」라고 자칭하면서 1900년에 관(管) 모양의 「붕대」에 대한 의장 특허를 획득하였다. 의장 특허가 보통의 특허와 다른 점은 의장 특허 신청자가 발명품의 기능에 대한 보호보다는 그 외형에 대한 보호를 요구한다는 것이다. 의장 특허를 받자 바톨로메오 교수는 자신의 발명품을 「남성을 위한 은혜로운 기구」라고 선전하면서 판매 활동을 벌여나갔다. 그는 자신의 기구가 「의약품의 사용 없이 상실된 남성의 힘을 복구시켜 주는 자연 요법」이라고 주장하였다. 또 그는 「미국 정부가 조금의 지체함도 없이 특허를 허가해 준 사실로 미루어 이 기구의 훌륭함도 입증된 셈」이라고 말하였다. 그러나 사실은 바톨로메오의 특허란 그저 의장 특허일 뿐이어서 특허 출원시에도 그 쓰임새에 대해서는 아무런 언급도 하지 않았던 것이다. 자신의 제품을 광고하는 글에서 그는 다음과 같이 쓰고 있다.

「이 기구는 여타의 것들과 구별되는 탁월함을 갖고 있다. 발기부전 치료에 이 제품이 널리 쓰이는 것은 시간 문제일 뿐이다」

하지만 그것은 50년 전에 이미 의학 학술지에 발표된 고무 밴드에서 그다지 발전한 점이 없었다.

1909년에 음경 정맥 압박 기구는 정밀한 외과 기구로 보일 만큼 발전했다. 예를 들면 시카고의 사일러스 T. 야운트의 특허품을 들 수 있다. 25개의 눈금이 매겨진 강철에 고무와 비단 또는 가죽이 감싸고 있는 형태의 것으로, 비교적 작동도 간단했다. 탄력 있는 강철을 벌려 음경을 집어 넣으면 마치 안전핀처럼 찰칵하는 소리와 함께 닫히도록 만들어져 있었다.

1차 세계대전에서 2차 세계대전에 이르기까지 수많은 발명가들이 새롭고 좀더 독창적인 음경 압박 기구들을 발명해 특허출원하였다. 하지만 이러한 제품들을 주류 사회에 광고하거나 판매하는 것은 여전히 용이하지 않았다. 주류 사회는 아직도 발기부전에 대한 논의나 남성 성기의 공공연한 언급을 꺼리고 있었던 것이다. 2차 세계대전이 끝나고 미국 사회에 차츰 성적인 구속이 완화되어 나가자 새로운 종류의 음경 압박 기구 제조 기술과 그 이용에 대해 관심이 증대되어 갔다. 1950년에서 1990년

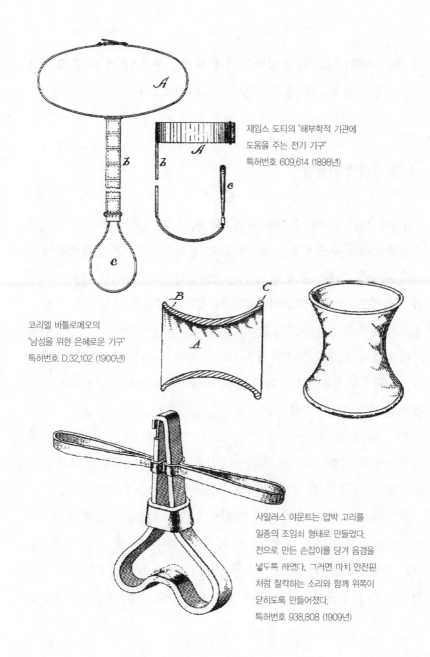

제임스 도티의 "해부학적 기관에
도움을 주는 전기 기구"
특허번호 609,614 (1898년)

코리엘 바톨로메오의
"남성을 위한 은혜로운 기구"
특허번호 D.32,102 (1900년)

사일러스 야운트는 압박 고리를
일종의 조임쇠 형태로 만들었다.
천으로 만든 손잡이를 당겨 음경을
넣도록 하였다. 그러면 마치 안전핀
처럼 찰칵하는 소리와 함께 위쪽이
닫히도록 만들어졌다.
특허번호 938,808 (1909년)

사이에 20개가 넘는 음경 압박 고리에 특허가 주어졌으며 이 중에 상당수는 매우 기발하고 또 세련된 기계 장치를 선보였다.

음경 고리의 위험성

하지만 보건 당국자와 일부 발명가들은 이러한 음경 압박기가 심각한 손상을 초래할 수도 있음을 경고하였다. 반복적인 사용은 혈관벽과 발기 조직 자체에도 해를 줄 우려가 있는 것이었다. 또한 이러한 기구는 요도를 부분적으로, 혹은 완전히 차단하여 정액의 유출을 막게 되므로 다른 종류의 내부 손상을 일으킬 소지가 있었다. 따라서 압박 기구가 음경을 강하게 조여 주는 만큼 아주 짧은 시간 동안만 착용하는 것이 필수적이었다. 성행위 후 압박기를 그대로 놔두거나 착용한 채로 잠들어 버리면 음경이 손상될 위험이 있다.

캔자스 주 돗지 시의 에드워드 W. 스튜와트가 특허를 낸, 비교적 최근의 음경 고리 특허품에는 이런 문제점을 보완하기 위해 최첨단의 무선 조종 장치와 컴퓨터 기능이 부가되어 있다. 그는 다음과 같이 설명하고 있다.

「과거의 음경 압박 고리는 잘 알려져 있다시피 매우 치명적인 단점과 불편함을 갖고 있었다. 첫째로 사용에 위험이 따랐던 바, 오랫동안 착용하게 되면 혈류를 막아 음경 조직에 영구적인 손상이나 변형을 일으킬 위험이 있었다. 본래의 기능을 제대로 발휘하는 때도 있지만, 오르가슴을

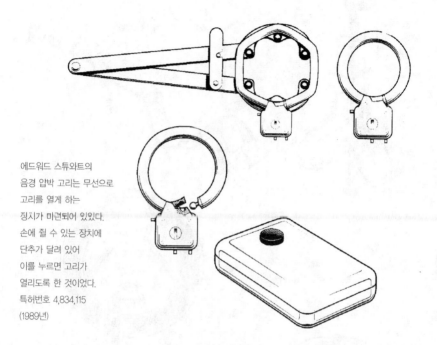

에드워드 스튜와트의
음경 압박 고리는 무선으로
고리를 열게 하는
징지가 마련되어 있있다.
손에 쥘 수 있는 장치에
단추가 달려 있어
이를 누르면 고리가
열리도록 한 것이었다.
특허번호 4,834,115
(1989년)

느끼며 사정을 하려는 순간 정상적 사정을 방해하여 쾌감을 반감시키게
된다. 오르가슴을 느끼려는 순간 성행위를 중단하고 음경 압박 고리를
제거하기란 거의 불가능한 일이다」

스튜와트의 특허품에는 걸쇠를 여는 전기 장치가 장착되어 있었고, 자
그만 단추 모양의 장치를 이용해 무선으로 작동시킬 수 있게 만들어져 있
있다. 싱행위 도중 직당한 순간에 착용자는 단추를 눌러 고리가 음경에
서 떨어져 나가도록 할 수 있는 것이다.

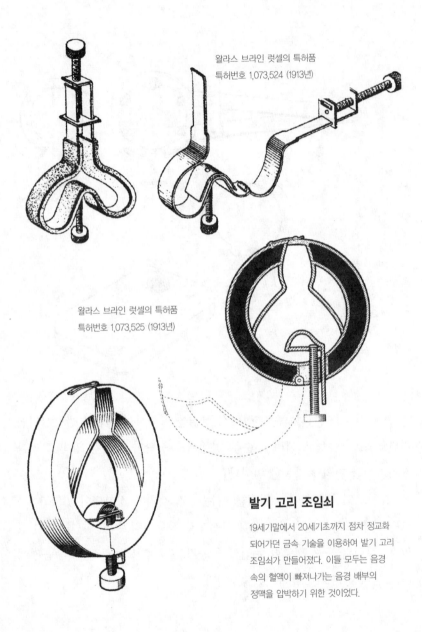

왈라스 브라인 럿셀의 특허품
특허번호 1,073,524 (1913년)

왈라스 브라인 럿셀의 특허품
특허번호 1,073,525 (1913년)

발기 고리 조임쇠

19세기말에서 20세기초까지 점차 정교화
되어가던 금속 기술을 이용하여 발기 고리
조임쇠가 만들어졌다. 이들 모두는 음경
속의 혈액이 빠져나가는 음경 배부의
정맥을 압박하기 위한 것이었다.

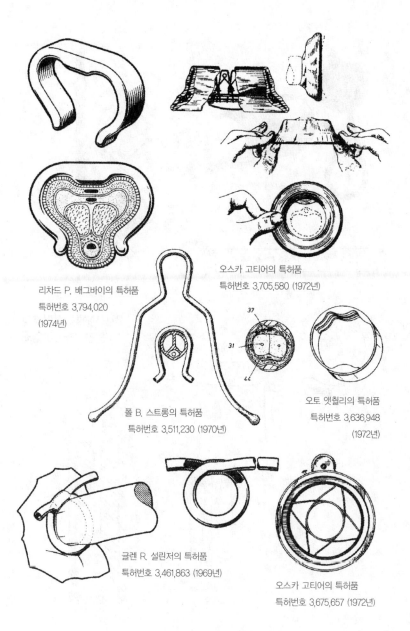

리차드 P. 배그바이의 특허품
특허번호 3,794,020
(1974년)

오스카 고티어의 특허품
특허번호 3,705,580 (1972년)

폴 B. 스트롱의 특허품
특허번호 3,511,230 (1970년)

오토 앳췰리의 특허품
특허번호 3,636,948
(1972년)

글렌 R. 설린저의 특허품
특허번호 3,461,863 (1969년)

오스카 고티어의 특허품
특허번호 3,675,657 (1972년)

149

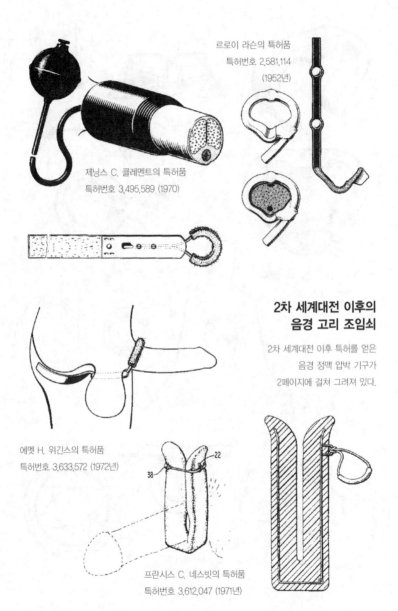

르로이 라슨의 특허품
특허번호 2,581,114
(1952년)

제닝스 C. 클레멘트의 특허품
특허번호 3,495,589 (1970)

2차 세계대전 이후의 음경 고리 조임쇠

2차 세계대전 이후 특허를 얻은
음경 정맥 압박 기구가
2페이지에 걸쳐 그려져 있다.

에멧 H. 위긴스의 특허품
특허번호 3,633,572 (1972년)

프란시스 C. 네스빗의 특허품
특허번호 3,612,047 (1971년)

흡입관

여러 해 동안 또 다른 발명가들은 흡입 도구를 이용해 음경 내부의 유압 기능을 조절하고자 노력하였다. 기계적인 기능만을 보면 이것은 압박 고리와 반대되는 것이었다. 정맥을 압박하기 위해 좁은 밴드로 누르는 것에 반해 바깥쪽으로 잡아 당겨주는 힘이 음경 전체에 작용해 음경이 커지도록 한 것이었다. 하지만 그 목적은 동일했다. 그것은 바로 발기 조직 안으로 더욱 많은 혈액이 흘러 들어가게 함으로써 발기가 일어나게 만드는 것이었다.

이러한 장치 중 최초의 발명품이 1914년 닥터 올윈 아크가 발명한 것으로, 크랭크 손잡이가 달린 흡인관이었다. 사용자의 음경을 금속관에 넣으면 압력판이 음경을 납작하게 누르고 이때 공기를 빼내어 눌려진 음경에 빨아들이는 힘이 작용하도록 고안되었다.

1917년 오토 레데러의 특허품은 고무로 만든 흡입기로 음경 전체를 감싸도록 만들어져 있고, 맨 위에는 압력 벌브가 그리고 아래에는 압박 밴드가 각각 달려 있었다. 압박 밴드가 음경으로부터의 혈액 유출을 막아주는 동시에 압력 벌브는 대기보다 낮은 내부 기압을 만들어 주었다. 발기가 되고 나면 상단에 위치한 흡입 장치는 분리되어 압박 고리만이 음경에 남게 된다. 레데러는 다음과 같이 밝히고 있다.

「이렇게 해서 발기된 음경은 최소한 15분에서 20분 가량 그 발기가 유지된다」

1970년대는 발기부전을 공개적으로 다루는 의료인의 수가 증가 추세이긴 했지만 여전히 적은 때였다. 하지만 플라스틱과 소형 제어 장치로 인해 더욱 효과적인 흡입 기구들이 개발되었다. 이런 현대적 기구들의 일반적인 구조가 어떠했는지는 마빈 A. 버데트 주니어의 특허품을 살펴보면 알 수 있을 것이다. 그의 발명품은 「성기 기립기(起立機)」란 이름의 흡입관이었다.

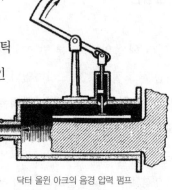

닥터 올윈 아크의 음경 압력 펌프
특허번호 1,117,618 (1914년)

여러 종류의 「진공 흡입기」들이 현재에도 제한된 범위 내에서 발기부전 치료를 목적으로 병원에서 사용되고 있다. 미국 국립 건강 연구소의 1993년 보고서에 따르면 이러한 기구 중 일부는 비교적 안전하고 효과적이지만 몇몇 환자들에게는 그 사용이 까다롭다고 한다. 또한 환자들과 그 배우자들은 성행위에 앞서 번거로운 준비 과정을 거쳐야 하는 까닭에 자연스럽고 즉각적인 성행위를 할 수 없다는 아쉬움도 보고서는 지적하고 있다.

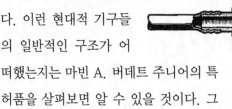

오토 레데러의 특허품
특허번호 1,225,341
(1917년)

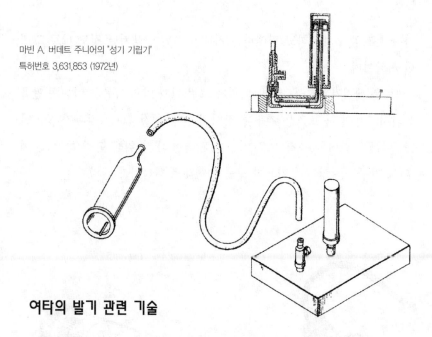

마빈 A. 버데트 주니어의 "성기 기립기"
특허번호 3,631,853 (1972년)

여타의 발기 관련 기술

압박 고리나 흡입 기구가 많은 사람들에게 괴상한 물건으로 보일지 모르지만, 특허청에 등재된 다른 발기 기구와 비교하면 가장 평범한 축에 속한다.

미국 사회는 성적 능력을 지나치게 강조하는 경향이 있어서 미국의 남성들은 예전이나 지금이나 자신의 성기 크기와 그 발기 능력에 대해 떨칠 수 없는 불안감을 느끼고 있다.

이러한 남성들의 불안감은 인간의 연약함을 이윤 추구에 가장 큰 요인으로 보고 있는 사업가들에게는 놓칠 수 없는 기회로 여겨졌다. 1890년대 수백만의 미국 남성들이 성기능 장애를 즉각 고칠 수 있는 약을 원하자

가짜 특효약을 제조하고 판매하는 거대한 산업이 생겨난 것도 바로 그러한 까닭이다.

새로운 세기가 다가올 무렵, 의회가 그런 가짜 약의 유통을 막는 법안을 통과시키자 발기 보조용 기구나 장치의 발명에 전념하는 부류가 생겨났다. 이들은 완벽한 음경 보조 기구를 만들어 내기 위해 힘을 쏟았고, 이후 그 기구들은 갖가지 기괴한 모습의 형태로 나타나게 된다.

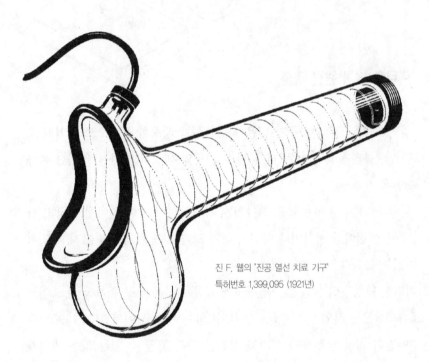

진 F. 웹의 "진공 열선 치료 기구"
특허번호 1,399,095 (1921년)

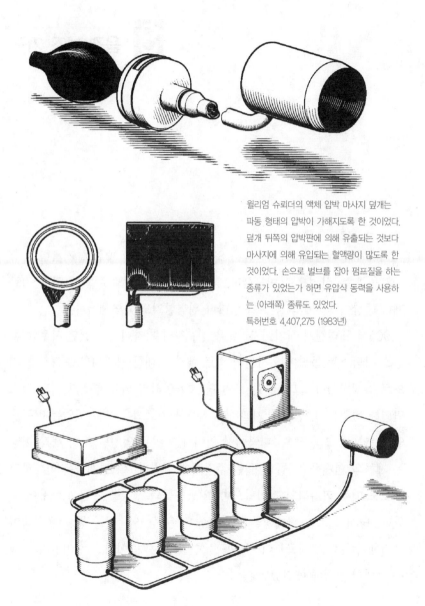

윌리엄 슈뢰더의 액체 압박 마사지 덮개는
파동 형태의 압박이 가해지도록 한 것이었다.
덮개 뒤쪽의 압박판에 의해 유출되는 것보다
마사지에 의해 유입되는 혈액량이 많도록 한
것이었다. 손으로 벌브를 잡아 펌프질을 하는
종류가 있었는가 하면 유압식 동력을 사용하
는 (아래쪽) 종류도 있었다.
특허번호 4,407,275 (1983년)

8 음경 보조 기구

1900년이 되자 특허 의약품은 8천만 달러의 연간 매출을 기록하며 황금알을 낳는 산업으로 변모했다. 과학과 의학의 발달로 인해 자가 치료제나 돌팔이 의사들의 진료가 얼마나 위험한지도 확연해졌다.

1905년 프리랜서 작가이자 「뉴욕 선」 지의 기자이기도 했던 사무엘 홉킨스 아담스는 돌팔이 의사들의 의료 행각에 대한 광범위한 보고서를 최초로 작성하였다. 그의 글을 보면 당시의 엉터리 의료 행위가 어느 정도 만연해 있었는지, 얼마나 기괴하고 이상한 치료법을 쓰고 있었는지 등을 알 수 있다. 그의 글은 「미국에서 일어나고 있는 엄청난 사기 행각」이라는 제목의 연재물로 「콜리어」란 주간지에 실렸다. 이 연재물은 언론사적으로도 매우 획기적인 것이었으며, 일반인들의 생각을 완전히 바꾸어 놓았다. 당시 의료기 판매상들은 신문에 많은 광고를 싣는 중요한 고객이었기에 언론의 감시로부터 자유로울 수 있었는데, 아담스는 이들의 실체를 파헤치는 일에 매진했던 것이다.

아담스의 글로 인해 의료기 판매와 광고에 대한 규제 및 표준을 규정하는 주 입법과 연방 입법이 봇물을 이루게 되었다. 1906년 「연방 식품 의약품 법안(Federal Pure Food and Drug Act)」이 통과되었다.

이 법안은 의약품 제조자와 판매자들로 하여금 그 성분을 표시함과 동시에 효능도 구체적으로 명기하도록 하고 있었다. 이 법안은 수많은 특허 의약품 회사에 즉각적인 영향을 미쳤다. 망하는 회사도 있었으며, 그렇지 않은 회사들은 제품의 내용 및 판매 전략을 획기적으로 바꾸었다. 이러한 이유로 발기부전 치료 약품의 공급이 갑자기 줄어들었다.

T. 윌리엄스의 특허품
특허번호 837,993
(1906년)

한편, 특허청 서류를 살펴보면 발기 부전 치료기구를 개발해 상업적 이윤을 얻으려는 노력이 얼마나 치열하게 전개되었는가를 알 수 있다. 연방 정부의 규제를 받는 의약품을 판매하느니, 우편 주문이나 여타의 판매 전략을 동원하여 규제를 받지 않는 음경 보조 기구 판매에 집중하는 것이 더 유리했던 것이다.

예컨대 1906년 12월 다데우스 W. 윌리엄스는 인조 음경과 같은 기능을 지닌 고무판 부목으로 특허를 획득하였다. 몸에 밀착되는 비닥 부위로부터 원추형의 돌출물이 발기된 성기의 각도로 솟아나 있었고, 착용자는

157

힘 없는 성기를 그저 기구 안으로 밀어넣기만 하면 되었다.

월리엄스의 특허 획득으로부터 몇 주 지나지 않아 루이스 B. 홀리라는 사람이 옆쪽에 기다란 구멍이 난 관 모양의 음경 보조 기구로 특허를 출원하였다. 그는 이 발명품에 대해 특허출원서에 다음과 같이 말하고 있다.

「이 기구는 도덕적 기준이나 법률에 위배됨이 없이 그 효용을 발휘한다. 왜냐하면 이 기구는 임신을 인위적으로 방해하지 않으며 또 정당하고 합법적인 목적 이외의 남용은 불가능하기 때문이다」

서슬 퍼런 콤스톡 법률이 아직 시행 중이던 시기였으므로 홀리는 자신의 제품이 피임 목적으로는 적당하지 않음을 특허 심사위원들에게 확인시켜 주려 했던 것이다. 1907년에는 홀리를 포함해 세 개의 음경 보조 기구에 특허가 허가되었다. 두 번째 특허품은 철사 고리로 음경을 덮는 기구로, 압박 고리가 달려 있었다. 세 번째 특허품은 필라델피아 사람이 획득한 것으로 침대 스프링과 유사한 기구였다. 음경 아랫부분을 나선의 스프링이 감싸주었고 스프링에서 뻗어 나간 막대는 그 끝에 귀두를 걸어맬 수 있는 고리가 달려 있어 늘어진 음경을 똑바로 잡아당겨

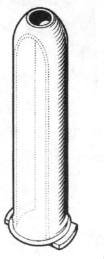

루이스 홀리의 특허품
특허번호 844,798 (1907년)

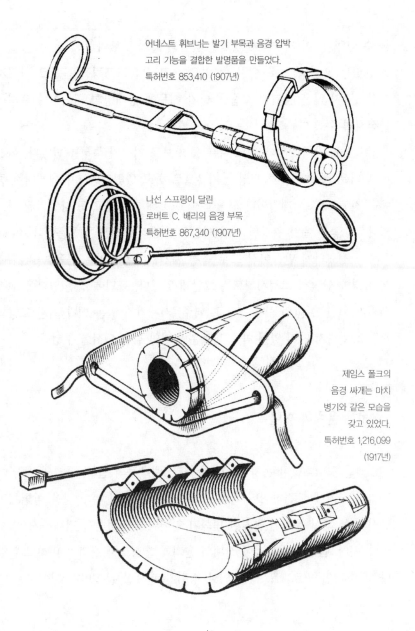

어네스트 휘브너는 발기 부목과 음경 압박
고리 기능을 결합한 발명품을 만들었다.
특허번호 853,410 (1907년)

나선 스프링이 달린
로버트 C. 배리의 음경 부목
특허번호 867,340 (1907년)

제임스 폴크의
음경 싸개는 마치
병기와 같은 모습을
갖고 있었다.
특허번호 1,216,099
(1917년)

줄 수 있었다. 이 기구의 발명가는 다음과 같이 말했다.

「고리는 포피 안으로 숨길 수 있으며 고리와 스프링은 음모로 가려져 혐오스럽지 않은 자연적 모습을 띠기 때문에 상대방의 의심이나 우려를 불식시킬 수 있다」

그 후 28년 동안 열 개의 또 다른 음경 보조 기구가 특허를 받았다. 여전히 두터운 재질에 튜브 모양을 기본으로 하고 있었지만 1차 세계대전 중에 발견된 새로운 재질이나 생산 기술을 통해 개량되고 또 다양화된 것이었다. 그 좋은 예가 워싱턴 시의 제임스 스탠리 폴크의 특허품이다. 이 특허품은 정교하게 만들어진 고무 음경 싸개로, 달려 있는 끈을 허리에 매어 음경에 단단히 고정시키도록 고안돼 있었다. 표면에 강선(탄환을 회전시키기 위한 총신 안쪽에 새긴 홈;역주)이 새겨져 있는 데다 뇌관 모양의 잠금 장치까지 달려 있어 마치 새로운 병기와 같은 인상을 주었다.

새로운 윤리의 시대

1920년대의 대담한 옷차림이나 춤사위, 배우들의 연기, 당시의 저작물, 과거의 금기에 도전하거나 혹은 무시하는 대중들의 논의 등을 살펴보면 당시 미국의 성 윤리에 급격한 변화가 일어나고 있었음을 명백하게 알 수 있다. 1930년에는 빅토리아 시대의 윤리적 흔적조차 사라져 버리고 말았다. 보수적인 의료계도 성을 의료 행위가 필요한 분야이자 없어서는 안

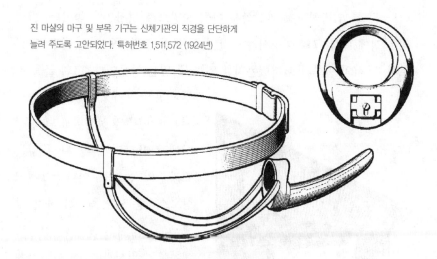

진 마샬의 마구 및 부목 기구는 신체기관의 직경을 단단하게
늘려 주도록 고안되었다. 특허번호 1,511,572 (1924년)

될 분야임을 공식적으로 인정하였다.

　1930년대의 특허청 보관 서류를 살펴보아도 성에 대한 태도에 얼마나
큰 변화가 일어났는가를 알 수 있다. 그 이전 세대의 특허 출원자들은 성
적인 것을 기술할 때면 사죄의 말을 첨부하였고, 세심한 주의를 기울여
가며 성적 행위가 오직 임신을 위한 것임을 언급하곤 했었다. 나아가 그
들 제품에 대한 서류를 작성할 때에는 본래 목적을 명확하지 않은 애매한
문구로 기술하고는 했다. 하지만 시카고의 로렌스 M. 스미스는 1933년
그의 특허출원 신청서에서 이런 전통을 깼다. 공개적으로 성적 쾌락에
대해 긍적적인 견해를 밝혔던 것이다. 스미스의 발명품은 음경 보강 기
능과 클리토리스 자극 기능을 동시에 행히는 기구였다. 에전의 고무 튜
브 보조 기구 형태를 기본으로 하고 있으면서 왕복 운동을 할 때마다 클

리토리스를 압박하도록 바깥쪽을 아치 모양으로 디자인해 놓았다. 발명의 배경에 대한 그의 설명서는 이 분야의 특허 출원 중에서는 가장 긴 글로서, 당시의 변화가 어떠했는지를 엿볼 수 있는 장문이다. 그의 글을 일부 인용해 보자.

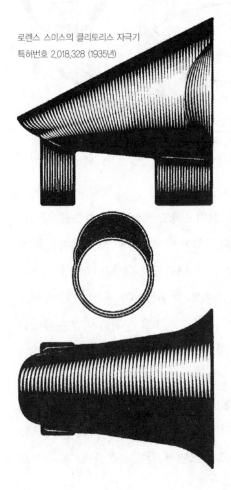

로렌스 스미스의 클리토리스 자극기
특허번호 2,018,328 (1935년)

「본 발명품은 성행위시 남성 성기에 사용하면 더할 나위 없는 효과를 주는 기구이다. 그리고 혐오스러운 방법을 사용하지 않고 남성과 여성 모두의 건강과 행복을 증진시킨다. 성행위 자체에 대해, 또 원만한 성행위를 돕는 기구에 대해 일부 사람들은 여러 가지 이유로 혐오스러워하고 있다. 하지만 정신과 의사 및 성 의학 전문가들을 비롯한 대부분의 의사들은 성적 행위가, 특별히 서로에게 절정감을 주는 행위일 때에는 상당한 건강상의 이득을 주며, 어떤 경우에는 개인의 건강과 행복에 필수적일 수도 있다고 한다. 그 반대의 경우, 즉

162

절정이 없이 성적 흥분 상태만을 자주 경험하게 되면 종종 신경증이나 신경쇠약증을 유발하며 심지어 정신질환이나 편집병을 유발하기도 한다. 성교를 할 때 남녀 두 사람 중 한 사람에게 절정감 없는 흥분, 또는 과도한 흥분만을 일으키고 마는 경우는 허다하다. 보통의 경우 여성에게 그런 일이 일어나는데, 이는 남성들의 무지나 충분한 배려의 부재, 또는 남성 성기와 여성 성기간의 부조화에서 비롯된다. 이런 부조화의 경우, 본 발명품과 같은 기구의 도움으로 문제를 해결할 수 있다. 물론 여성의 성기가 남성 성기를 받아들이기에 너무 작을 경우는 예외로 한다」

그의 글은 다음과 같이 이어지고 있다.

「발기부전을 겪는 이에게 도움을 주고자 하는 것이 본 발명품의 목적이나, 정상적이고 건강한 경우라도 성행위시 적절한 절정감을 얻기 위해 사용하는 것도 매우 바람직하다고 하겠다」

특허 심사위원들은 스미스의 특허품 심사에 29개월이나 끌었지만 마침내 1935년에 특허를 내주었다.

2차 세계대전 이후의 음경 보조 기구

2차 세계대전 이후에 새로운 화학 물질과 금속, 새로운 제조 기술 및 판매 전략 등이 이우러져 미국 문명의 기본 성격을 다시금 바꾸게 되었다. 2차 세계대전의 종전에서부터 현재까지 신청된 20여 개가 넘는 음경 보

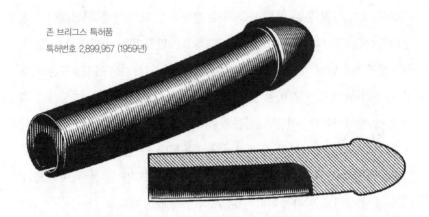

존 브리그스 특허품
특허번호 2,899,957 (1959년)

조 기구의 특허 청원서를 보면 당시의 성해방 및 기술 발전이 어떠했는지 알 수 있다. 발명가들은 발명품의 목적에 대한 구차한 변명 따위를 더 이 상 덧붙이지 않았다. 그리고 음경 보조 기구의 모습도 진짜 음경을 닮아 가기 시작했다.

1957년 인디애나폴리스의 존 J. 브리그스가 내놓은 특허 출원품만큼 이를 잘 보여 주는 것도 없다. 그의 발명품은 실제 크기보다 큰 음경 모 양의 고무 제품으로, 발기부전 환자의 음경에 착용하도록 한 것이었다. 브리그스는 그의 특허출원서에서 다음과 같이 쓰고 있다.

「본 발명품은 남녀 간, 특히 부부 사이의 평화와 조화를 증진시키기 위 한 것일 뿐만 아니라 종족 번식을 포함해 인류의 복지와 행복에 기여하기 위한 제품이다」

164

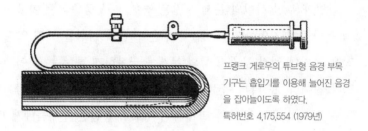

프랭크 게로우의 튜브형 음경 부목
기구는 흡입기를 이용해 늘어진 음경
을 잡아늘이도록 하였다.
특허번호 4,175,554 (1979년)

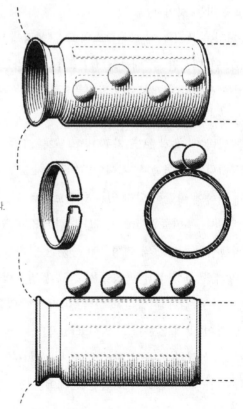

조셉 라일링의 "성 안정기 및
자극기"에는 특별하게 클리토리스
자극용 롤러 볼이 장착되어 있었다.
특허번호 4,224,933 (1980년)

「남편과 부인 사이의 문제는 많은 경우 욕구 충족의 결여로 인한 심리적 불안정에 기인한다는 점을 본인은 그간의 경험을 통해 알게 되었다. 작은 크기나 성적 무기력 등의 문제를 극복하게 해 주는 것이 본 제품의 한 목적이다. 또 다른 목적은 남녀 간의 간극을 메워주기 위함이다. 특히 상호 정신적 육체적 보완 관계의 부재로 고통받는 부부들에게 바람직한 부부 관계를 유지할 수 있게 도와 주며 또 아름다운 삶을 함께 즐길 수 있도록 하는 것이다」

특허청은 1959년에 브리그스의 고무 음경에 대해 특허를 허가하였다.

1978년 미시간 주 배틀크릭의 조셉 W. 라일링은 이전 제품들의 여러 특성을 결합하여 개선시킨 발명품으로 특허 출원을 하였다. 라일링은 이 발명품에 「성 안정기 및 자극기」란 이름을 붙여 주었다. 이 제품은 배부 정맥 압박기, 음경 보조 기구 및 씌우개, 그리고 클리토리스 자극기 등을 모두 하나로 묶어 놓은 것이었다. 특히 새로운 점으로 이목을 끈 것은 씌우개 위쪽에 나란히 달려 있는 클리토리스 자극용 롤러 볼이었다.

라일링은 특허출원서에서 다음과 같이 쓰고 있다.

「성행위시 상당수의 여성들이 충분한 만족감을 느끼지 못 한다는 것은 잘 알려진 사실이다. 남성들은 견고한 발기력을 성행위 내내 유지해야 한다는 부담감에 시달리고 있다. 따라서 수많은 부부들이 결국 서로 성적 궁합이 맞지 않는다고 느끼고 있으며, 조사 자료에 따르면 이혼하는 부부 중 상당한 비율이 이 문제가 직접적 원인이 되어 이혼하는 것으로 나타났다. 그러므로 이 심각한 문제에 대한 시급한 해결책이 요구된다

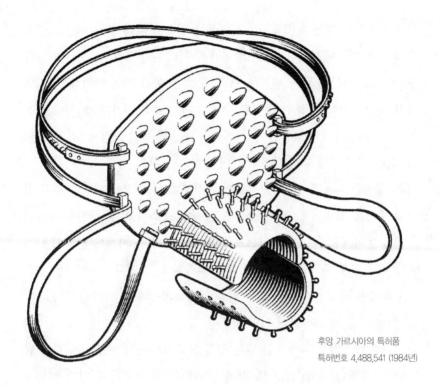

후앙 가르시아의 특허품
특허번호 4,488,541 (1984년)

하겠다」

이와 같은 목적으로 만들어진 것 중에 1982년 텍사스 주 휴스턴의 후앙 A. S. 가르시아가 특허 출원한 발명품이 있었다. 음경 보강 씌우개로, 이 례적으로 음모를 덮는 판이 있었고 그 판에는 단단한 고무 돌기들이 튀어나와 있다.

1985년 또 다른 발명품이 캘리포니아 주 허큘리스의 테지엔 친에 의해 특허 출원되었다. 친은 특허출원서에서 지난 75년간의 음경 보조 기구 모두를 싸잡아 비난하고 있다. 그 이유는 필요에 따라 그 길이를 조절할 수 없다는 이유에서였다. 친의 발명품은 여러 부분으로 나뉘어 있는 음경 모양의 튜브로, 밀어 넣거나 빼낼 수 있는 여러 개의 마디가 달려 있어서 그 길이를 자유로이 조정할 수 있었다. 「남성 성기 자켓」이란 이름의 이 기구는 음경에 착용한 후 허리끈을 이용해 몸에 고정시키도록 하였다. 친은 이 기구에 대해 다음과 같이 말하고 있다.

「본 발명품은 음경, 특히 발기부전을 겪고 있는 음경을 지지해 주고 강화해 주도록 고안되어 있다. 그리고 성적 부조화가 부부 사이의 심각한 문제로 탈바꿈할 가능성이 있으므로 본 제품은 많은 가정에 안정성을 제공해 주고 부부 관계를 강화시켜 주는 역할을 할 것이다. 또 아내의 성적 요구를 충분히 만족시킬 수 없는 많은 남성들의 결함을 보완해 준다」

그의 설명은 다음과 같이 이어진다.

「조화로운 성생활은 행복한 결혼 생활을 유지하는 데 중요한 역할을 담당한다. 그러나 불행스럽게도 많은 남자들은 얼마 지나지 않아 아내를 더 이상 만족시킬 수 없다는 사실에 직면하게 된다. 그것은 나이, 질병, 부상, 과로, 지나친 성생활, 심리적 인자 등 다양한 원인에 의해 남성의 성기가 쉽게 위축되기 때문이며 또 여성의 성기는 출산과 오랜 성생활로 인해 탄력을 잃고 느슨해지기 때문이다. (중략) 본인의 발명품은 새롭고 효과적인 음경 보형물로, 발기부전을 겪는 성기를 지지해 주고 작은 크기의 음경은 그 크기를 보완해 줄 수 있으며 상황에 맞는 크기 조절이 가능하다」

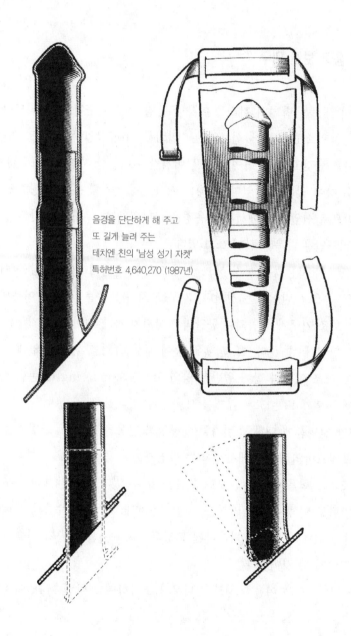

음경을 단단하게 해 주고
또 길게 늘려 주는
테치엔 친의 "남성 성기 자켓"
특허번호 4,640,270 (1987년)

체내 음경 보조 기구

완전히 새로운 방법의 기술을 이용한 음경 보조 기구가 존 프리드만의 특허 출원으로 1988년에 선보였다. 「일회용 체내 삽입 음경 보조 기구」라는 이름을 갖고 있는 이 발명품은 어지간히 대담한 사람이라도 전율을 느낄 수 밖에 없는 것이었다. 형태는 커다란 플라스틱 못처럼 생겼으며, 음경 안으로 삽입해 안에서부터 음경을 단단하게 해 주도록 고안되어 있다. 프리드만은 다음과 같이 쓰고 있다.

「이 도구의 사용법은 보강 튜브 끝의 오목한 원반이 귀두에 닿을 때까지 요도 속으로 밀어넣는 것이다. 기구를 지지해 주는 역할로 이용되는 요도는 보조 기구가 삽입되는 공간의 역할까지 하게 되며 보조 기구는 음경을 단단하게 해 준다. 또 성행위 중에 부상을 입을 위험을 없애 주기 위해 이 보조 기구와 함께 원반 모양의 고정장치(mooring)나 콘돔 형태의 라텍스 덮개 또는 고무 덮개를 사용할 수 있다」

이러한 발명품에 대해 소비자들이 긍정적 반응을 보였을 것 같지는 않지만 프리드만의 특허품에서 우리는 발명가들이 음경의 내부에까지 그들의 창조적 노력을 아끼지 않으려 했음을 알 수 있다. 2차 세계대전 후 의학의 발달로 인해 음경의 발기를 조절하는 체내 시스템을 수술을 통해 고쳐보려는 최초의 시도가 나타나게 되었다. 새로운 음경 발기 기술 분야가 생겨나게 된 것이었다.

처음에는 수술을 이용한 시도가 너무나 조잡하여 프랑켄슈타인이 나오

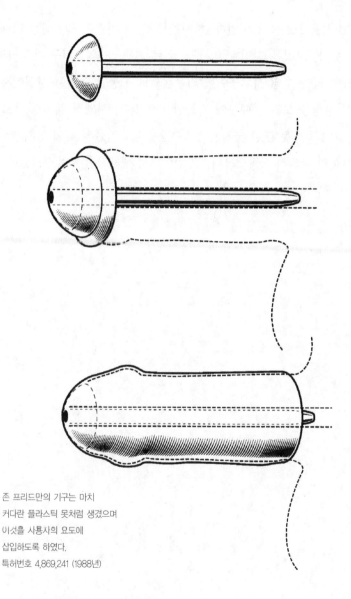

존 프리드만의 기구는 마치
커다란 플라스틱 못처럼 생겼으며
이것을 사용사의 요도에
삽입하도록 하였다.
특허번호 4,869,241 (1988년)

는 소설을 보는 느낌이었다. 하지만 차츰 그 기술은 세련됨을 더해 가기 시작했다. 그것은 저명한 의사들, 의료 기관 또 의료기구 제조업자들이 상당히 많은 수의 사람들이 발기부전으로 고통받고 있는 현실에서 커다란 시장성을 보았기 때문에 가능한 것이었다. 사업적 열의와 새로운 기술, 그리고 충분한 금융 지원, 또 수많은 기술자들의 힘이 합쳐져 새로운 특허품이 나오기 시작했으니, 그것이 바로 생체공학적 음경이었다.

9 생체공학적 음경

2차 세계대전 중에 미국 제조 산업을 혁신적으로 비꾸었던 폭발적 과학 기술 발전 및 사회조직의 발달은 의약 산업에도 마찬가지로 혁신적 변화를 안겨 주었다. 전쟁 기간 동안 사실상 수술이라는 개념 자체가 바뀌었던 것이다. 한 가지 예로 페니실린을 비롯한 항생제의 광범위한 사용으로 예전에는 생명에 위협을 줄 만한 수술이 이제는 부담 없이 일상적으로 행해지게 되었다. 또한 엄청나게 많은 전쟁 부상자로 인해 신약과 의료 기구 및 의료 정보 등으로 무장한 수많은 군의관들에게 실험을 할 수 있는 기회와 의료 기술 혁신의 기회가 마련되었는데, 이 또한 유례가 없는 일이었다.

이들 군의관이 1950년대 민간 영역으로 옮겨 가자 수술 분야에 눈부신 발전이 일어났다. 그들의 노력과 혁신에 힘입어 생의학 공학과 생체공학의 출현을 보게 되었다. 생의학 공학과 생체공학은 기계 장치 및 세어 징치를 인체의 내부 조직과 융합시키는 것이 목적인 과학을 의미한다.

1960년대 첨단분야인 생체공학 분야는 새로운 우주 계획과 유기적으로 결합하게 된다. 그 결과 플라스틱과 금속공학, 소형 모터 및 소형 제어 장치를 이용한 진일보된 인조 팔다리와 장기, 생의학 보조 장치 등이 출현하였다.

그 당시 가장 대중들에게 많이 알려진 비약적인 발전 분야는 심장과 관련된 것들이었다.

1950년대 최초의 외부 심장 기계가 조악한 모습이기는 하지만 성공적으로 사용되었다. 이후 최초의 인공 심장 판막이, 곧 뒤를 이어 최초의 인공 심장이 이식되었다. 그다지 언론의 주목을 받지는 못했지만, 인공 관절이나 안과용 렌즈 분야에서도 그에 못지 않은 중요한 성과가 있었다.

음경의 경우도 외과적 실험이 매우 활발히 행해지고 있었으나 대중에게는 거의 알려지지 않았다. 1950년대에 여러 외과의사들은 몸의 다른 부분에서 떼어낸 뼈나 연골을 이식하여 내부로부터 음경을 단단하게 만들어 보려는 시도를 하였다. 하지만 이 방법은 실패하고 말았는데, 그 이유는 살아 있는 조직은 결국 일부 또는 전부가 몸으로 흡수되어 버리고 말았기 때문이다. 그래서 1960년대에는 아크릴 막대나 폴리에틸렌 막대의 이용을 시도하기도 했다. 이식용 음경 보조 기구에 대한 최초의 미국 특허는 1974년 9월 3일에 빅토르 콘스탄티노비치 칼른베르츠라는 사람에게 수여되었다. 그는 당시 소련에 위치한 리가 출신이었다. 스푸트니크 충격 이후 미국과 소련 사이에는 치열한 기술 경쟁이 벌어지고 있었던 시기였으므로 이런 첨단분야의 최초 특허가 소련인에게 돌아갔다는 사실은

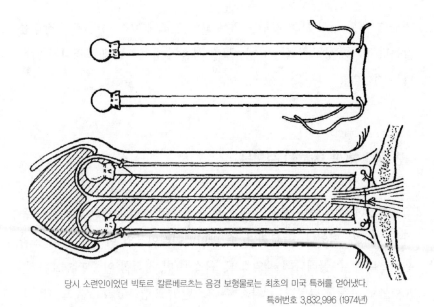

당시 소련인이었던 빅토르 칼른베르츠는 음경 보형물로는 최초의 미국 특허를 얻어냈다.
특허번호 3,832,996 (1974년)

소련에게 있어서는 커다란 경사였던 듯 하다. 칼른베르츠는 그의 발명품이 소련에서 성공적으로 사용된 사례들을 특허출원서에서 상세히 적고 있다. 한 사례에서 30년 동안이나 발기부전을 겪어 온 70세 남자의 예를 들고 있다. 황소의 고환 조직을 이식하는 새로운 요법이 실패하자 칼른베르츠는 멍에 형태의 플라스틱 보형물을 사용해 보았다는 것이다. 그 보형물은 폴리에틸렌 막대로 만들어져 있으며 모습은 마치 가지가 두 개 달린 포크 같았다. 칼른베르츠에 따르면 수술 후 넉 달만에 환자는 결혼을 했고 성공적인 성생활을 하고 있다는 것이었나. 칼른베르츠는 다음과 같이 쓰고 있다.

「음경 내부 이식 보조 기구는 외부 보조 기구에 비해 여러 가지 장점을 갖는다. 그 중 중요한 한 가지는 보철 사용이 흉물스럽게 드러나지 않는 다는 점이다」

반 경직성(半 硬直性) 보형물

그 후 2년 동안 막대 형태의 음경 보조 기구에 대한 수많은 특허품이 쏟아져 나오게 되었다. 플로리다 주 마이에미레이크의 마이클 P. 스몰과 캘리포니아 주 골레타의 제임스 E. 콕스는 반 경직성 이중 막대로 만든 보형물로 특허를 받았다. 텍사스 주 휴스턴의 프랭크 J. 게로우도 휘어짐이 가능한 반 경직성 실리콘 막대 보형물로 특허를 받았는데, 완전히 구부러질 수 있을 정도로 유연성이 탁월했다. 미네소타 주 미니에폴리스의 제랄드 W. 팀과 존 H. 버튼은 색다른 형태의 반 경직성 이중 막대 보형물로 특허를 받았다. 팀과 버튼은 이에 대해 다음과 같이 적고 있다.

「본 보형물은 휘어짐이 가능한 막대로 만들어져 있기 때문에 구부리거나 뒤틀 수 있다. 성행위 중에는 음경을 발기 형태로 유지할 수 있으며 행위를 마친 후에는 음경을 편안한 위치로 놓아둘 수 있다」

경직성 음경 보강 기구가 얼마만큼 불편했는지 해리 R. 에브날의 속옷 특허품을 살펴보면 잘 알 수 있다. 그의 속옷은 보형물 삽입으로 인해 항시 곧추서 있는 성기를 눌러 주기 위해 특별히 고안된 것이었다. 에브날

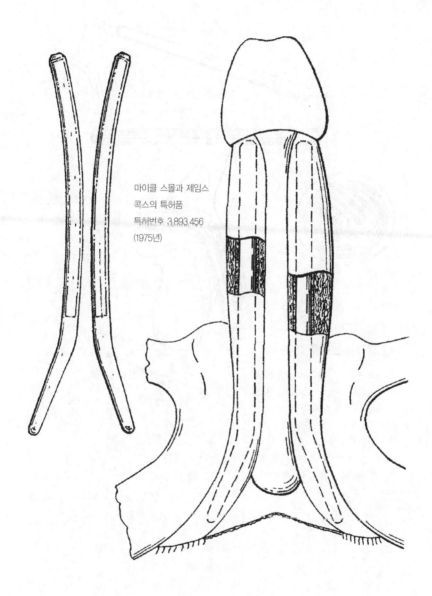

마이클 스몰과 제임스
콕스의 특허품
특허번호 3,893,456
(1975년)

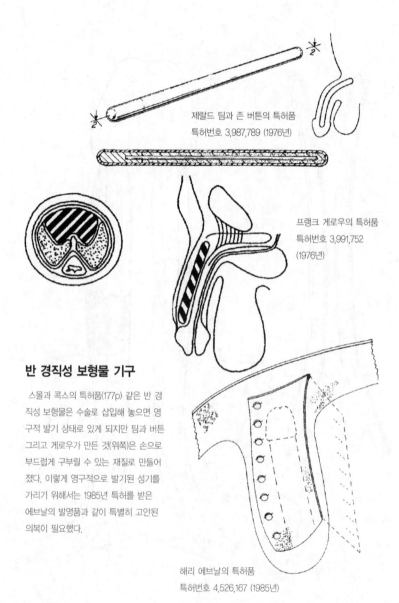

제랄드 팀과 존 버튼의 특허품
특허번호 3,987,789 (1976년)

프랭크 게로우의 특허품
특허번호 3,991,752
(1976년)

반 경직성 보형물 기구

스몰과 콕스의 특허품(177p) 같은 반 경
직성 보형물은 수술로 삽입해 놓으면 영
구적 발기 상태로 있게 되지만 팀과 버튼
그리고 게로우가 만든 것(위쪽)은 손으로
부드럽게 구부릴 수 있는 재질로 만들어
졌다. 이렇게 영구적으로 발기된 성기를
가리기 위해서는 1985년 특허를 받은
에브날의 발명품과 같이 특별히 고안된
의복이 필요했다.

해리 에브날의 특허품
특허번호 4,526,167 (1985년)

의 발명품은 마치 운동 선수의 보호 장구와 같은 모습이었다. 한가지 다른 것은 앞쪽에 성기를 넣어두는 주머니가 마련되어 있는 점이었다. 주머니는 곧추선 성기를 움직이지 않게 하므로 의복을 입었을 때 쉽게 눈에 띄지 않도록 해 주었다. 이후 많은 발명가들이 지적하고 나선 것은 유연성 없는 발기 보조 기구들이 신체적 불편을 주거나 심리적 위축감을 안겨준다는 점이었다. 동시에 반 경직성 보형물도 외부의 압력이나 격렬한 성행위로 인해 음경을 뚫고 밖으로 빠져 나오는 경우가 적지 않음을 지적했다.

1978년 플로리다 주 탐파의 로이 P. 피니와 위스콘신 주 라신이 헨리 윌프레드 린치는 경첩을 달아 놓은 반 경직성 막대 보형물로 특허를 받았다. 이 기구의 상당 부분은 여전히 경직된 것이었지만 경첩을 이용해 음경을 밑으로 내릴 수 있었기 때문에 성행위를 하지 않을 때에는 돌출되지 않게 할 수 있었다. 여기에 쓰인 경첩은 문에 쓰는 그런 종류의 것이 아니라 실리콘 막대의 한 부분을 제거해낸 후 유연성이 더 좋은 종류의 실리콘을 채워 넣은 것이었다.

팽창식 음경 보형물

칼른베르츠가 특허를 받고 3개월이 지난 1974년 12월, 뉴욕 시의 베리쉬 스트라우치와 앨런 E. 블룸버그 또 셀윈 Z. 프리드는 전혀 새로운 종

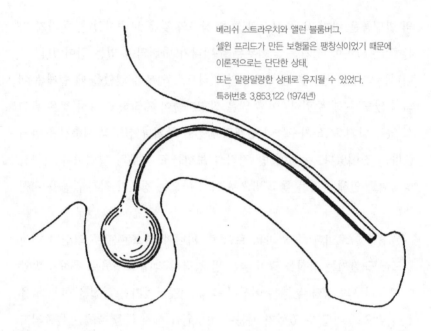

베리쉬 스트라우치와 앨런 블룸버그,
셸윈 프리드가 만든 보형물은 팽창식이었기 때문에
이론적으로는 단단한 상태,
또는 말랑말랑한 상태로 유지될 수 있었다.
특허번호 3,853,122 (1974년)

류의 음경 보형물로 특허를 받았다. 그것은 여러 개의 부품으로 이루어진 것이었다. 이 기구는 기계적으로도 훨씬 복잡했고 또 삽입 수술도 간단하지 않았다. 팽창 튜브 또는 팽창 주머니가 음경과 같은 방향으로 뻗어나 있었고 음경을 단단하게 만드는 액체 저장 주머니는 음낭에 주로 이식되어 있었다. 이 세 사람의 발명품은 발기부전 환자가 액체 저장 주머니를 손으로 눌러 액체를 튜브로 밀어넣도록 한 것이다. 수압에 의해 튜브가 단단해지고 이에 따라 음경은 반 경직 상태를 이루게 되는 것이었다.

그 후 12년 동안 더욱더 정교한 팽창식 보형물의 특허가 줄을 이었으며, 그들 중 상당수는 최신 재료와 첨단의 소형 제어 장치를 사용하고 있었다. 그럼에도 불구하고 이들 기구 중 몇몇 형태의 것에서는 심각한 문제점들이 발견되었으며, 이런 문제점을 해결하고자 하는 발명가들도 생겨나게 되었다. 1976년 미네소타 주 골든벨리의 로버트 E. 벅은 유압식 팽창 보형물을 특허 출원하며 다음과 같이 밝혔다.

「본 기구는 염색액이 첨가된 액체를 사용하고 있으므로 누출되는 경우 엑스레이를 통해 문제를 파악해 낼 수 있고, 또 액체 자체도 누출을 대비해 신체 조직에 해를 주지 않도록 만들어져 있다」

1977년 뉴저지 주 잉글우드의 오렐리오 C. 유슨은 개량된 팽창식 보형물을 특허 출원하면서 기존의 기구들이 복잡한 기계 장치를 사용하기 때문에 고장이 자주 일어나며 수리나 교체를 하려면 재수술이 필요하다는 점을 지적하였다. 유슨의 장치에는 튜브 팽창에 필요한 액체의 양을 최소화하기 위하여 아래쪽에 반 경직성 재료를 사용하였다. 또한 이 기구는 밸브 구조를 단순화한 것이 특징적이었다. 로이 P. 피니와 헨리 W. 린치는 그들의 또다른 특허품을 출원하며 다음과 같이 말하고 있다.

「현재 사용되고 있는 팽창식 보형물들은 주변에 형성된 반흔 조직 막낭이 보형물 팽창 부위의 접히는 부분을 메워 그 기능을 방해하는 일이 없도록 주기적으로 팽창시켜 주어야만 한다」

2년 뒤인 1982년 피니와 린치는 혁신적인 자체 완비형 팽창식 보형물로 또 다른 특허 하나를 받았다. 이 보형물은 액체 저장 주머니가 분리되어 있지 않고 음경 지지대 안에 내장되어 있었다. 한 개체로 이루어져 있었기 때문에 삽입 과정을 크게 단순화시킬 수 있었다. 즉 따로 떨어져 있

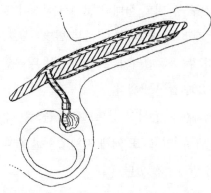

로이 피니의 특허품
특허번호 4,201,202 (1980년)

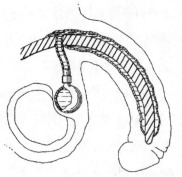

팽창식 음경 보형물 기구

이름과는 다르게 단순한 풍선 형태가 아니라
펌프와 저장 주머니, 밸브 등이 복잡하게 연결되어 있
는 장치였다. 또 인체 조직과 체내의 액체와 잘
조화될 수 있는 최첨단의 소재를 사용하여 만들어졌다.
여기 그려져 있는 기구는 저장 주머니가
따로 마련되어 있는 것이다.

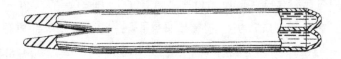

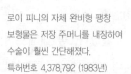

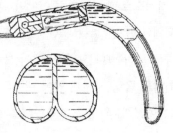

로이 피니의 자체 완비형 팽창
보형물은 저장 주머니를 내장하여
수술이 훨씬 간단해졌다.
특허번호 4,378,792 (1983년)

182

는 액체 저장 주머니를 음낭이나 복부에 이식하고, 또 이
것을 음경 지지대와 연결하는 수술 과정이 생략된 것이
다. 피니는 1983년 이를 다시금 개량하여 또 다른 특허를
얻게 되었다.

1985년 제랄드 W. 팀과 도날드 L. 샌드포드 그리고 티
모시 J. 클로드는 경첩 달린 반 경직 보형물의 특성과 팽
창식 보형물의 특성을 결합한 새로운 보형물을 발명하였
다. 이 보형물은 스프링이 장착된 케이블이 특수 제조된
플라스틱 이음새를 지나 보형물의 한가운데를 가로지르
게 되어 있었는데, 플라스틱 이음새들은 스스로 뻣뻣해지
는 경첩의 역할을 수행했다. 적절한 방향으로 음경을 향
하게 하여 케이블의 장력에 변화를 주면 이음새는 그에
따라 뻣뻣하게도 혹은 오므라들게도 만들 수 있었다.

음경 보형물에 대한 평가

1988년 미 의학협회(AMA, American
Medical Association)는 다양한 종류
의 보형물에 대한 평가를 내리고자
21인의 비뇨기과 전문의로 구성된

제랄드 팀과
도날드 샌드포드 그리고
티무시 클로드의
"이음새로 연결된" 보형물
특허번호 4,517,967 (1985년)

전문 위원회를 구성하였다. 같은 해 발행된 간행물에서 미 의학협회는 다음과 같이 말하였다.

「세 종류의 반 경직성 보형물 및 한 종류의 팽창식 음경 보형물은 의학적 불치의 발기부전을 다루는 데 안전하고 효율적인 것으로 여겨진다. 이들 보형물은 각기 일장일단을 갖고 있다. 반 경직성 보형물은 팽창식보다 시술이 용이한 장점이 있으나 팽창식에 비해 미적으로 열등하며 성적 만족도도 떨어진다. 여러 부분으로 이루어진 팽창식 보형물은 고장을 일으키는 경우가 있었다. 그러나 개선된 디자인과 재료로 인해 이런 문제가 줄어들었다」

미 의학협회는 당시 이음새를 이용하는 보형물뿐만 아니라 자체 완비형 보형물도 있지만 평가를 내리기에는 아직 충분한 자료가 축적되어 있지 않음을 밝히고 있다.

음경 페이스메이커

완전히 다른 접근 방법을 이용한 것이 1984년 캘리포니아 주의 톰 F. 루, 에밀 A. 타나고, 리차드 A. 쉬미트에 의해 선을 보였다. 심장 페이스메이커(전기 자극으로 심장 박동을 계속하게 하는 장치;역주)와 유사한 역할을 하는 음경 페이스메이커가 바로 그들의 발명품이었다. 수술로 전립선 주변 신경 근처에 전극을 이식해 놓은 것으로, 이들 신경에 의해 발

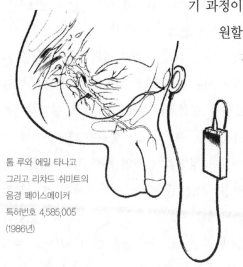

톰 루와 에밀 타나고
그리고 리차드 쉬미트의
음경 페이스메이커
특허번호 4,585,005
(1986년)

기 과정이 시작되는 것이다. 성행위를 원할 때 자그마한 크기의 원격 조정 장치를 이용해 이식되어 있는 전극으로 신호를 보내면 전기 자극이 신경 다발에 가해져 결국 리모콘으로 자연적인 발기를 유발하게 되는 것이다.

화학적 방법

기계적 장치에 의해 발기를 유지시키는 재래적 방법과 가장 확연하게 구별되는 것이 화학 약품을 이용하는 방법이다. 발기가 일어나기 위해서는 분당 얼마만큼의 혈액이 음경으로 유입되어야 하는가를 결정하는 실험이 1960년대 말에 행해졌다. 1970년대 초반, 이들 연구 성과에 의해 평균적으로 분당 90ml의 혈액이 흘러 들어가야 함을 알게 되었다. 건강한 남성의 경우 성적 흥분 상태가 되면 자연스럽게 동맥이 확장되어 그만큼의 혈액이 음경 속으로 들어오게 된다. 그러나 발기부전 환자 가운데는 동맥의 손상이나 기능 저하로 인해 발기에 요구되는 최소 혈액의 양을 공급하지 못하는 사람도 있는 것이다. 1973년 3년간의 실험 과제에서는 특별히 선발된 발기부전 환자에게 수술로 혈류의 양을 증가시키려는 시도가 행해졌다. 전체적으로 이 수술은 관상 동맥이 막혔을 경우 요즘 흔

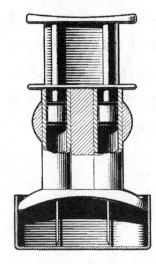

히 행하는 동맥 우회 수술과 유사했다. 이런 수술을 행할 때에는 통상적으로 혈관제제를 사용한다. 혈관제제는 혈관을 확장하거나 수축하여 정맥과 동맥의 원활한 근육 운동에 직접적으로 관여하는 의약품이다. 발기부전 환자에게 수술 실험을 행하던 도중 혈관 확장제가 실수로 환자 음경 발기조직으로 주입되는 일이 생겼는데, 몇 분 후에 놀랍게도 완전한 발기가 두 시간 동안이나 유지된 사례가 있다. 이렇게 하여 우연히 발기부전의 화학적 치료 방법이라는 것을 생각해 내게 된 것이다.

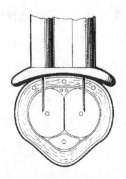

알베로 라토레의 주사기
특허번호 4,127,118 (1978년)

1977년 3월 텍사스 주 엘파소의 알베로 라토레는 혈관 확장제를 이용하여 발기를 일으키는 방법으로 특허를 출원하였다. 그의 특허 출원에는 음경에 약물을 주사하기 위해 특별히 고안된 이중 피하 주사기의 도안도 포함되어 있었다. 라토레는 출원서에 다음과

같이 적고 있다. 「두 개의 음경해면체(陰莖海綿體, corpora cavernosa) 모두에 바늘이 닿을 수 있는 음경의 등 쪽 어느 곳에나 주사하면 된다. 두 개의 주사 바늘은 피하의 배부정맥으로부터 같은 거리에 위치하도록 한다. 물론 배부정맥은 눈으로 식별해 내기 쉽다. 제대로 주사가 이루어 지기 위해 주사 바늘을 끝까지 찔러 넣는 것이 좋다. 또한 주사기 사용이 편리하도록 그 안에 미리 약품이 채워진 형태로 만들 수도 있다. 단순히 주사 바늘을 꽂기만 하면 되는 것이다」

1980년 중반 이후로 여러 종류의 약품이 음경 주입용으로 처방되었고 또 실험적으로 사용되었다. 1990년 미 의학 협회는 이러한 치료법을 평 가하는 전문 위원단을 구성하였다. 26인의 비뇨기과 전문의 및 내분비과 전문의로 이루어진 위원단은 다음과 같은 결론을 내리게 되었다.

「염화수소 파파베린을 단독으로 사용하거나 펜톨라민메실레이트와 병 행하여 사용하는 경우 기질성 발기부전에 효과적이고 안전한 치료 결과 를 얻게 된다. 이러한 약품을 음경에 주입하게 되면 대부분의 기질성 발 기부전 환자의 경우 부분적인 발기나 완전한 발기 효과를 얻는다. 그리 고 지금까지 2천 명이 넘는 환자에게 사용되었다」

하지만 위원단은 부작용에 대한 우려의 말도 잊지 않았다. 때때로 이들 의약품에는 8시간 또는 그 이상 발기가 가라앉지 않는 부작용이 있다. 의 학적 용어로 지속 발기증(priapism)이라 불리는 이러한 상태에서는 음 경 내부 조직에 심각한 손상이 가해질 수도 있다. 여러 실험에서 8%까지 이런 부작용이 보고된 바 있었던 것이다. 또 1년 이상 이 방법을 사용하게 되면 일부 환자에게는 혈액이 채워져 발기를 일어나게 하는 해면체에 섬유증 또는 반흔(瘢痕)이 생기기도 했다.

정기적으로 음경에 1~2cm의 깊이로 바늘을 찌르는 것을 아무렇지도 않게 여길 수 있는 일부 사람들에게만 사용될 수 있음도 위원단은 지적했다. 미 국립 보건원의 1993년 보고서에 따르면 상당히 높은 비율의 환자가 초기에 이 방법을 포기했다고 한다.

이런 불편한 점을 해소하고자 위스콘신 주 라신의 로버트 F. 보엑이 특허 출원한 것이 다른 방식으로 혈관제제를 주사할 수 있는 발명품이었다. 라토레의 이중 바늘 주사기는 불편하거나 고통스러울 뿐만 아니라 공포감까지 갖게 한다고 말한 보엑이 출원한 것은, 안쪽 면에 혈관제제가 담긴 작은 셀들이 있어 피부를 통해 혈관제제가 흡수되도록 고안한 콘돔이었다. 피부를 통해 약을 흡수하도록 하여 빠른 효과를 보게 하는 피부 투과성(transdermal) 패치와 크게 다르지 않았다. 보엑은 다음과 같이 적고 있다.

「음경에 콘돔을 착용하면 음경과 콘돔 사이의 마찰에 의해 피부 투과성 니트로글리세린 코팅이 벗겨지게 된다. 이런 방법으로 점진적으로 발기가 일어나게 하여 콘돔에 성기를 좀더 완전히 삽입할 수 있게 하며, 또 발기를 지속시켜 성행위가 가능해지도록 한다」

미국의 보건 및 의료 관계자들은 예전에는 소홀히 대했던 발기부전 문제에 대하여 현재는 많은 노력을 기울이고 있다. 따라서 위에서 언급한 첨단 치료기의 개발이 계속되어야 할 것으로 생각된다. 최근의 조사가

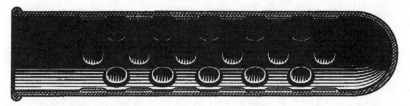

로버트 F. 보엑이 만든 콘돔 안쪽에는 피부 투과성 약품이 담긴 패치가 있었다. 이곳에서 혈관 확장제제가
녹아 나와 음경 피부로 투과해 들어가고 그에 따라 음경이 발기하도록 만들어졌다.
특허번호 4,829,991 (1989년)

밝혀 준 것은 발기부전이 애초에 생각했던 것보다 훨씬 많다는 것이다.
따라서 제약회사 및 의료기 회사들은 이 분야에 더욱 노력을 기울일 것이
라 여겨진다.

발기부전 연구에 있어서 미 연방 정부가 최대의 연구비를 지원한 연구
가 1993년 완료되었다. 이 연구에서 밝혀진 바에 따르면 40세 이상 남성
의 절반 가량이 때에 따라, 혹은 항시 발기부전을 겪는다고 한다. 그 이
전에 행해진 연구 결과에 따르면 전체 남성의 24% 가량이 이따금 또는
항상 발기부전 증세에 시달린다고 했다.

이 연구는 이미 일반적으로 잘 알려져 있는 사실을 구체적인 수치로 정
확하게 확인해 보려 한 것이었다. 그 사실이란, 발기부전의 빈도는 나이
에 따라 증가하며 나이든 사람이 젊은이에 비해 그 심각성이 훨씬 더하다
는 것이다. 이 연구에 의하면 하루에 40세에서 70세까지의 미국 남성 중
1천 900만에 달하는 사람들이 발기불능이나 부전을 겪고 있다고 한다.

3

유방의 발명

The Invention of the Breast

10 브레지어를 발명한 사람은 누구인가

전구나 전화기 또는 컴퓨터 칩 등이 그러하듯 브래지어도 널리 쓰이고 있기 때문에 오히려 그 발명이 얼마나 획기적인 일이었던가를 더 이상 기억하지 못 한다.

편안함과 활동성, 또 단정한 옷차림 등을 위해 이리저리 요란하게 출렁이는 가슴을 얌전하게 위치시키려 했던 바람은 초기 식민시대부터 미국 여성들의 끊임없는 관심사였다. 가장 흔한 방법은 가슴을 감싸는 방법으로, 긴 천을 이용해 유방을 몸에 단단히 붙여 놓음으로써 흔들림을 억제하는 것이었다. 메이플라워 호를 타고 온 최초의 이주민 사회에서부터 서부 평원의 개척자 사회에 이르기까지 당시의 여성들은 여러 겹으로 껴입은 무거운 의복으로 가슴을 눌러 자연스럽게 그 흔들림을 억제할 수 있었다. 한편 유행에 민감한 부유한 여성들은 본래 유럽 왕실에서 만들어져 널리 쓰였던 상제 코르셋을 선호하였다.

20세기 초 브래지어의 수용과 상업적 대중화는 300년간 졸라매는 것을 기본으로 삼은 전통적 여성 의복의 개념에 종지부를 찍었다. 가슴을 동여매어 드러나지 않게 하던 것이, 이제는 가슴을 과시하는 경향으로 극적인 변화가 일어난 것이다. 1900년대 중반이 되자 혁신적인 브래지어 형태로 말미암아 가슴은 대부분 여성의 의복에서 가장 중요한 고려 대상이 되었을 뿐만 아니라 또한 여성의 정체성을 나타내 주는 것이 되었다. 브래지어가 대중화되었던 1920년대의 많은 여성들은 브래지어를 빅토리아 시대의 정신적 억압에 대항하여 얻어낸 새로운 신체적, 사회적 자유의 상징으로 여겼다. 하지만 1960년대가 되자 브래지어는 오히려 현대 미국 여성들의 자아관과 기회를 제한하고 왜곡시키고 있는 것으로 매도되었다.

이 시대에 있어 어떤 의복도 브래지어처럼 성적, 심리적, 정치적 의미를 포함하고 있는 것은 없다. 브래지어가 필수적 여성 속옷이 된 지도 70년의 세월이 흘렀지만 여전히 우리는 브래지어의 발명자가 누구인지 알지 못하고 있다. 요즘에 나온 대부분의 백과사전과 자료집들은 한 목소리로 매리 펠프스 제이콥스를 발명가로 지목하고 있다. 〈뉴욕 공공 도서관 연표〉에는 다음과 같이 쓰여 있다.

「브래지어는 뉴욕 사교계의 저명 인사인 매리 펠프스 제이콥스가 손수건과 리본 그리고 끈을 재료로 하여 고안해 내었다. 그녀는 1914년 이것으로 특허를 얻었다」

다른 이들은 1902년에 프랑스 패션 디자이너인 샤를르 R. 드브보아가, 혹은 1920년대 초에 프랑스인 필립 드 브라지에르가 브래지어를 발명했

194

다고 주장했다.

이 논란에 대해 1989년 〈라이프〉는 커버스토리에서 1889년 프랑스의 코르셋 제조업자인 에르미니 카돌르가 발명자라는 사실을 확인했다고 발표했다. 그리고 라이프는 1989년 6월을 브래지어 발명 100주년으로 선포하고 9페이지에 이르는 사진으로 이를 기념하였다.

서로 상반되는 이러한 주장들의 공통점이 있으니, 그것은 영감을 받은 한 사람에 의해 브래지어가 세상에 갑자기 출현하였다는 것이다. 하지만 미국 특허청의 문서 보관소를 뒤져 보면 이야기가 달라진다. 남북전쟁 이전에 복식이 전진적인 변화가 있었고, 이로 인해 브래지어에 필요한 여러 구성 요소들이 만들어지게 되었으며, 마침내 그것들이 결합하여 현재의 브래지어가 되었던 것이다.

코르셋만이 있던 세상

코르셋이 필수적인 속옷이었던 시절에는 그 외형과 구조가 유행이나 새로운 재료, 재봉 기술에 따라 변화가 빈번하였다. 예를 들면 1840년대에 나온 「주간용」의 짧은 코르셋은 새롭게 가슴 부분에 신경을 써 놓은 것이 특징이었다. 열을 이루고 있는 코르셋 천이 복부 상단에서 멈추고, 그 위로는 가슴을 위해 특별히 마련된 부분이 사리하고 있었다. 이 곳은 컵 모양의 포켓이 있었는데, 가벼운 어깨 끈에 의해 지탱되었다. 이 코르셋의 가슴 아래 부분을 떼어내 버린다면 지금의 브래지어와 유사할 것이다.

브래지어의 필수적 구성 요소는 150년 전의 재봉사나 코르셋 제조업자 또는 옷감 상인들 사이에서는 이미 익숙한 것이었다. 따라서 코르셋의 아래 부분을 떼어 내어 가슴을 받쳐 주는 목적만을 가진 독립된 의복으로 만들어 내는 일은 분명 시간 문제였다.

코르셋 제조업자들은 당시 기계류에 관심을 지니고 있었다. 더욱 견고한 고리나 걸쇠, 더 가볍고 강한 조임 장치 같은 새로운 개량 품목들이 종종 코르셋 판매에 중요한 역할을 했기 때문이었다. 경화 고무가 발명되기 전인 1830년대 고무 붐이 일어났

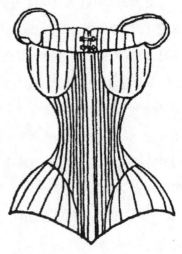

1840년대의 코르셋 제조업자들이 만든 '주간용 코르셋'의 상단은 별개의 컵이 달린 것으로 현재의 브래지어 형태와 유사했다.

을 때, 코르셋 제조업자들은 고무 제품의 가장 왕성한 구매자가 되었다. 따라서 「가슴 개선복」이란 이름의 의복을 포함하여 새로운 형태를 지닌 의복의 출현이 예고되었다. 당시 여성들은 보통 둥근 과일이나 헝겊 뭉치 또는 패드 등을 코르셋의 가슴 부위에 채워 넣었다. 하지만 이런 것들이 얼마나 불편하고 적절하지 못 한 것이었는지 모두들 잘 알고 있었다. 과일은 그 무게 때문에, 그리고 말린 풀이나 동물의 털로 만든 패드는 표

면이 울퉁불퉁 고르지 않아 문제를 일으키고는 했다. 그런데 1830년대 구멍 조끼에 쓰이던 고무 피륙이 코르셋에 매우 유용하게 쓰일 수 있다는 사실을 곧 깨닫게 되었다. 당시의 기록을 인용해 보자.

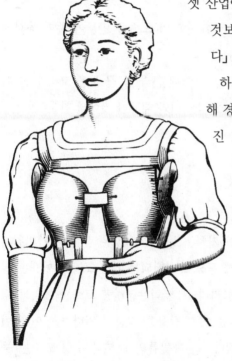

「인도 고무를 이렇게 이용하는 것은 코르셋 산업에 있어서 지금까지의 그 어떤 것보다도 훨씬 뛰어난 활용법이다」

하지만 굿이어의 처리 과정을 통해 경화 고무 피륙의 생산이 가능해진 1850년대가 되어서야 코르셋 제조업자들은 코르셋 제조에 고무를 사용할 수 있었다.

그러한 예로 살펴볼 수 있는 것이 뉴욕 주 브루클린의 헨리 S. 레셔가 고안한 가슴 착용 의복이다. 이중으로 덧댄 얇은 고무 피륙으로 컵 모양의 포켓이 만들어져 있었고 이곳으로 유방이 들어길 수 있도록 하였다. 두 개

남북전쟁이 일어나기 얼마 전 뉴욕주 브루클린의 헨리 S. 레셔는 "가슴 지지용" 의복으로 특허를 얻었다. 기본적 구조와 독립된 컵, 그리고 어깨 끈 및 등 끈 등을 살펴볼 때 이는 현재의 브래지어와 구조상 대등한 것이라 할 수 있다.
특허번호 24,033 (1859년)

의 컵은 좁고 기다란 천으로 연결되어 있었고, 탄력성 있는 어깨 끈과 등 끈으로 여성의 상체에 고정되었다. 유방을 담는 컵은 크게 보이도록 공기로 약간 부풀려져 있었고, 날개처럼 생긴 고무 부착물이 달려 있어서 겨드랑이에서 나는 땀으로부터 의복을 보호해 줄 수 있도록 하였다. 레셔는 다음과 같이 말하고 있다.

「이 의복은 대칭적으로 균형 잡힌 둥그런 모습을 만들어 주며 동시에 가슴을 받쳐 주는 역할을 한다」

단순화된 구조, 독립된 가슴 컵, 또 어깨 끈과 등 끈 등을 고려해 볼 때 레셔의 1859년 발명품은 현대의 브래지어와 대등한 것이라 할 수 있다.

남북전쟁 이후

남북전쟁 기간 및 1870년대를 거치는 동안 코르셋은 점점 더 가벼워지고 크기도 작아져 갔다. 또 어깨 끈으로 지탱되는 가슴 포켓이 이제는 일반적인 것이 되었다. 1874년 클라라 P. 클락은 「개량 코르셋」이라고 명명한 개발품으로 특허를 얻었다. 이 개발품은 지금의 기다란 끈이 달린 브래지어와 구조적으로 동일했다. 즉 개발품의 근본적 구성 요소는 등 뒤에 서로 교차되는 끈과 또 천으로만 이루어진 가슴 포켓이었던 것이다. 클락은 다음과 같이 적고 있다.

「지금까지는 형태를 잡아 주기 위해 빼대나 와이어 등을 사용했으나 그

런 것들을 사용하지 않고 가슴 형태를 만
들어 놓은 것이 개선된 이 제품의 특징
이다. 따라서 편안하게 가슴을 받쳐 줄
수 있다」

  2년 뒤인 1876년 보스턴의 올
리비아 P. 플린트는 「가슴 지지
복」이라고 이름 붙인 새로운 의
복으로 특허를 받았다. 플린트
는 의류 생산업자로 여성 의복
규정을 바꾸고자 하는 정치적
개혁 운동에 참여하던 사람이었
다. 그녀는 코르셋이 불편한 의
복일 뿐만 아니라 신체에 해를
주는 것이라고 여겼으며, 따라
서 코르셋을 대체하는 발명품을

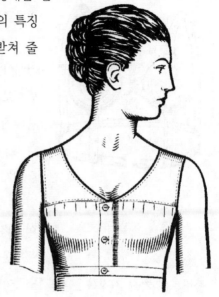

올리비아 플린트는 이 가슴 덮개용 의복에
레이스로 장식한 가느다란 어깨 끈을 달아
놓을 수도 있다고 말했다.

내놓았던 것이다. 그녀가 디자인한 것은 상체의 윗부분에 착용하여 유방
을 덮어 주도록 한 의복이었다. 각각의 유방을 직물로 만든 포켓 속에 넣
도록 하였으며 포켓은 다시 어깨 끈에 의해 지탱되었다.

 그녀가 그려 놓은 도안에는 어깨 끈이 넓게 그려져 있지만, 좀더 얇은 것
이나 레이스 등이 장시을 달아 놓은 것으로 만들 수도 있다고 쓰고 있다.
그녀는 자신의 발명품에 대해 다음과 같이 설명하였다.

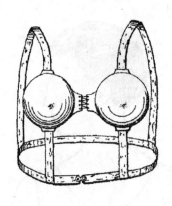

찰스 L. 모어하우스의 특허품
특허번호 326,915 (1885년)

「본인의 발명품은 부인과 미혼 여성을 위한 의복으로, 가슴을 받쳐 주고 또 보기 좋게 하기 위한 목적으로 만들어진 것이다. 이를 착용하면 가슴이 불편하게 밑으로 처지는 것을 막아 주며 아름다운 몸매에 필수적인 가슴 선을 만들어 준다. 이 의복은 특히 큰 가슴을 지닌 여성들에게 적합한 것으로, 코르셋 대신 착용할 수 있으며 이로써 끈으로 몸을 졸라매어 건강상의 문제를 야기하지 않고도 아름다움을 연출할 수 있다」

플린트의 가슴 지지복은 패드를 집어넣도록 이중 천으로 만든 것도 있었다. 가슴을 크게 만들어 놓는 것이 의복 시장에서 점점 그 중요도가 더해갔다. 당시 의복은 목에서부터 발목까지 조심스럽게 모든 곳을 감싸는 형태였음에도 불구하고 종종 가슴 부분을 강조하기도 했다. 이러한 경향은 뉴욕 주 브루클린의 찰스 L. 모어하우스의 특허품과 같은 가슴 관련 제품의 출현을 유도했다. 그의 가슴 확대용 의복에는 공기로 채운 고무컵이 달려 있어서 가슴을 크게 보이도록 만들어졌다. 가슴 컵은 신축성 있는 어깨 끈과 등 끈에 의해 가슴에 고정되었다. 모어하우스의 제품은 각각의 컵으로 유방을 분리해 감싸고 있는 형태를 취하고 있어서 지금 우리가 브래지어로 부르는 것과 동일한 형태를 갖고 있었다.

에르미니 카돌르의 수띠엥 고르즈

4년 뒤인 1889년 「가슴 바디스」(바디스는 끈으로 가슴과 어깨를 조여 매는 여자용 웃옷을 의미;역주)가 프랑스에서 유행하게 되었다. 이 의복은 지금의 투피스 수영복의 가슴 가리개와 비슷한 모습이었다. 이것은 코르셋의 윗부분을 대체할 목적으로 파리의 코르셋 생산업자인 에르미니 카돌르가 디자인한 것이었다. 이 의복은 수띠엥 고르즈란 이름으로 불렸다. 이것은 지금도 브래지어란 의미로 쓰이는 프랑스 말이다. 당시 코르셋 중에는 그 크기가 크게 축소되어 코르셋이라기보다는 지금의 거들에 가까운 모습을 지닌 것들이 있었다. 그것들은 복부 상단까지만 올라오는 것이었다. 거기에 수띠엥 고르즈로 가슴을 덮었던 것이다. 그러나 곧 속이 비치는 가운이나 캐주얼한 옷을 선호했던 「유쾌한 90년대」 여성들은 코르셋은 벗어 버리고 수띠엥 고르즈만 착용하게 되었다.

현대식 브래지어

1893년 뉴욕 시의 마리 투첵은 가벼운 겉옷 속에 착용할 수 있도록 특별히 디자인된 가슴 지지용 의복으로 특허를 받았다. 그녀의 설명은 다음과 같다.

「본인의 발명품은 가슴을 받쳐 주는 의복으로 매우 단순하면서도 내구성이 강하다. 코르셋 대신으로 착용할 수 있으며 편안한 복장에도 착용이 가능하도록 고안되었다」

투첵의 발명품에는 유방을 넣을 수 있는 두 개의 분리된 포켓과 어깨끈, 등 끈이 있었고 끈을 붙잡아 줄 수 있는 고리와 조그만 구멍들이 마련되어 있었다. 구조와 기능, 재질 및 전반적 형태 등을 보았을 때 현대의 브래지어라고 할 수 있다. 100년 이상이 지난 지금 투첵의 완전한 현대식 브래지어를 백화점 진열대에 올려놓는다고 해도 오래된 구식 물건이라는 느낌이 전혀 나지 않을 것이다.

패션의 중심지인 뉴욕 외에서도 유용성을 추구하던 많은 발명가들이 비슷한 구조의 가슴 지지 의복 및 기구 개발에 힘을 쏟고 있었다. 1898년 사우스다코타 주 ― 이곳은 미국에서 가장 추운 지역 가운데 하나이다 ― 데드우드의 에비네저 머레이가 「가슴 보호구」란 이름을 붙인 발명품으로 특허를 출원하였다. 두 개의 컵에 끈이 달린 구조로 되어 있는 이 발명품은 착용자의 가슴을 받쳐 주고 크게 보이도록 하며 또 가슴을 따뜻하게 해 주려는 목적으로 만들어진 것이었다. 더욱이 컵 양쪽에는 젖혀서 열수 있는 조그만 입구가 유두 근처에 달려 있어서 수유를 하는 데 편리하도록 하였다. 머레이의 설명은 다음과 같다.

「본인의 목적은 착용하기 간편하고 편안하며 또 가슴의 처짐도 막아 주는 의복을 만들고자 함에 있다」

19세기가 저물 무렵 여성들의 패션은 여러 겹으로 온 몸을 감싸는 빅토리아 시대의 의복 형태에서 팔과 다리를 드러내고 몸매의 굴곡을 강조하

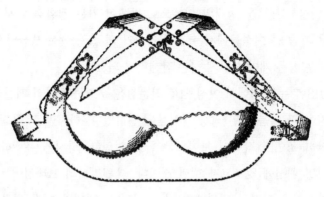

마리 투첵의 특허품인
"가슴 지지복"은 현재의 속옷 '상점에
진열해 놓아도 전혀
이상해 보이지 않을 것이다.
특허번호 494,397 (1893년)

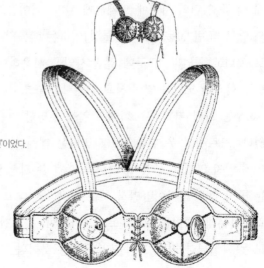

에비네저 머레이의 특허품은
"가슴의 처짐을 막아 주기 위한 것"이었다.
특허번호 623,413 (1899년)

는 완전히 새로운 형태의 의복으로 바뀌어 가는 전환점의 시기였다. 이 것은 가슴 큰 여성들에게는 문제 거리가 되었고, 속옷 생산업자들에게는 새로운 상품 개발을 낳게 하는 잠재력이 되었다.

1913년 뉴욕 시에서 여성 의복 전문점을 운영하던 마리 페릴라트는 「브래지어」라 이름 붙인 의장 특허를 출원하였다. 하지만 그 목적은 가슴을 단단히 조여 납작하게 보이도록 한 것이었다. 당시에 유행하던 날씬한 미니멀 패션에 맞추고자 했던 것이다. 페릴라트의 브래지어는 코르셋과 마찬가지로 단단한 버팀대가 박혀 있었다. 하지만 가슴 앞쪽 부분에만 버팀대가 있었고 어깨 끈에 의해 지탱되었다.

1913년 11월 매리 펠프스 제이콥스는 - 여전히 미국의 참고 서적에서는 그녀를 「브래지어의 발명자」로 기록하고 있다 - 후일 그녀를 유명하게 해 줄 일련의 사건에 관계하게 된다. 제이콥스는 뉴욕의 부유한 가문의 딸로 45번가 동쪽에 「홈 클럽」이라는 이름의 부유한 아파트를 별장으로 지니고 있었다. 그곳에 갈색 사암을 사용하여 무도장과 식당을 지어 놓고 화려한 모임을 열어 사교계 인사들을 초대하고는 하였던 것이다.

하루는 그날 저녁 무도회에서 입을 투명한 가운을 준비하고 있던 중이었다. 코르셋이 옷 위쪽으로 드러나는 데에 짜증이 난 그녀는 코르셋을 아예 입지 않기로 하였다. 그녀가 후일 쓴 자서전에 따르면 그녀의 하녀는 좋지 않은 생각이라면서 이를 말리려 했다고 한다. 하녀는 프랑스 사람이었는데, 제이콥스에 따르면 「아가씨, 수띠엥 고르즈 없이는 아무 데도 못 가십니다」라며 고집을 부렸다는 것이다. 그래서 제이콥스와 하녀

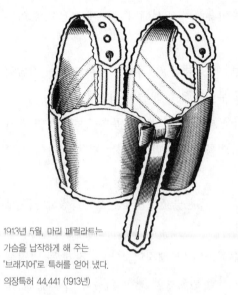

특허청 기록을 살펴보면 1910년대와
1920년대에는 "브래지어"란 단어는 별개의
컵이 달려 있어 유방을 각각 분리하여 담는
것이 아니라 단순히 가슴을 압박하는
의복을 의미했다. 당시 "브래지어"는
가슴을 강하게 조여 주는 것이었다.
그런데 1920년대 말이 되자 "브래지어"의
의미가 바뀌게 되어 "가슴 지지복"과 동일한
의미로 사용되게 되었다. "가슴 지지복"은
현재의 브래지어가 갖추고 있는
기본 요소들을 구비한 의복이었다.

1913년 5월, 마리 페릭라트누
가슴을 납작하게 해 주는
"브래지어"로 특허를 얻어 냈다.
의장특허 44,441 (1913년)

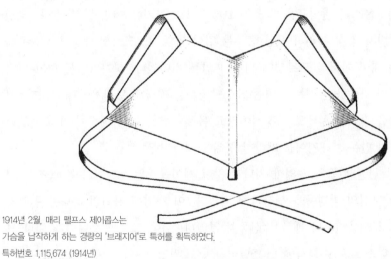

1914년 2월, 매리 펠프스 제이콥스는
가슴을 납작하게 하는 경량의 "브래지어"로 특허를 획득하였다.
특허번호 1,115,674 (1914년)

는 손수건과 리본 그리고 핀을 이용하여 즉석에서 수띠엥 고르즈를 만들었다고 한다.

「이렇게 만든 것을 가슴에 단단히 착용한 후 거울을 바라보았다. 가슴이 납작해졌고 사람들 앞에 나서도 무리가 없는 모습이 되었다」

그리고 얼마 후 법률가의 조언을 받아 제이콥스는 특허를 출원하였고 자신의 발명품에 「브래지어」라는 이름을 붙였다. 그녀는 다음과 같이 적고 있다.

「이 발명품의 목적은 코르셋의 윗부분을 덮어 착용자가 볼썽사나운 모습이 되지 않도록 하는 데 있다」

1914년 11월 3일 그녀는 후일 최초의 「브래지어」로 알려지게 된 발명품으로 특허를 획득하였다. 그 이전의 발명품에 관한 기록과 비교해 볼 때 제이콥스의 발명품을 최초의 브래지어로 보기는 어려울 것 같다. 우선 유방을 각각 분리하여 담아 주는 컵이 없다. 또 코르셋 대용으로 착용하는 것이 아니라 코르셋에 더하여 입는 것이었다. 장화가 샌들하고 다르듯이 가슴을 감싸는 제이콥스의 발명품은 지금의 브래지어와 다르다. 가슴을 감싸는 형태도 독창적이라고 볼 수 없다. 단지 예전에 마리 페릴라트가 만든 브래지어를 개량한 형태에 지나지 않는다.

특허를 획득하고 얼마 지나지 않아 제이콥스는 조그만 봉제 공장을 열어 자신의 발명품을 생산하게 되었다. 이 사업에 자신의 하녀를 동업자로 끌어들였으나 매출은 신통치 않았다. 결국 그녀는 특허권을 워너 브라더스 코르셋 회사에 1500달러를 받고 팔았다. 워너 브라더스 코르셋 회사는 당시 전통적 의복을 만들어 파는 회사였는데, 후에 브래지어 제조 부문에서 가장 영향력 있는 회사가 된다.

1차 세계대전이 끝나자 제이콥스는 파리로 옮겨 갔다. 그곳에서 금융가이자 시인인 해리 크로스비와 결혼하고, 이름을 카레시 크로스비로 바꾸었다. 그리고 두 개의 출판사 중 첫 번째 출판사를 설립하였고 그 후 출판계와 대중 매체에서 높은 위치를 차지하게 되었다. 그녀의 출판사를 통해 어네스트 헤밍웨이나 윌리엄 포크너 같은 뛰어난 작가들의 초기 작품들이 출간되었다. 또한 막스 에른스트나 살바도르 달리와 같은 예술가와이 가까운 관계로 인해 더욱 유명해졌다. 크로스비는 자신이 메이플라워를 타고 온 미국 개척자의 후손임을 강조하였다. 1953년 출간된 자서전에서 그녀는 다음과 같이 쓰고 있다.

「나는 증기선의 발명자인 로버트 풀튼의 후손이다. 발명에 대한 열정은 그 분에게 물려받은 것 같다. 물론 내가 발명한 브래지어가 증기선만큼 중요한 것으로 역사에 기록될 것이라고는 생각하지 않는다. 하지만 어쨌든 내가 브래지어를 발명했다는 사실은 변함이 없다」

뉴욕의 출판 산업과 미디어 산업에 종사하는 영향력 있는 사람들과 교우하며 그녀는 이런 이야기를 되풀이했고, 따라서 그 내용이 역사적 사실인 양 여겨지게 된 것이다.

등판이 없는 브래지어?

1992년 〈여성의 솜씨 – 미국 여성과 발명〉이란 책을 집필한 앤 L. 맥도널드 같은 저술가들은 발명의 역사에서 제이콥스의 역할을 브래지어의 발명자에서 「등판이 없는 브래지어」의 발명자로 바꾸어 놓기 시작하였다. 하지만 이것 역시 의문이다. 우선 특허출원서에 그려진 것은 그 구조나 기능에 있어서 현재의 브래지어로 보기가 어렵다. 미시간 주 랜싱의 도라 해리스의 발명품도 등 끈이 없는 브래지어 형태를 취하고 있었는데, 이것은 제이콥스의 특허품보다 17년이나 앞서는 것이었다.

브래지어를 발명했다고 주장한 사람은 제이콥스만이 아니었다. 뉴욕 시의 메이든폼 컴퍼니란 회사를 설립한 아이다 로젠탈은 최초로 컵을 사용하여 각각의 유방을 받치게 했다고 주장하였다. 그러나 실은 1893년의 마리 투첵의 발명품에 이미 그러한 기능의 컵이 달려 있었으며, 캘리포니아 주 로스앤젤레스의 에디스 힐만 로우만이 1919년에 특허를 얻은 발명품에도 역시 컵이 달려 있었다. 로젠탈의 주장보다 수십 년 앞선 것이었다.

제이콥스와 로젠탈은 물론 선구자였다. 하지만 마케팅 분야와 홍보 분야에서의 선구자였다. 좀더 정확히 말하자면 제이콥스는 코르셋 대체용의 등판이 없는 의복을 널리 세상에 알린 최초의 사람이었고, 로젠탈은 독립된 컵이 달린 브래지어를 널리 홍보하고 또 많은 사람이 사용하도록 한 최초의 사람이었다고 할 수 있다. 미 특허청의 서류를 조사해 보면 현대적 브래지어로 볼 수 있는 최초의 특허품은 마리 투첵이 1893년에 출

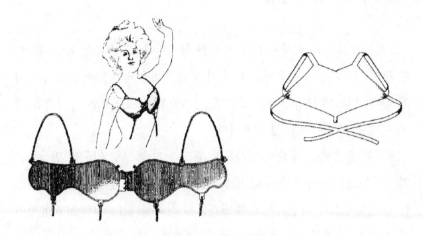

최근 몇몇 저자들은 매리 펠프스 제이콥스를 "등 끈 없는 브래지어"(위, 오른쪽)의 발명가로 부르기 시작했다. 하지만 이것
도 의심스러운 일이다. 제이콥슨의 특허보다 7년 앞선 도라 해리슨의 발명품은 비슷한 형태의 등 끈 없는 것이었다.
특허번호 861,115 (1907년)

원한 발명품이다. 1893년은 제이콥스가 태어나기 수년 전이다. 1859년
까지 거슬러 올라가는 다른 발명품들이 최초의 현대적 브래지어의 원형
으로 주장할 수 있는 근거를 지니고 있다. 그러나 예전의 패션 관련 기록
을 비롯한 다른 자료를 보면 코르셋의 위쪽 부분만을 분리하여 현재의 브
래지어와 비슷한 형태를 지닌 것이 있었으며, 이것은 1844년까지 거슬러
올라산나. 이는 현대적 브래지어의 「원형」으로 여겨진다.

브래지어의 다른 이름들

　브래지어 발명의 역사에 대한 자료를 살피다 보면 1930년대 브래지어란 말이 만들어지기 이전에는 여러 가지 말로 표현되어 있어 혼돈을 느끼게 된다. 「가슴 패드」, 「가슴 보호대」, 「가슴복(breast form)」, 「가슴 지지복」 등등의 이름이 쓰였던 것이다.

　1800년대 말에는 많은 발명가들이 패드나 가슴 보형 기구를 만들었으며, 그 구조는 사실상 현재의 브래지어와 동일했다. 앞에서 언급한 찰스 L. 모어하우스와 마찬가지로 발명가들은 신축성 있는 재질을 사용하여 두 개의 컵을 만들고 가운데를 끈으로 연결한 다음 어깨 끈을 달아 가슴에 착용할 수 있도록 하였다. 조지 M. 맥클리어리의 1897년 특허품인 가슴복이 좋은 예로서, 가슴에 두르도록 한 고무컵 구조로 작은 크기의 유방을 보완하거나 또는 절단된 유방을 대체하도록 한 것이었다. 공기로 팽창이 되도록 한 컵은 각 유방에 들어맞도록 하였고 앞에는 젖꼭지를 닮은 타원형 밸브가 달려 있었다. 두 개의 컵은 가는 끈으로 가운데를 서로 연결해 놓았고, 신축성 있는 어깨 끈과 등 끈이 이것을 지탱해 주도록 하였다. 분명히 이러한 구조는 브래지어와 동일하며 의복 제조업자들이 가슴 지지용 의복을 만드는 데 큰 영감을 불러일으켰다.

　20세기 초에 제이콥스와 여러 발명가들이 사용한 브래지어란 말은 그 의미가 모호한 것이었다. 왜냐하면 그 의미가 시간과 함께 변해 온 것이기 때문이었다. 「브래지어」는 프랑스 말로 1600년대부터 쓰였으며 그 의

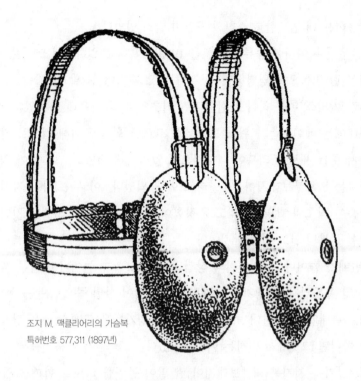

조지 M. 맥클리어리의 가슴복
특허번호 577,311 (1897년)

미는 영어의 바디스(bodice)와 동일한 것이었다. 처음에 그것은 허리 위쪽의 몸통을 감싸는 의복이나 의복의 일부를 가리켰다. 19세기 말과 20세기 초의 미국에서 브래지어는 몸통을 조이는 의복을 의미했다. 특히 허리 위쪽을 납작하게 조이는 의복, 즉 약식 코르셋을 의미했다. 그래서 투첵 같은 발명가들은 예전의 브래지어와 구별되도록 「가슴 지지복」이란 이름을 썼다. 그들의 가슴 지지복은 주로 가슴만을 감싸고 지지하며 모양을 잡아 주는 것이었다. 그리고 두 개의 컵으로 된 이 의복에는 몸에 착용하는 데 필요한 최소한의 끈만이 달려 있었다.

로우만은 이러한 종류의 의복을 1919년 특허 출원하면서 그것을 「브래지어」란 이름으로 명명하였다. 그녀는 「브래지어」란 말과 「가슴 지지복」이란 말의 의미를 하나로 합쳐버린 최초의 사람 가운데 하나였다. 1920년대에는 메이든폼과 워너 브라더스 코르셋 회사에 의해 컵으로 가슴을 받쳐 주는 새로운 의복이 대대적으로 알려지게 되었고, 이때 이 의복을 이르는 말로 「브래지어」가 널리 쓰이게 되었다. 이 두 회사는 자신들의 제품이 최초의 발명품이라고 주장함이 판매 경쟁에 도움이 될 것이라는 사실을 분명 알고 있었을 것이다.

판매가 늘어나고 그 인기와 상업적 이윤도 함께 늘어나자 다른 제조업자 및 유통업자, 발명가들도 재빨리 브래지어 산업 쪽으로 눈을 돌렸다. 1920년대와 1930년대 초의 브래지어 발명가들은 드레스 숍을 경영하거나 아니면 그곳에서 일하는 여성들이었다. 그들의 특허 출원품은 — 이때에는 「가슴 지지복」과 「브래지어」란 말이 동일한 의미로 함께 쓰였다 — 편안함과 실용성에 좀더 중심을 둔 것이었다. 실용성에 중심을 둔 예로는 시카고의 캐더린 E. 커닝햄의 1929년 특허품인 폭 좁은 가슴 지지복이나 블랑쉬 데니즈 페라로의 1931년 특허품, 또는 뉴욕 시의 헬렌 폰스가 1931년 특허를 받은 가슴 지지복 등을 들 수 있다. 여기서 헬렌 폰스의 특허출원서에 담긴 글을 인용해 보자.

「본 발명품은 여러 체형의 사람들이 착용할 수 있도록 한 것이다. 따라서 판매상들은 몇 가지 사이즈만 보유해도 모든 체형의 고객들에게 꼭 맞

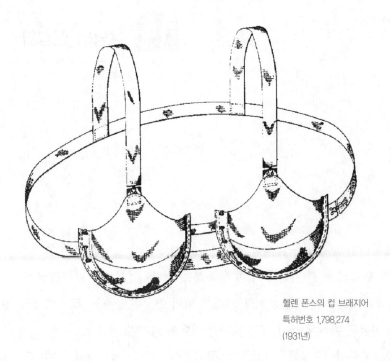

헬렌 폰스의 컵 브래지어
특허번호 1,798,274
(1931년)

는 브래지어를 제공할 수 있다」

　그러나 1930년대가 되자 여성 의복 산업을 포함하여 미국의 산업 전체에 커다란 변화가 일어났다. 1935년경에는 브래지어가 새로운 속어인 「브라」로 알려지게 되었고, 또한 이때 남성 발명가들과 기업의 판매 전략가들이 여성 의복 디자인을 지배하게 되었다. 그리고 마침내 이들은 브래지어의 성격 자체를 바꾸려 했을 뿐만 아니라 여성들 자신이 스스로를 바라보는 눈 지체도 비꾸려 하였다.

11 유방의 산업화

　브래지어가 코르셋을 대체한 일은 1차 세계대전의 종식과 함께 몰려온 거대한 변화의 물결 가운데 극히 일부분에 지나지 않는다. 남북전쟁 중에 시작된 산업화의 과정은 1920년대에 이미 미국의 풍경을 크게 변모시켰다. 미국은 빠르게 커져 가는 하나의 거대한 기계가 되었다.

　폭 3000마일이나 되는 기계로서, 끊임없이 상품을 생산하고 판매하고 구입하고 또한 폐기하는 거대한 기계 그 자체였던 것이다. 그리고 사실 미국은 대량 생산의 산업 구조에 맞추어 자신의 문명을 재조직한 최초의 국가였다. 이러한 새로운 현실에 부응하도록 정부의 성격마저 변화하였다. 공장에서 매일매일 쏟아져 나오는 물건을 수천만의 사람들이 구매하지 않는다면 미국 경제와 또 나라 자체가 붕괴해 버리고 말 터였다.

새로운 광고 산업의 대두

따라서 대중들의 구매 성향을 분석하고 직접적으로 구매욕을 자극하는 것을 목적으로 하는 새로운 분야의 출현도 불가피한 일이었다. 물론 20세기 이전부터 광고와 시장 조사, 그래픽 디자인, 사진, 홍보 등이 발달해 왔지만, 1920년대가 되어서야 이들 모두가 하나로 연합하여 영상과 메시지를 대중에게 투사할 수 있게 된 것이다. 훗날 대중매체라고 불리는 그것이다. 이들 대중매체는 당시 새로운 학문이었던 심리학을 동원해 사람들이 현실 감각과 또 그들의 필요와 욕구를 조작할 수 있도록 메시지를 만들었다.

1923년 필라델피아에서는 백화점 경영자들의 모임이 있었는데, 모임의 목적은 새로 대두한 상품 판매 기법을 배우기 위함이었다. 그 모임에서 강연한 대목을 인용해 본다.

「그들에게 꿈을 파십시오. 그들이 원하는 것, 그들이 희망하는 것, 그들이 갖고 싶어 안달하는 것을 판매하십시오. 모자를 팔 때에는 그 위에 눈부신 햇살로 번쩍이게 해 놓으십시오. 사람들에게 컨트리클럽과 무도회와 상상 속에 일어나는 일을 파십시오. 사람들은 소유하고자 물건을 사는 것이 아닙니다. 그들은 희망을 사는 것입니다. 판매상 여러분이 무언가 멋진 것을 자신들에게 해 줄 것이라는 희망 말입니다. 바로 그 희망을 파십시오. 그렇게 한다면 물건을 팔려고 고심할 필요가 없습니다」

1930년대에는 이러한 꿈과 환상을 만들어 내고 그것을 사람들에게 보여 주는 산업이 미국의 가장 큰 산업 가운데 하나가 되었다. 최초의 모델 에이전시가 생겨나 이상적인 여성의 몸매를 사람들에게 선보이기 시작했다. 패션 사진은 확고한 장르가 되어 색다르고 멋진 여성의 모습을 쏟아 내었고 이는 출판 미디어의 주요한 아이템이 되었다.

그리고 이러한 광고 산업의 중심에 여성의 유방이 있었다. 유방은 거의 모든 광고에 성적인 자극물로 등장하게 되었다. 미국의 잡지와 광고판에는 멜론 모양의 유방을 지닌 멋진 여성들이 밀가루에서 올즈모빌 자동차에 이르기까지 모든 상품을 광고하는 모습으로 넘쳐났다.

새로운 브래지어

동시에 브래지어도 이러한 새로운 추세에 따라 여러 가지 변화를 겪게 되었다. 드러난 어깨와 등을 강조하는 것이 유행이었으므로 끈이나 등판이 없는 새로운 형태의 브래지어가 요구되었다.

애초에 브래지어는 철심으로 보강된 끈 없는 컵을 제자리에 고정시키기 위해 낮은 등 띠와 단단히 졸라맨 복대가 사용되었다. 하지만 이런 방식은 브래지어 디자인을 독점하고 있던 남성 디자이너들에게는 적절치 못한 것으로 여겨졌다.

예컨대 1935년 제이콥 L. 앨버츠는 자신의 특허출원서에서 가슴을 좁은 밴드로 강하게 죄는 끈 없는 형태는 여성의 몸에 선명한 자국을 남기기 때문에 보기에 좋지 못하다고 했다.

그 대신 앨버츠는 몸통을 조이는 전통적 코르셋 형태와 가슴을 들어올려 주는 브래지어의 특성을 결합한 의복을 내놓았다. 탄력성 있는 철심이 의복의 솔기 속에 박혀 있었고, 어깨 끈이나 등 끈이 없이 몸 아랫부분에 지탱되어 가슴을 받쳐 주게 되어 있었다. 이것은 무게를 위로 들어올려 조이는 캔틸레버 식 다리의 원리와 같았다. 이 옷은 그 크기와 정교함으로 인해 단순한 브래지어보다 훨씬 가격이 높았고 이윤 폭도 컸다.

그 이듬해 오토 D. 모리는 이와 유사한 제품으로 특허를 얻었다. 아치 모양의 철심 두 개가 가지처럼 뻗어 나와 브래지어의 컵을 둘러싸며, 금속 막대가 코르셋 형태의 의복 가운데를 가로질러 철심을 강하게 지지하도록 했다. 그 이후 뉴욕 주 브루클린의 헨리 폴브는 한 걸음 더 나아가 의복은 모두 없애고 플라스틱으로 뼈대만을 만들어 특허를 신청하였다. 이 플라스틱 뼈대는 허리에 착용되어 갈빗대 모양의 뼈대를 지탱해 주며 갈빗대 모양의 뼈대는 위로 휘어 올라가 가슴 주위를 김싼다. 그 위에 어깨 끈이나 등반이 없는 옷을 덧붙여 입을 수도 있었다.

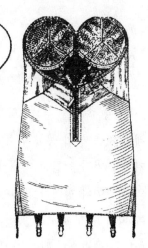

오토 모리의 특허품
특허번호 2,045,401

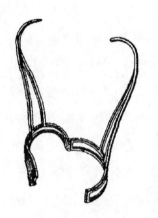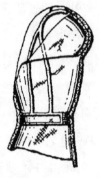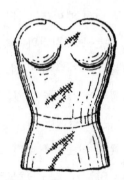

헨리 폴브의 특허품
특허품 2,414,590

산업화된 유방 형태

여성용 속옷을 디자인하고 생산하며 판매하는 회사들은 브래지어의 형태를 차츰 산업 공학적 측면에서 접근해 가기 시작했다. 그에 따라 생산 기계에 가장 적합한 형태가 선택되는 일도 종종 있었다. 이로 인해 의복의 색깔이나 형태가 유행에 따라 이리저리 바뀌듯 여성의 가슴선도 유행에 따라 쉽게 바뀌는 패션의 하나가 되었다. 많은 경우 유행하는 유방의 형태는 플라스틱 같은 새로운 재료나 새로운 생산 과정에 의해 결정되었던 것이다.

뉴욕 주의 조셉 콘데는 새로운 브래지어 디자인을 선보였는데, 사출성형으로 브래지어 컵을 만드는 방법을 쓰고 있었다. 그는 다음과 같이 말하고 있다.

「매혹적인 가슴 선은 반구(半球)와 같이 흔히 볼 수 있는 형태를 이용해 만들어 낼 수 있다. 그런 형태의 주형을 만드는 것이 복잡하거나 비규칙적 형태의 주형을 만드는 것보다 훨씬 쉽다」

콘데가 디자인한 브래지어의 컵은 커다란 고무공을 절반으로 잘라 놓은 모습을 하고 있었다.

펜실바니아 주 필라델피아의 조셉 폴 라드는 변기 탱크 속에 들어가는 폴리에틸렌 볼을 만드는 특허 공정을 이용하여 브래지어 제조에 유용하게 쓰일 수 있는 형태의 제품을 만들었다. 그의 특허 서류를 통해 브래지어의 형태를 보면, 마치 절반으로 잘라 놓은 변기 탱크 볼 두 개가 가슴끈에 붙어 있는 것처럼 보인다.

1937년 뉴저지 주 몬트클레어의 조지 슈나이더라는 사람은, 보통의 브래지어용 천으로 브래지어 컵을 만들려면 부드러운 형태를 만들기 위해 수 없이 많은 조각들을 이어 주어야 하기 때문에 그 공정이 복잡할 뿐만 아니라 비용도 많이 든다고 주장하였다. 슈나이더는 셀러니즈 코퍼레이션(Celanese Corporation)의 직원으로, 고형의 물질로 브래지어를 만드는 방법을 최초로 도입한 인물이기도 하다. 그가 디자인한 브래지어는 열가소성의 셀룰로스 부산물을 사용한 것으로, 강화된 고형의 재질을 쓰고 있었으므로 위로 올려 주는 효과를 낼 수 있었다. 그의 브래지어는 인

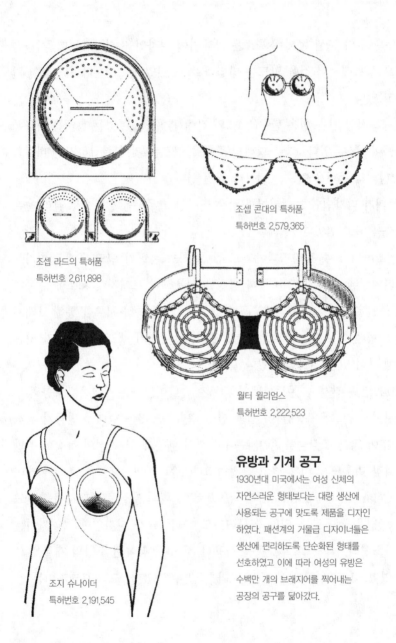

조셉 콘데의 특허품
특허번호 2,579,365

조셉 라드의 특허품
특허번호 2,611,898

월터 윌리엄스
특허번호 2,222,523

조지 슈나이더
특허번호 2,191,545

유방과 기계 공구

1930년대 미국에서는 여성 신체의
자연스러운 형태보다는 대량 생산에
사용되는 공구에 맞도록 제품을 디자인
하였다. 패션계의 거물급 디자이너들은
생산에 편리하도록 단순화된 형태를
선호하였고 이에 따라 여성의 유방은
수백만 개의 브래지어를 찍어내는
공장의 공구를 닮아갔다.

조 유방의 효시로, 플라스틱으로 된 여러 개의 고리가 포개져 끝이 뾰족한 원추형을 이루고 있었다. 깔때기를 뒤집어 놓은 듯한 모습을 한 이 브래지어 컵은 공구와 같이 단순한 형태로 유방을 표현해 주었다.

같은 해 월터 에메트 윌리엄스는 철선으로 만든 브래지어로 특허를 받았다. 이 브래지어에는 유리 구슬을 꿰어 놓아 「부드러운 마사지 효과」를 내도록 되어 있었다. 또 철선 브래지어 컵 안에는 화학적으로 처리된 패드가 덧대어 있었는데, 그것은 「유방은 아래로 처지는 경향이 있기 때문에 살이 접히게 되고, 그래서 그 부분의 땀을 중화시켜 주는 역할」을 갖고 있었다. 윌리엄스는 마사지용 구슬을 부착함으로써 유방에 관능적 자극을 가하는 기구로 브래지어의 개념을 바꾸어 놓기도 했다.

여성 산업전사가 만든 브래지어

2차 세계대전으로 인해 미국 여성들의 삶은 급작스러운 변화를 겪게 되었다. 남성들이 전쟁터로 나가자 여성들은 갑자기 사무실과 공장 그리고 연구소에서 일하게 되었던 것이다. 「산업전사(Rosie-the-Riveters)」란 이름으로 추켜세워졌던 이들 여성은 비로소 창의성을 발휘할 발판을 얻었을 뿐 아니라 창의적 업적에 대해서는 금전적 보상도 따랐다. 여성들은 B-17, 지프치에서부터 잠망경 렌즈와 유탄포에 이르기까지 모든 것을 디자인하고 생산하는 중요한 역할을 담당했으며, 이를 바탕으로 상업적 영역에서도 봇물 터지듯 수많은 특허 출원을 내놓았다.

여성들의 브래지어 개량품 특허 출원도 급격히 늘어났다. 이 개량품들은 1930년대의 남성 디자이너들이 만든 것과는 확연히 달랐다. 1920년대 수많은 여성들이 만든 브래지어 특허품과 마찬가지로 1940년대의 새로운 디자인은 실용성에 무게를 두고 있었다.

1944년 아이다호 주의 로즈 매리 라이드가 특허 출원한 브래지어는 부드러운 두 개의 천이 여며진 형태로서, 자연스러운 가슴 윤곽을 그려 내고 있으며 다양한 크기와 형태에도 무난히 착용할 수 있도록 만들어졌다. 이 브래지어는 착용감이 좋은 만큼 직장에서 착용하기에도 실용적이었다. 오리건 주 포틀랜드의 아이바 L. 블랠록과 레일라 E. 유잉은 「브래지어 끈 안장」이라는 발명품으로 특허를 받았다. 그것은 좁은 브래지어 끈 안에 대 놓을 수 있는 넓고 폭신폭신한 패드였다.

뉴욕 주의 플로렌스 러스티그는 우아하며 단순한 모양의 가슴 격리용(隔離用) 끈으로 특허를 받았다. 디자인은 가벼운 끈을 몸에 두르고 있는 낙하산 착용자의 모습에서 따온 것으로 가슴 큰 여성들이 브래지어 안에 착용할 수 있도록 만든 것이었다. 또다른 불편을 해소하고자 지넷 E. 트레드웰은 미끄러지지 않는 목욕탕 고무 매트에서 아이디어를 얻어 끈 없는 브래지어를 발명하였다. 이 브래지어에는 수백 개의 자그만 빨판이 달려 있어 밑으로 흘러내리지 않도록 되어 있었다.

1943년 제니스 라디오 회사(Zenith Radio Company)가 저가의 보청기를 처음으로 내놓자 글래디 M. 하트는 브래지어를 보청기 착용을 위한

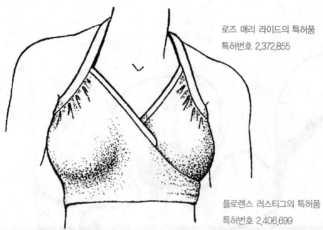

로즈 매리 라이드의 특허품
특허번호 2,372,855

플로렌스 러스티그의 특허품
특허번호 2,406,699

여성 발명가들의 붐

2차 세계대전 동안에 유래가 없이 많은 여성들이
산업전선으로 진출하자 여성 발명가들이 봇물처럼
출현하게 되었다. 이들은 수많은 브래지어로
특허 출원을 하였으며, 남성 디자이너와는 다르게
편안함과 실용성을 강조하였다.

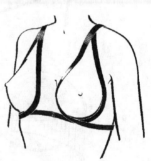

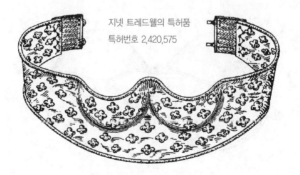

지넷 트레드웰의 특허품
특허번호 2,420,575

223

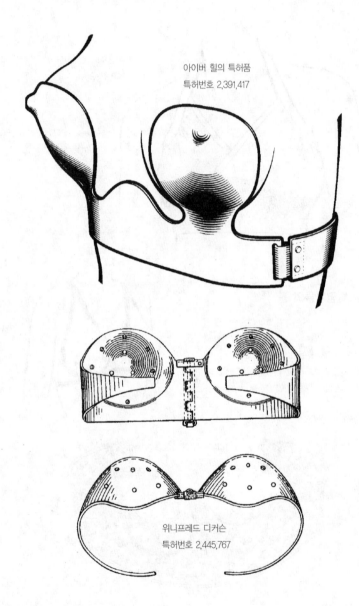

아이버 힐의 특허품
특허번호 2,391,417

위니프레드 디커슨
특허번호 2,445,767

보조 용품으로 활용하였다. 1945년 하트는 배터리와 확성기를 넣을 수 있는 공간을 브래지어 안에 마련하였고, 이를 특허 출원하였다. 그녀는 다음과 같이 쓰고 있다.

「본인의 발명품은 가슴을 받쳐 주는 브래지어의 역할뿐만 아니라 보청기 착용을 위한 편리한 보조 용품의 역할까지 해낸다. 난청을 겪고 있는 여성들은 보청기의 효과를 감소시키지 않으면서 사람들 눈에 띄지 않게 착용할 수 있다」

펜실바니아의 에타 E. 하비도 브래지어 안에 여러 유용한 공간을 만들어 놓는 데 대한 중요성을 인식했다. 그녀는 1947년 지퍼 주머니를 브래지어에 달아 특허를 얻었다. 그녀는 다음과 같이 설명하고 있다.

「현재의 여성 의상 형태를 보면 보통 의복 바깥쪽에 귀중품을 넣을 수 있는 주머니가 마련되어 있지 않다. 따라서 여성들은 특별히 여행을 하는 경우 그런 귀중품을 스타킹 속이나 브래지어 안과 같이 꺼내기 어려운 곳에 감추고 다니는 것이 일반적이다」

2차 세계대전 이후의 특허품

그러나 실용성을 강조한 브래지어 특허품의 짧은 시대는 전쟁의 종식과 더불어 끝나고 말았다. 여성들은 그들의 가장 의미 있는 직업전선인 가정으로 다시금 돌아가야 했다. 다시 브래지어 산업을 장악하게 된 남성들은 전쟁 중에 발전된 새로운 기술을 활용하여 이상적인 가슴을 만들어 내는 일에 힘을 쏟았다.

성적 표현에 대한 억압이 느슨해지고 전쟁 중에 아세테이트 플라스틱 제조 기술이 급진전한 상황에서 코네티컷 주 스트랏포드의 아이버 F. 힐은 끈 없는 새로운 종류의 브래지어로 특허를 받았다. 이음새 없는 하나의 플라스틱으로 만들어져 완벽하게 대칭적으로 굴곡진 유방 형태를 취하고 있으며, 몸통에 조이게 되어 있어서 어깨 끈이나 등 끈이 필요치 않았다. 또한 완벽한 형태의 유두가 달려 있어서 옷을 입으면 그 위로 돌출되었다.

조지아 주 아틀랜타의 위니프레드 S. 디커슨은 항공기의 플라스틱 부품 제조 방법에서 발전된 기술로 브래지어를 만들어 특허를 받았다. 그의 끈 없는 브래지어는 단단한 플라스틱에 경첩이 달린 것으로 착용자 몸에 고정되어 잠겨지게 만들어졌다. 경첩은 문에 쓰이는 경첩과 유사하게 생겼으며, 볼트나 리벳을 이용해 부착했다. 또 유방을 담는 부분은 둥그런 피라미드 형태로 통풍용 구멍들이 뚫려 있었다. 디커슨은 그의 특허출원 서류에서 밝히기를 플라스틱 재질로 만들긴 했지만 얇은 스테인리스 스틸로 만든 경첩 브래지어에 대해서도 특허권을 얻고자 한다고 서술하고 있다.

유방에 대한 병적인 관심

전쟁이 끝나자 미국 사회는 유방의 크기가 여성의 본질적 가치를 규정하는 것으로 여기게 되었다. 전후의 거대한 광고 회사들은 유방의 이미지를 소비자들의 가장 강력한 숭배 대상으로 치장하는 일에 힘 쏟았다.

패션 산업은 유방을 더욱 아름답게 하는 물품들을 봇물처럼 선보였다. 이런 물품들은 유방에 대해 자신감을 갖지 못 하는 여성들을 겨냥한 것이었다. 당시 여성들은 자신의 유방에 대한 열등 의식이 매우 강했고 또 광범위하게 번져 있었으므로 일종의 집단 정신병으로 여겨질 정도였다.

「결함 있는」 여성을 위한 제품

뉴욕 시의 루이스 윌킨팰드는 「유방 형태에 결함이 있는」 여성들을 위한 기포 고무 유방 패드로 특허를 출원하였다. 그는 다음과 같이 쓰고 있다. 「여성들 중 일부는 작고 빈약한 가슴을 지니고 있고, 또 그런 외모로 인해 심리적 부담감을 느끼고 있음은 누구나 잘 알고 있다」

코네티컷 주의 윌리엄 F. 데이븐포트와 하워드 A. 스미스는 이 방면의 시장성에 주목한 사람 중 하나로, 최신식 플라스틱을 사용한 새로운 종류의 확대 공기 주머니로 특허를 출원하였다. 그들의 설명을 들어보면 다음과 같다.

「본 빌명품은 브래지어 개량품으로서 작고 납작하거나 비내칭적인 가슴을 지닌 여성 및 정상적이지만 자연스러운 모습을 갖추지 못한 여성을 위한 것으로, 이상적인 가슴의 모습을 갖도록 하는 것이 이 브래지어의 목적이다」

확대 주머니는 핸드 펌프를 튜브로 연결할 수도 있고 아니면 입으로 바람을 넣을 수도 있었다.

공기 주머니를 이용해 유방의 모습을 보정해 주는 기구들은 그 자체가 하나의 전문 분야가 될 정도로 세밀해지고 복잡해졌다. 1954년 뉴욕 시의 롤랜드 가젤은 착용 중에도 크기 조절이 가능한 브래지어로 특허를 출원하였다. 이 브래지어에는 공기를 주입할 수 있는 고무로 된 조그만 전구 모양의 펌프와 밸브가 마련되어 있었다. 이 펌프와 밸브는 브래지어 옆에 달아 놓은 특수 주머니 속에 들어 있었다. 사람들이 모여 있는 장소에서도 필요하거나 적절하다고 느껴지는 순간에 여성은 화장실에 잠시 들어가 적당한 가슴 크기가 되도록 공기를 적절히 주입해 넣을 수 있었다.

하지만 공기 브래지어는 항공 여행과 같은 특수한 경우에는 큰 불편이 있었다. 코네티컷 주의 윌리엄 J. 버클리는 그의 1958년 특허 출원 서류에서, 당시의 비행기는 실내의 공기 압력을 제대로 조정해 줄 수 없었고 따라서 높은 고도로 올라가면 보통의 공기 브래지어는 압력을 못 이겨 터져 버리는 일이 많다고 지적한 바 있다. 버클리의 발명품은 이런 단점을 보완한 것으로, 그의 공기 주머니는 벌집처럼 나뉘어져 있었고 각각 공기 주머니들은 밀봉된 형태를 가지고 있었다. 그의 설명에 의하면 각각의 공기 주머니는 비교적 적은 양의 공기를 담고 있으며, 기존 제품보다 강한 플라스틱으로 만들어졌기 때문에 높은 고도에서도 문제를 일으킬

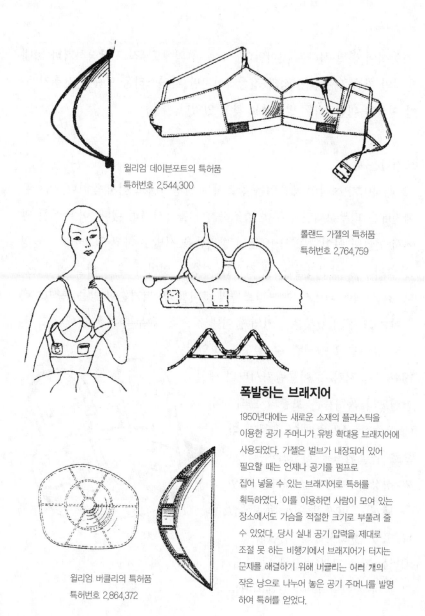

윌리엄 데이븐포트의 특허품
특허번호 2,544,300

롤랜드 가젤의 특허품
특허번호 2,764,759

윌리엄 버클리의 특허품
특허번호 2,864,372

폭발하는 브래지어

1950년대에는 새로운 소재의 플라스틱을
이용한 공기 주머니가 유방 확대용 브래지어에
사용되었다. 가젤은 벌브가 내장되어 있어
필요할 때는 언제나 공기를 펌프로
집어 넣을 수 있는 브래지어로 특허를
획득하였다. 이를 이용하면 사람이 모여 있는
장소에서도 가슴을 적절한 크기로 부풀려 줄
수 있었다. 당시 실내 공기 압력을 제대로
조절 못 하는 비행기에서 브래지어가 터지는
문제를 해결하기 위해 버클리는 여러 개의
작은 낭으로 나누어 놓은 공기 주머니를 발명
하여 특허를 얻었다.

가능성이 훨씬 적다는 것이었다. 그는 이 외에도 「작고 납작하거나 비대
칭적인 가슴을 지닌 여성과 정상적이지만 자연스러운 모습을 갖추지 못
한 여성을 위한」 다른 발명품도 갖고 있었다.

드러나는 유두

브래지어가 성적인 제품임을 강조하는 발명가들도 적지 않았다. 이들은
예전에는 터부시되던 유두를 강조하거나 돌출시키려 했다. 이 추세는 앞
에서 언급한 아이버 힐의 1945년 발명품을 시발로 하고 있으며, 그 발명
품이 나오자 발명가들은 곧 격렬한 경쟁을 벌이며 그 추세를 이어나갔
다. 같은 해에 테네시 주 브리스톨의 로버트 O. 퍼거슨이 받은 특허 브래
지어는 그 컵의 윗부분을 거의 들어낸 것으로, 유두 부분은 없애서 그 곳
으로 유두를 노출시킬 수 있도록 하였다.

1948년 뉴저지 주 아틀란틱시티의 세일
안셀모의 특허품은 보통의 브래지어
에 특수한 구멍을 내어 유두가 밖
으로 돌출되도록 하였으며, 그로
써 정장을 하거나 스웨터를 입었
을 때 두드러져 보이도록 만들었
다. 1951년 조지아 주의 헨리 M. 허
베너는 기포 고무 컵으로 된 브래지어
로 특허를 받았다. 이 브래지어는 유방

로버트 퍼거슨의 특허품
특허번호 141,777 (디자인)

뿐만 아니라 유두의 크기도 키우고 유두의
돌출 정도도 더욱 강화하여 「풍만하고 젊
은 유방을 연출」해 내도록 고안되었
다. 그 뒤를 이어 나온 플로리다 주 헨
리 모린의 특허품은 기포 고무 패드를
댄 브래지어로 본래의 크기보다 두 배
이상 커 보이도록 했으며, 플라스틱 유
두를 달아 의복 위로 도드라지게 했다.

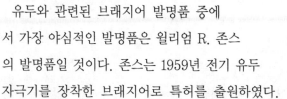

헨리 허베너의 특허품
특허번호 2,563,241

   유두와 관련된 브래지어 발명품 중에
서 가장 야심적인 발명품은 윌리엄 R. 존스
의 발명품일 것이다. 존스는 1959년 전기 유두
자극기를 장착한 브래지어로 특허를 출원하였다.
이 브래지어는 벽에 달린 소켓에 꽂아서도 사용할 수 있었는데, 그의 설
명은 다음과 같다.

「여성의 가슴은 그 주변의 혈액 순환이 왕성해지면 그 모습이 더욱 매
혹적으로 바뀌게 됨은 널리 알려진 사실이다. 그것은 늘어난 혈류가 유
방을 확대시켜 탱탱하게 만들어 주기 때문이다. 본 기구는 마사지 효과
를 통해 중년 이후 많이 나타나는 가슴의 처짐을 교정해 준다. 본인은 보
통의 브래지어에 주머니를 달아 놓고 그곳에 얇은 금속이나 혼합물로 만
든 컵을 끼워 넣은 다음, 전기 진동기를 컵에 연결함으로써 위에 언급한
특성을 지닌 기구를 완성하였다」

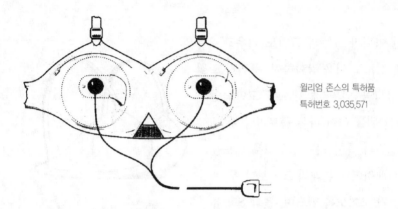

　특허청 심사위원들은 37개월 간의 심사를 거친 후 1962년에 존스에게
특허를 내주었다.

어린이용 브래지어

　1960년대가 되자, 성인 여성에게만 판매 활동을 집중하던 것을 아직 가
슴이 없는 사춘기 이전 소녀들까지도 판매 대상으로 삼는 방향으로 브래
지어 제조업자들의 전략이 확대되었다. 이들 소녀들은 거대한 잠재적 구
매력을 지닌 집단이었다. 따라서 특별히 소녀들을 위한 브래지어 개발에
힘쓴 것도 당연한 일이라 하겠다.

　롱아일랜드 주 세다허스트의 모튼 슬로트는 십대 및 사춘기 이전 소녀
들을 위한 브래지어를 특허 출원하며 다음과 같이 밝히고 있다.

　「기존의 여성 속옷들은 작은 가슴에 적절한 크기를 연출함으로써 심리
적 안정감을 주는 역할까지는 못 하고 있다」

　사춘기 이전 소녀를 딸로 둔 어머니들이 딸에게 가슴을 강조하는 브래

지어를 착용시키려는 당시의 세태에 대해 1960년대 베티 스미스는 다음과 같이 말하고 있다.

「성에 대한 잘못된 환상을 가진 어머니들로 인해 아이들이 이런 피해를 겪고 있는 현상은 현재 비인간화의 과정이 진행되어가고 있음을 보여주는 하나의 징후일 뿐이다」

〈여성의 신비〉라는 프리단의 책에서는 심리학과 마케팅 과학 그리고 신문방송학을 동원하여 미국 여성들의 일상적 행위와 태도를 어떻게 조직적으로 교묘하게 조종하고 있는가를 기술하고 있다. 또한 이 책은 사회를 바라보는 여러 분석의 틀을 제공함으로써 여성들이 당시 사회에 대한 그들의 막연한 불만의 감정을 날카롭게 날이 선 분노의 감정으로 변모시킬 수 있도록 하였다. 마침내 그 분노가 1968년 뉴저지 주 아틀란틱시티의 거리에서 분출되었다.

당시 그곳에서는 여성 유방을 두고 벌이는 대 향연, 즉 미스 아메리카 대회가 열리고 있었다.

대회 마지막 날 오후 아틀란틱시티 회의장 앞에 운집한 군중과 기자 가운데로 일단의 여성들이 커다란 쓰레기통과 한아름씩의 브레지어를 가지고 왔다. TV 카메라맨과 사진사들이 모여들자 이들은 의식을 치르듯 브래지어를 쓰레기통으로 던져 버렸다.

이 행사는 소란스러웠지만 작은 규모였다. 참가한 여성은 100명이 채 못 되었고 언론의 별다른 주목도 받지 못 했다. 하지만 후에 밝혀지듯 바로 그곳이 새로운 여성 운동이 분명한 정치적 힘으로 부상하기 시작한 곳이었다.

아틀란틱시티 사건 이후로 미국의 브래지어 산업은 결코 예전과 같지 않았다. 상당히 많은 여성들이 하나의 정치적 시위로 브래지어 구입과 착용을 중지하거나 아니면 그 구입과 착용 빈도를 상당히 줄여 버렸다. 또 브래지어를 착용하는 여성 가운데에도 점점 많은 사람들이 자연스런 모습과 편안함을 강조하는 단순한 스타일을 요구하게 되었다. 1960년대 후반에는 전통적 형태의 브래지어와 관련된 특허 출원 수가 급격하게 감소했다. 하지만 유방을 돋보이게 하는 제품에 있어서는 아직도 치열한 상업적 경쟁이 계속되고 있다. 전혀 새로운 종류의 발명품이 출현하였고, 그것은 마치 공상 과학 영화에서나 볼 수 있을 법한 것들이었다.

미국의 여성들은 곧 발명가들이 완벽한 형태의 유방을 획기적인 방법으로 만들어 내는 것을 목격하게 된다.

12 인조 유방과 실리콘의 악몽

유방의 형태와 촉감을 인조 물질을 이용해 만들어 내려는 시도는 유방의 절단이나 손상 등으로 고통을 겪는 곳이라면 어느 곳에서나 존재해 온 인간의 오랜 노력이었다.

실제로 농촌 사회의 열악한 현실, 질병, 또는 초기 산업시대에 매우 위험했던 공장 기계 등으로 유방의 손상 및 절단 등의 피해를 입는 일이 있었다. 따라서 인조 유방의 필요성이 빈번하게 대두되었다. 집에서 만든 초기의 것은 천 조각을 단단히 말아 옷 밑으로 넣은 것에 지나지 않았다. 하지만 그 당시에도 손상된 유방을 대체하기에 좋은 것은 작은 가슴을 크게 보이도록 하는 데도 유용하게 쓰일 수 있다는 사실을 명확하게 인식하고 있었다.

19세기 후반부에는 발명가들이 좀더 개선된 인조 유방으로 특허 출원을 내기 시작했다. 새로운 산업 소재와 처리 공정을 통해 가능하게 된 일이었다. 예컨대 고무 제조 기술의 발달은 프레드릭 콕스의 특허품과 같은 공기 주입식 고무 패드 기구의 출현을 가능하게 했던 것이다.

당시 가장 많이 쓰였던 인조 유방은 옷감 안을 채운 패드였다. 세인트루이스의 마이클 A. 브라이슨은 1878년 그의 특허출원서에서 다음과 같이 말하고 있다.

「현재 패드 속을 채우는 것들로는 말의 털, 오리털, 솜, 알갱이 모양으로 자른 코르크나 양털, 또는 적당히 겉을 싸 놓은 스프링 등이 있다」

그의 발명품은 여러 종류의 동물 털을 부식성의 화학 물질로 처리하여 탄력성을 더욱 높여 놓은 인조 유방이었다. 그의 기록에 따르면 사슴과 산양, 엘크(북유럽 및 아시아산의 큰 사슴;역주), 영양 등의 털로 안을 채우면 어떤 것보다도 진짜 유방에 가까운 느낌을 준다는 것이었다.

1880년대에는 패드형 인조 유방이 더욱 정교해졌고, 그 후 50년간 개량의 속도는 멈추지 않고 계속되었다. 당시 발명가들은 유방을 신축성 있는 어깨 끈이나 등 끈에 연결해 두었는데 이는 현대 브래지어의 선구자적 발명으로 볼 수 있다.

도라 해리슨의 가슴 패드나 마벨 호이챈의 가슴 형상 발명품에는 부드러운 고무로 만든 컵이 있어 작은 가슴을 크게 보이도록 하는 데 쓰거나 손상된 유방의 대체물로 사용할 수 있었다.

당시 첨단의 고무 제조 기술을 활용하여 프레드릭 콕스는 공기 팽창식 유방 확대 패드를 발명하였다. 특허번호 146,805 (1874년)

헨리 헤이워드의 "가슴 보호대"는 말털로 짠 펠트천으로 만들어졌으며 양옆으로 리본을 달아 가슴에 착용하도록 한 것이었다.
특허번호 181,261 (1876년)

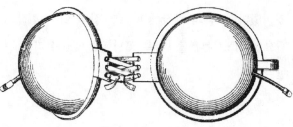

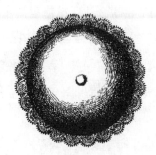

마벨 호이챈의 가슴 형상 발명품은 스폰지 고무로 만들어져 있었다. (위쪽)
특허번호 1,250,875 (1917년)

마이클 브라이슨의 패드는 사슴과 산양, 엘 크 및 영양의 털을 처리해 만든 것으로 속 을 채웠다. (위쪽)
특허번호 212,184 (1879년)

도라 해리슨의 고무 유방 확대 기구 (오른쪽)
특허번호 599,180 (1898년)

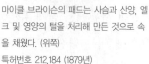

소비자 시대의 인조 유방

1930년대 들어 미국 사회는 커다란 변화를 겪게 되고, 이로 인해 새로운 종류의 보형 기구 시장이 형성되었다. 그리고 그것은 날씬한 몸매와 멋진 가슴을 강조하는 패션 산업에 쓰이는 도구들로서 문화 전반을 지배하게 되었다. 1930년대 말 엘시 S. 마틴과 같은 디자이너는 인조 유방의 가장 큰 단점으로 「진짜 유방이 갖고 있는 유연성」의 결여를 지적하고 나섰다. 그녀는 기포 고무(해면 모양의 고무로서 쿠션이나 매트리스용으로 쓰임; 역주)로 속을 채워 만든 새로운 종류의 인조 유방으로 특허를 받았다.

다른 발명가들은 물이나 액체 비누 또는 기름 등으로 채운 플라스틱 주머니를 가진, 브래지어 형태의, 가슴에 걸치도록 하는 새로운 종류의 인조 유방 개발에 힘을 쏟았다. 그들은 그렇게 함으로써 유연성을 얻을 수 있다고 기대하고 있었다.

2차 세계대전 직후에 이르러서는 이 분야의 진정한 돌파구가 열렸다. 뉴욕 시의 엘라 H. 번하트는 특허청에 보낸 서류에서 실제 유방의 무게, 형태, 움직임, 그리고 감촉을 그대로 재현해 내는 혁신적인 보형물을 만들어 냈다고 주장했다. 그녀의 발명품은 비닐 백에 「유연한 젤」이 채워진 것이었다. 그녀의 주장에 따르면 살아 있는 조직의 느낌을 연출하는 데 필요한 점도(粘度)를 「다우 코닝 DC 200 실리콘 수지」에서 찾아냈다고 한다.

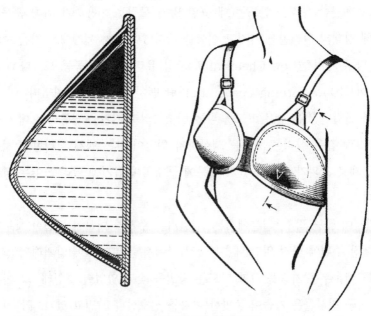

엘라 번하트는 다우 코닝 실리콘으로 만든 "유연한 젤"을 주머니에 채워
브래지어 안에 달아 놓았다. 특허번호 2,542,619 (1951년)

실리콘 : 신기한 액체

실리콘 수지는 고무와 비슷한, 조금은 신기한 화합물로 1900년대 초에
화학자들이 실리콘과 산소, 수소를 이용해 만들어 낸 것이다. 실리콘은
모래와 점토 퇴적물 등에 흔히 있는 광물로 실리콘 수지 제조에 기본적으
로 쓰이는 물질이다. 실리콘의 화학 구조에 약간의 변화만 주면 기본 성질
을 잃지 않으면서도 액체에서부터 딘딘힌 블록에 이르기까지 다양한 형태
를 취할 수 있다. 1930년대 코닝 유리 회사(Corning Glass Company)는

맑고 깨끗한 유리를 만드는 데 균열 방지 물질로 이용하기 위해 끈끈한 액체 형태의 실리콘을 가지고 실험을 행하였다. 2차 세계대전 기간 중에는 다우 케미컬(Dow Chemical)과 코닝 유리 회사가 공동으로 다우 코닝 회사(Dow Corning Corporation)란 벤처 회사를 설립하였다. 이 회사를 설립한 것은 높은 고도를 나는 비행기의 계기판을 밀봉하는 데 쓰이는 것과 같은 실리콘 제품을 생산하기 위함이었다. 액체 실리콘 수지는 밀봉제로 효과가 매우 높았기 때문에 군대의 변압기에 널리 쓰이는 상태였다.

전쟁이 끝난 직후, 일본에서는 이 실리콘 수지가 미군이 점령한 항구나 비행장 주변에 몰려 있던 매춘부들 사이에서 높은 가격에 암거래되었다. 이들 매춘부는 가슴을 크게 만드는 방법을 찾고 있었던 것인데, 그 이유는 미군 병사들은 가슴이 풍만한 여자를 선호한다고 믿고 있기 때문이었다. 의사들은 처음에 매춘부들에게 염소젖 주입을 시술해 보았고, 그 후 파라핀을 사용해 보기도 했다. 하지만 이것들은 모두 몸으로 흡수되어 버리거나, 몸의 다른 부분으로 옮겨가 버리기도 했으며, 혹은 심각한 감염을 일으키기도 했다.

실리콘 수지는 염소젖처럼 부드러운 느낌을 주었다. 또한 파라핀과는 달리 고무 같은 형태를 지니고 있었다. 더욱이 실리콘 수지는 불활성 물질로 여겨졌다. 즉 신체의 조직과 서로 반응하지 않으며 분해되지도 않고 물이나 열에 의해 변질되지도 않는 물질로 알려져 있었던 것이다. 가슴에 직접 실리콘 수지를 주입하면 이내 유방 안에 물처럼 고이면서 가슴을 부풀려 주었으며, 동시에 실제 살아 있는 조직과 같은 놀랄 만한 유연성을 보여 주었다. 이리하여 갑자기 군대의 병참 창고에서 변압기에 쓰일 실리콘 수지가 사라져 버리는 일까지 벌어졌다.

1940년대 말, 일본에서 미용 목적으로 공업용 실리콘 수지가 사용되고 있음이 미국에 알려지게 되었다. 그리고 당시 몇몇 의사들이 영화배우나 부유한 사교계 인사들에게 실리콘 주입 시술을 시행하기 시작했다.

엘라 번하트 같은 발명가들도 이 사실을 알고 있었을 것이다. 번하트가 다우 코닝 실리콘 수지로 실험을 하고 있던 같은 시기에 디트로이트의 월터 O. 카우쉬와 뉴욕 시의 루스 프리마으 비슷한 종류의 액체를 담은 배개발에 힘을 쏟고 있었다.

1950년대 초, 이러한 발명품에서 영감을 얻은 두 사람의 성형외과 의사

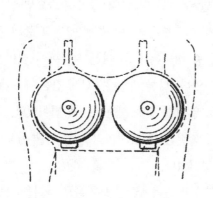

월터 카우쉬는 여러 종류의 끈적거리는 액체를 주머니에
채워 넣어 실제 유방에 가까운 외부 보형물이 되도록
하는 데 힘을 쏟았다.
특허번호 2,543,499 (1951년)

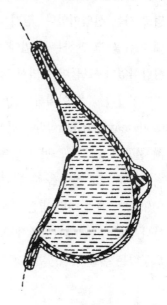

들이 1960년대에 획기적인 유방 확대 기술을 개발하게 되었다. 두 사람의 발명자는 윌리엄 팽만과 토마스 크로닌으로, 젤로 가득 찬 백을 몸 안으로 집어 넣는 기술이었다. 이 기술로 그들은 특허를 획득하게 되었고, 이는 경쟁 치열한 새로운 산업을 낳게 된다. 그리고 그 결과 성형외과 의사란 직업이 황금알을 낳는 산업의 하나로 바뀌었고, 수백만 여성의 몸뿐만 아니라 행복에 대한 개념까지 바꾸어 놓게 된다.

생체공학적 유방을 향하여

1950년대 비버리힐즈에서는 영화계의 거물급 인사나 영화배우 또 그외 여러 관계자들이 성형 수술 분야에서 이루어지고 있는 발전에 대해 초미의 관심을 기울이고 있었다. 영화 산업은 섹스와 돈과 젊음의 환상을 먹고 사는 산업이었다. 점점 더 많은 수의 외과의사들이 수술요법을 통해 가슴을 크게 하는 방법에 대해 연구했는데, 닥터 팽만도 그 중의 한 사람이었다. 그들이 개발한 방법 중 하나는 몸의 다른 부분에서 떼어온 지방이나 근육을 이식하는 방법이었다. 다른 방법은 「신체 천공 채우개」(body cavity fillers)란 이름으로 알려진 것을 사용하는 방법이었다. 신체 천공 채우개란 스펀지 같은 것을 잘라 만든 덩어리로서, 이를 이용하여 영구적으로 가슴을 부풀리는 것이었다.

1950년, 젠스 허만 빙은 그물 형태의 폴리에틸렌 보형물로 특허를 출원한다. 그는 특허출원서에서 스펀지를 사용하는 보형물이 만성 염증을 일으킨다는 점을 지적하기도 했다.

1951년 닥터 팽만은 폴리비닐 알콜과 포름알데히드 폴리머를 합성하여 스펀지 형태의 보형물을 만들어 냈다. 그는 이 물질이 비활성이며 또 인체에 거부 반응을 일으키지 않을 것으로 믿었으나, 그의 판단은 틀리고 말았다. 이 물질은 문제를 일으켰으며 곧 폐기되었다.

1954년 2월에 닥터 팽만은 「복합 보형물 기구(compound prosthesis device)」란 이름의 새로운 발명품으로 다시 특허를 출원하였다. 이것은 유방을 확대해 주는 보형물로, 식염수를 흠뻑 적신 스펀지를 폴리에틸렌 비닐 백에 넣고 밀봉한 것이었다. 그리고 백 밖은 기포 플라스틱으로 한 겹 더 싸 놓았다. 액체를 담은 보형물 백의 시대가 시작된 것이었다.

닥터 팽만은 그의 발명품으로써 보형물에 신체 조직이 침투하는 문제를 해결했다고 주장했다. 신체 조직이 이 기구의 몸체를 감싸고 있는 비닐 백을 뚫지 못하기 때문이라는 것이었다. 외피로 싸 놓은 기포 플라스틱으로 침투한 조직은 보형물을 고정해 주는 역할을 할 수 있으며, 반면 안에 담긴 내용물은 이론적으로는 항상 부드러운 상태로 남아 있게 된다는 것이었다. 더욱이 안에 채워진 소금물로, 더욱 유연하고 자연스러운 모습을 보여 줄 수 있다고 주장했다. 또한 그는 이미 할리우드의 고객들에게 시술한 결과 발명품은 「매우 성공적인 것으로 판명」됐다고 덧붙였다.

하지만 이런 낙관적 기대도 오래가지 못 했다. 팽만은 이 발명품에 심각한 의학적 문제가 있음을 알게 되었다. 1962년 팽만은 자신의 발명품에 쓰이는 기포 플라스틱에 문제가 있음을 인정하고 새롭게 발명품을 내놓았다. 그는 기포 플라스틱의 문제점이 어떠한 것인지 다음과 같이 적고 있다.

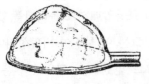
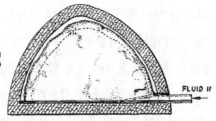

캘리포니아주 비버리힐즈의 성형외과 의사였던
윌리엄 팽만은 액체를 채워 넣은 유방 이식물로
최초의 특허를 받았다.
특허번호 2,842,775 (1958년)

「기포 플라스틱은 그 목적에 충분히 부합되지 못하며 세균의 침투에도 취약하다. 이런 이유로 인해 감염이 일어날 경우 항생제나 기타 다른 치료법으로도 치유되지 않았다」

닥터 팽만이 내놓은 새로운 발명품 또한 봉합된 액체를 기포 스펀지 같은 것으로 싸 놓은 것이었다. 하지만 외피로는 「폴리우레탄 폼」이라는 새로운 물질을 사용하였다. 이것으로 인해 후일 닥터 팽만의 발명품은 매우 유명해지게 된다. 다만 그것은 불행한 이유로 인한 것이었다.

다우 코닝 실리콘 수지

한편 텍사스 주 휴스턴의 닥터 토마스 크로닌은 다우 코닝 회사와 협력하여 새로운 유방 보형물 개발에 힘을 쏟고 있었다. 1962년 당시의 성형외과 의사들은 여전히 실리콘 수지를 직접 주입하고 있었는데, 정부의 보건 관계자들은 이미 몸 안에 주입된 실리콘 수지가 부작용을 일으킬 수 있다는 점을 인정하고 있었다. 그리고 얼마 지나지 않아 실리콘 주입을

244

전국적으로 금지하게 되었다.

 그럼에도 불구하고 실리콘 수지는 여전히 성형외과 의사들의 마음을 사로잡고 있었다. 그것은 실리콘 수지가 살아 있는 조직과 놀랄 만큼 유사했기 때문이었다. 닥터 크로닌은 다우 코닝 실리콘 수지를 이용하여 젤을 만들었고, 이것을 신축성 있는 백 또는 고무와 비슷한 다른 종류의 실리콘 수지로 만들어진 「엘라스토머」에 담았다. 1962년, 닥터 크로닌은 닥터 프랭크 게로우와 협력하여 최초의 「자연스러운 촉감을 주는」 실리콘 젤 백 보형물을 삽입하는 수술을 휴스턴의 한 여성에게 시행한다. 그리고 그 이듬해 닥터 크로닌과 다우 코닝 회사는 보형물로 특허를 출원했다. 이 보형물은 닥터 팽만의 것과는 다르게 뒷면에 붙어 있는 데이크론 천 조각을 제외하고는 겉면이 완전히 반질반질하였다. 닥터 크로닌의 주장에 의하면 실리콘 백은 「대체적으로」 불투과성이라는 것이었다. 즉 백의 내부와 주변의 살아 있는 조직 사이에 어느 정도의 액체가 흘러나오거나 흘러들어갈 수도 있다는 의미였다. 다우 코닝 「실라스틱」이

텍사스주 휴스턴의 외과 의사 토마스 크로닌은 실리콘 젤 유방 이식물로 특허를 취득하였다. 이 이식물로 온 나라가 열광의 도가니에 빠지게 되었다.
특허번호 3,293,663 (1966년)

란 상표로 판매되었던 이 보형물은 획기적인 신상품으로 받아들여졌다. 일리노이 주 록포드의 닥터 휴 A. 존슨은 76회의 유방 확대 수술을 행한 경험을 바탕으로 어느 논문집에 기고한 글에서 다음과 같이 말하고 있다.

「여성들은, 그 어떤 것보다도 아름답게 발달된 가슴에서 여성으로서의 정체성과 자긍심을 갖게 된다. 가슴이 납작한 소녀들은 항상 심리적 압박감에 시달리고 있다. 패드를 댄 브래지어를 보고 주위 자매들에게서 놀림을 받기도 한다. 하지만 크로닌 실라스틱 유방 보형물은 이런 심리적 문제를 해결하는 데 큰 역할을 하였다」

1970년대 - 유방 시장의 활황

실리콘 젤 백 보형물이 발명된 1962년과 1973년 사이에 최소한 5만 개의 젤 백이 유방 확대 수술에 사용되었다. 수술 비용이 회당 4천 달러 정도이므로, 성형외과 의사들과 보형물 제조업자들은 2억 달러의 매출을 올렸다는 의미가 된다. 그리고 그것은 단지 시작에 불과하다고 대부분의 사람들은 생각하고 있었다.

그 당시 성형외과 의사들의 간행물을 살펴보면, 실리콘 보형물 수술을 받은 여성들은 그 결과에 대해 너무도 감격하고 있었다. 〈성형 외과〉란 간행물의 1979년도 판에 실린 여론 조사 결과를 보면 응답자 중 93%가 자신감이 더 강해졌으며 84%는 행복감이 예전보다 증대되었고, 또 80%

의 경우는 타인들에 대한 대등감과 자긍심이 커졌다고 한다.

하지만 다른 한편에서는 주목받지 못 한 부분도 있었다.1979년까지 이러한 기구의 광범위한 사용으로 야기된 심각한 문제를 해결하기 위한 21건의 유방 보형물 특허출원이 있었던 것이다.

흉터 막 효과

성형외과 의사를 괴롭히는 가장 심각한 문제는 흉터 막 효과(The Scar Capsule Effect)였다. 유방 확대 수술을 받고 수개월이 지나자 여성들은 보형물의 촉감이 변한다는 것을 알게 되었다.

실리콘 고무가 신체 조직의 거부 반응을 일으키지 않는 불활성 물질이라고 말해 왔지만, 실제 그 거부 반응은 상당히 큰 것이었다. 보형물을 삽입한 직후 신체는 보형물의 곳곳을 끊임없이 공격하게 되고, 이때 두터운 막으로 된 섬유질의 흉터 조직이 생겼던 것이다. 시간이 경과함에 따라 그 흉터는 공이나 캡슐 같은 형태로 보형물 백을 완전히 덮었다. 두껍게 벽을 이룬 흉터 조직은 결국 단단하게 오그라들게 되고, 부드러운 곡선을 그리는 대신 유방에 야구공을 넣은 것처럼 단단하게 부풀었다.

흉터 막 효과에 대한 환자들의 불만이 컸으므로 이 현상을 극소화 내지는 무력화하는 방법을 찾기 위해 많은 애를 쓰게 되었다. 이러한 상황에서 닥터 팽만의 한물 간 보형물 특허품이 큰돈을 벌어 줄 것으로 기대를 모으며 세상에 다시 나타났다. 팽만의 대부분의 고안은 실용성이 없는 것이었지만 초기의 특허품 중 두 가지에 사용되었던 방법, 즉 유방 보형

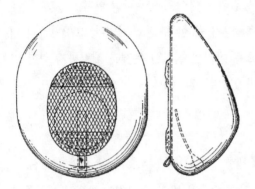

헤이어 슐테 회사는 닥터 팽만의 폴리
우레탄 보형물을 잠시 생산했지만 곧
생산을 중단하였다. 대신 폴리우레탄이
없는 보형물을 개발하여 특허를 획득하
였다. 이 회사는 특허 출원서에서 어떠
한 형태이든지 폴리우레탄을 신체에 사
용하는 것이 적절한 것인가에 대해 의
문을 제기했다.
특허번호 3,852,832 (1974년)

물 백을 기포 플라스틱이나 기포 고무로 코팅해 놓는 방법은 매우 효과적
인 것이었다. 많은 외과 의사들에 의하면, 흉터 조직과 실리콘 백 사이에
기포 플라스틱으로 부드러운 완충지대를 만들어 놓으면 흉터 막이 그리
단단하지 않게 되며, 모습도 구형의 모습을 띄지 않게 된다고 한다. 1980
년대 초까지 팽만의 폴리우레탄 코팅법을 사용한 보형물은 가장 많이 팔
리는 제품이었다.

보형물이 신체에 미치는 영향

그와 동시에 1970년대에는 실리콘 액의 유출이 건강에 미치는 영향에
대한 사례가 점점 많아졌다. 1977년 다우 코닝의 판매 담당 간부는 자사
에서 생산되는 실리콘 백의 투과성이 높아서 문제라는 메모를 남기기도
했다. 심지어 의료 상품 전시회의 테이블에 놓아 둔 동안에도 백에서 기

름이 스며 나와 영업사원들에게 견본 실리콘 백을 자주 닦는 방법으로 그러한 문제점을 숨기라고 지시했다는 것이다.

1년 후인 1978년 다우 사는 새로운 종류의 유방 이식용 젤로 특허를 출원하였다. 비실리콘 화학 물질로 만든 것으로, 「물에 부푸는」 젤이라는 것이었다. 특허 서류에 따르면 그 설명은 다음과 같다.

「이 새로운 수용성 물질은 독성이 없는 것으로, 유방 보형물에 쓰이도록 만들어졌다」

다우의 설명은 다음과 같이 계속된다.

「보형물에 사용되는 실리콘 젤은 밖으로 새어나왔을 때 즉각 몸 속으로 퍼지지 않는다. 따라서 침출이 일어나는 것은 놀라운 현상이 아니다」

1978년의 비실리콘 보형물 개발에도 불구하고 다우 사는 다른 회사들과 마찬가지로 1980년대까지 실리콘 백을 계속 판매했다. 매주 200명의 여성이 수천 달러를 내고 실리콘 백을 이용한 유방 확대 수술을 받았다. 보형물 판매가 연간 5억 달러를 넘어서게 되고, 보형물 수술 비용이 전체 성형수술 비용에서 차지하는 비율은 절반을 넘었다.

워싱턴 소재의 미 식품의약청(FDA) 소속 과학자들은 안전 검사나 승인을 받지 않은 품목이 광범위하게 사용되고 있음에 대해 점차 불편한 심기를 드러내게 되었다. 1980년대 말까지 미 식품의약청의 직원들은 실리콘 보형물의 부작용에 대한 충분한 자료를 모았고, 이를 바탕으로 내부 문건을 작성하였다. 결과는 상당히 우려스럽다는 것. 곧 이들은 보형물 수술에 상당한 위험이 따른다는 사실을 경고해야 한다고 미 식품의약청에 충고하였다.

1988년 미 식품의약청의 과학자들은 다우 코닝의 내부 실험 결과를 입수하게 되었다. 실리콘 젤이 쥐 실험에서 상당히 높은 암 발병율을 보인다는 실험 내용이 담겨 있었다. 그들은 이 극비 문서를 소비자 보호단체인 「퍼블릭 시티즌」에 흘려 주었고, 이 단체는 다시 그 내용을 언론에 공개했다. 이로 인해 유방 보형물 수술은 뜨거운 논쟁의 도마 위에 오르게 되었다.

1991년 - 보형물 사업의 몰락

1991년은 실리콘 유방 보형물 시장이 처참하게 무너지기 시작하던 해였다. 처음으로 충격파를 맞은 것은 팽만의 폴리우레탄 보형물이었다. 미 식품의약청의 연구 결과에 따르면 기포 폴리우레탄 막은 이식한 직후부터 체액과 결합하여 TDA라는 물질로 분해된다는 것이었다. 연방정부에 의해 독성 물질로 분류된 TDA는 발암성 화학 물질로, 동물 실험에서 간암과 신장암을 일으키는 것으로 알려져 있다.

미 식품의약청은 폴리우레탄 코팅 보형물의 판매를 금지하기 시작했다. 당시 최소한 20만의 미국 여성이 팽만의 폴리우레탄 유방 보형물로 이미 시술을 받은 상태였다고 한다. 1년 뒤인 1992년 1월, 유출된 실리콘 액이 신체에 미치는 가공할 만한 영향에 대한 공청회를 마친 뒤, 미 식품의약청은 대부분의 유방 보형물용 실리콘 젤 백의 판매와 시술을 공식적으로 금지하게 되었다.

1992년 3월 19일, 실리콘 유방 보형물 산업이라는 황금 시장을 열어 주었던 특허품의 특허 획득 23년만에 다우 코닝은 그 사업을 포기하면서 보형물의 생산과 판매도 더 이상 하지 않겠다고 발표하기에 이른다.

새로운 경향

소금물을 채워 넣은 보형물로 바꾸긴 하였지만 - 소금물 사용은 지금도 합법적이다 - 유방 보형물 산업은 크게 위축되었다.

한편 미국의 패션 산업은 이런 변화에 재빠르게 적응했다. 유방 확대 수술에 회의적인 반응을 보이는 수많은 미국의 여성들은 유방을 돋보이게 하는 대체 상품에 다시금 눈을 돌리고 있다. 패션쇼와 여성 잡지는 위로 받쳐 올려 주는 브레지어 및 상체를 조여 주는 코르셋 등과 같은 새로운 상품들의 탄생을 알렸다. 그러나 사실 이들 의복은 새로운 것이 아니라, 완벽한 유방을 추구하는 우리의 독특한 문화 자체만큼이나 오랜 명맥을 이어 오고 있는 것일 뿐이다.

4

그리고 현대

The Modern Era

13 강간 방지 기술

1993년 6월 미국을 온통 떠들썩하게 만든 한 사건이 일어났다. 로리나 바빗이란 여인이 식칼로 잠자는 남편의 성기를 자른 사건이었다. 그녀에 의하면 남편은 수년 동안 그녀를 강간하고 폭행했다는 것이었다. 바빗의 날카로운 칼날은 남편의 몸뿐 아니라 미국인 모두의 마음에도 깊은 자국을 남겼다. 그녀의 구속과 재판은 지금까지 미국 사회가 강간에 대해 어떻게 대응해 왔고, 어떻게 실패를 했는지에 대한 전국적 논쟁의 도화선이 되었다.

강간이 심각한 사회 문제로 인식되기 시작한 1970년대 이후로 사람들은 이 문제를 해결하기 위한 다양한 방법을 시도하였다. 어떤 이들은 좀더 강력한 법률, 더욱 공정한 재판 절차, 무거운 판결 등을 요구하며 행진과 시위를 벌이고 로비와 선전 활동을 하였는가 하면, 어떤 이들은 성범죄 특별 기소 기구와 강간 상담 센터, 자기 방어 클리닉 등을 조지하였다. 바빗처럼 개인적인 앙갚음으로 나서는 사람들도 있었다. 그런데 어떤 이들은 미 특허청을 통해 그들의 해결책을 보여 주려 했다. 이들의 해결책이란 여성 성기에 착용하는 도구로, 동의 없이 침입하는 음경을 자르고 찢고 구멍내는 것들이었다.

하지만 이런 기구의 발명과 개발 노력은 20년 동안 언론을 통해 보도되지 않았다. 그 이유는 언론의 오랜 금기 탓이었다. 음경(penis)이란 단어는 가장 금기시되는 말이었던 것이다.

신문기자들은 이 단어를 지면에 올릴 수 없었고, 방송 아나운서는 입에 담을 수 없었으며, 광고에는 이를 암시하는 것조차 허용되지 않았다. 따라서 1970년대 페미니스트들의 고무에 의해 만들어지기 시작한 강간 방지 특허품들은 햇빛 없는 어두운 밀실 속에서 은밀히 언급되는 존재였다. 기술적 가치를 인정해 특허를 내주기는 했으나, 그 목적 자체가 차마 입에 담지 못 할 만큼 끔찍한 것으로 여겨졌으므로 미디어를 통해 언급하기에는 적절치 않다고 생각했던 것이다.

그러나 1993년의 바빗 재판에 대한 보도가 봇물을 이루면서 이 모든 것이 바뀌게 되었다. 로리나 바빗의 칼은 다른 강간 방지 발명품과 마찬가지로 여성들이 성폭력에 대한 두려움에 얼마만큼 극단적으로 사로잡혀 있는가를 단적으로 보여 주는 것이었다.

공격 무기 형태의 기구를 이용하여 남녀간 힘의 불균형을 극복해 보려는 생각은 새로운 것이 아니다. 이는 특허청의 기록에서도 확인할 수 있다. 실례로 필라델피아의 나탈리 A. 티플이 1913년 특허 출원한 추행 방지용 발명품을 들 수 있다. 이 기구는 시내 전차에서 성추행을 하는 남자에게 공격을 가하기 위한 것이었다. 티플은 다음과 같이 적고 있다.

「염치없고 경박한 남성들이, 붐비는 차 안에서 옆에 앉은 여성의 무릎이나 허벅지를 자신의 다리로 문지르는 추행을 저지르고 있다. 그러나 여성들은 용기가 없어 소리치지도 못 하고 당하는 경우가 대부분이다. 본인의 발명품은 이런 경우를 대비해 소지하는 것으로, 추행자에게 자동적으로 경고와 응징을 내림으로써 더 이상 추행을 하지 못 하도록 만든다」

티플의 발명품은 스프링 장치가 된 박차형(拍車形) 기구로, 치마 속에 핀으로 고정하도록 만들어졌다. 여성의 다리에 압박을 가하면 스프링의 반동에 의해 날카로운 바늘이 남자의 다리 또는 손에 박히도록 만들어진 것이었다.

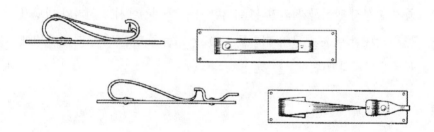

나탈리 티플의 추행 방지용 기구
특허번호 1,109,264 (1914년)

우리의 뜻이 아니다

페미니스트인 수잔 브라운밀러는 1975년 출간된 기념비적 작품 〈우리의 뜻이 아니다(Against our will) - 남성과 여성 그리고 강간〉에서 최초로 강간에 대한 역사를 신체적 · 심리적 · 사회 문화적 · 범죄적 측면 등 다양한 관점에서 광범위하게 다루었다. 이 책은 과학적 자료에 근거하여 남성이 지배하는 불화와 알력의 사회 모습을 파노라마 식으로 그려냈다. 수잔 브라운밀러의 묘사에 따르면, 이 사회란 수세기 동안 여성에게 강압적인 성행위를 일상적으로 강제해 왔지만 그 사실에 대해 전혀 신경조차 쓰지 않는 곳이었다.

브라운밀러의 책은 예전에는 금기시하여 언급조차 되지 않았던 강간의 문제를 주요한 정치적 이슈로 바꾸어 놓았으며, 이로부터 강간은 페미니즘의 중심적 관심사가 되었다. 이러한 대중적 관심에서 기업가와 발명가들은 막대한 이윤 추구의 기회를 보았고, 이들은 강간 방지 제품 개발에 몰두하기 시작했다.

강간 방지 제품

예컨대 1969년 폭력 범죄의 원인에 대한 국가 위원회의 조사 발표가 있은 직후(이 조사에 의하면 미국의 강간 범죄율은 충격적일 만큼 높다),

버지니아 주 알링턴의 찰스 페트로스키는 결혼 반지처럼 생긴 발명품으로 특허를 출원하였다. 그의 발명품은 결혼 반지의 모습을 하고 있지만, 실은 살갗을 찢을 수 있는 갈고리였다. 그는 특허출원서에서 다음과 같이 쓰고 있다.

찰스 페트로스키의 칼날 달린 반지
특허번호 3,648,371 (1972년)

「범죄 발생률이 치솟는 상황으로 인해 사람들이 우범지대를 지나지 않을 수 없는 형편이므로 호신용 무기를 지니고 다녀야 할 필요성은 더욱 커졌다. 호신용 무기는 위협적인 모습을 가져서는 안 되며, 또 너무 위험한 것이 되어서도 곤란하다. 그것을 지니고 있는 사람에게는 위해가 될 우려가 전혀 없어야 하는 반면에 폭력 행사자의 공격은 막을 수 있는 정도의 공격력을 갖추어야 한다. 또한 나중에 처벌을 위한 증거로 쓰일 수 있도록 폭력 행사자에게 표시를 남길 수 있는 것이라야 한다」

1975년 브라운밀러의 저작으로 인해 야기된 격렬한 논쟁에 뒤이어, 더욱 효과적인 강간 방지 기구의 개발과 그 사용의 합법화를 위해 노력을 기울이는 발명가들의 숫자는 점점 늘어갔다. 이들이 내놓은 발명품은 세 종류로 분류할 수 있다. 강간범의 주의를 돌리게 하여 피해자가 도망갈 수 있게 만들어 주는 종류, 여성 성기 부근의 신체적 접근이 불가능하도록 하는 접근 차단식 종류, 그리고 질 안에 삽입하여 강간범의 음경을 옭아매고 절단하는 종류 등이었다.

　캘리포니아 주 할리우드의 클락 루크는 손목시계 형태의 발명품으로 특허를 받았다. 이 기구는 손목시계 형태이나 실제로는 압축된 최루 가스를 발사할 수 있는 기구였다. 루크의 발명품이 갖는 장점은 예전의 펜이나 라이터 형태의 가스 발사기처럼 호주머니나 핸드백에 넣어 두는 것이 아니라 즉시 사용할 수 있는 손목에 두른다는 데 있었다.

　조지아 주 애틀랜타의 데일 스미스와 캘리포니아 주 그라나다힐스의 스티븐 키멜도 즉각 사용할 수 있다는 데 초점을 맞추어 두 가지의 화학 약품 발사형 강간 방지 반지로 특허를 출원하였다. 첫 번째의 것은 꽃 모양 반지로, 가운데 있는 둥근 「돌」에는 압축 가스가 담겨 있었다. 꽃잎 중 하나를 건드리면 그 안의 가스가 발사되도록 설계되었다. 두 번째 반지는 첫 번째 것보다 좀더 큰 돌이 달려 있었고, 그 안에는 휘발성의 유독 화학 물질이 한 앰플 가량 들어 있었다. 엄지손가락으로 안전 고리를 밀어 젖혀 앰플을 누르면 화학 물질이 밖으로 터져 나와 공격자의 얼굴을 맞히도록 된 것이었다. 다른 발명가들은 심장 모양의 로킷(사진 따위를 넣어 목걸이처럼 달고 다니는 조그만 갑;역주)과 같은 강간 방지 보석형 기구로 특허를 획득하였다. 로킷 모양의 기구는 뒷면에 방아쇠가 달려 있었고, 이 방아쇠를 당기면 밝은색을 가진 유독성 화학 물질이 분사되어 강간범의 공격을 중지시키며, 나아가 강간범임을 표시해 주도록 했다. 또 다른 발명품으로는 강간 방지 신용카드를 들 수 있는데, 카드를 반으로 접으면 유독한 화학 물질이 터져 나오는 것이었다.

압축 최루 가스를 분사하는
클락 루크의 손목 시계
특허번호 4,058,237 (1977년)

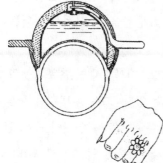

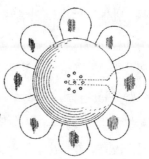

압축 최루 가스를 분사하는
데일 맥스웰 스미스의 꽃 모양 반지
특허번호 4,061,249 (1977년)

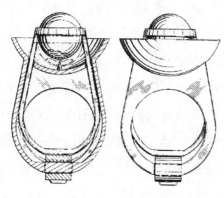

고약한 냄새를 분사하는
스티븐 키멜의 반지
특허번호 4,135,645 (1979년)

산타 바바라의 에드워드 L. 위디는 다른 방식의 화학 물질 분사형 강간 방지 기구를 개발하였다. 이 기구는 암모니아나 응축된 인조 스컹크 냄새로 착용자의 온몸을 뒤덮어 강간범을 물러서게 하는 것이었다. 위디의 발명품은 커다란 브로치나 허리띠의 버클처럼 생겼는데, 상당량의 유해 액체를 담고 있었고 여기에 끈이 달려 있어 이를 당기면 열리도록 만들어져 있었다. 사용자가 손으로 끈을 당기거나 아니면 코드를 옷깃에 달아두어 강간범이 옷을 벗기려 할 때 당겨지도록 고안되었다. 끈이 당겨지면 상당히 고약한 냄새의 액체가 여성의 옷과 몸을 온통 적시게 되는 것이다.

화학 물질을 이용한, 좀 덜 공격적인 것으로 매사추세츠 주 포카셋의 폴 마르티뉴와 앤 마르티뉴의 발명품을 들 수 있다. 그들의 발명품은 밀랍으로 만든 자그만 달걀 모양으로, 그 안에는 농축된 구연산이 들어 있었다. 공격을 받게 되면 여성이 입으로 이것을 깨물어 입 속으로 흘러나온 구연산을 강간범의 얼굴에 뱉도록 한 것이다. 이론상으로 구연산은 일시적으로 강간범의 눈을 아리게 만들고, 이를 틈타 여성은 도망갈 수 있는 기회를 얻게 된다는 것이었다.

좀더 노골적인 성기 접근 차단 방법은 중세 시대의 정조대에서 아이디어를 얻어 온 것이다. 이런 아이디어는 전혀 새로울 것이 없음에도 불구하고 1986년 쇠사슬 갑옷으로 된 팬티에 특허가 주어졌다. 정육점에서 쓰이는 장갑과 상어 공격을 막아 주는 잠수복 등에 쓰이는 매우 가벼운 신소재로 만들어진 이 쇠사슬 갑옷은 섬유와 다름없이 유연하지만 면도날

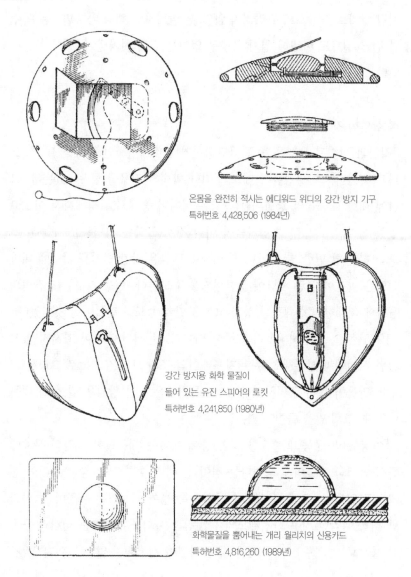

온몸을 완전히 적시는 에디워드 위디의 강간 방지 기구
특허번호 4,428,506 (1984년)

강간 방지용 화학 물질이
들어 있는 유진 스피어의 로킷
특허번호 4,241,850 (1980년)

화학물질을 뿜어내는 개리 월리치의 신용카드
특허번호 4,816,260 (1989년)

처럼 날카로운 칼로도 잘라지지 않았다. 발명자인 해리 바우휘스는 특수한 잠금 벨트도 마련해 열쇠나 공구 없이는 절대 벗겨낼 수 없다고 말하였다.

질 삽입식 강간 방지품

강간과 관련된 논쟁은 종종 극단적이거나 비이성적인 감정을 불러일으키기도 한다. 그 생생한 실례로 로리나 바빗의 경우를 들 수 있는데, 그녀에 대한 대중들의 광범위한 동정은 심지어 숭배의 감정에까지 이르고 있었다. 따라서 일부 발명가들이 이런 정서를 담은 발명품을 내놓은 것도 전혀 놀랄 만한 일이 아니다. 이들이 내놓은 강간 방지용 기구에 대한 설명은 마음이 여린 사람에게는 버거울지 모른다. 이들 기구는 강간범의 음경에 최대한의 신체적 손상과 고통을 안겨 주도록 만들어진 것이었다.

1975년 말, 여전히 〈우리의 뜻이 아니다〉란 책의 충격이 가시지 않고 있던 시점에 매사추세츠 주 버자즈베이의 조지 보겔은 최초로 그러한 기구를 만들어 특허 출원하였다. 그의 특허품은 강간 방지용 질 삽입 대못이었다. 그의 말을 들어 보자.

「여성 권리 운동의 중요한 성과 중에 하나는 대중들이 강간의 문제에 관심을 더욱 기울이게 되었다는 점이다. 매년 수천 건의 강간 사건이 신고되고 있으며, 그 수는 해를 거듭할수록 늘어나고 있는 실정이다. 하지만 더욱 심각한 것은 사법제도의 문제점과 사회가 강제하는 심리적 구속감 등으로 인해 수천의 또다른 강간 사건이 신고되지 않는 점이다. 강간에 대한 여성들의 두려움과 혐오감은 정신병의 단계에 미칠 정도로 클 뿐만 아니라, 또한 강간을 당했을 때 강간범을 처벌하려 할 경우 사람들의 이목을 받아야 한다는 점에 대해서도 마찬가지의 두려움과 혐오감을 갖고 있다. 이 문제는 전혀 새로운 것이 아니지만, 우리 사회는 이 문제에 대한 해결 의지나 해결 능력을 보여 주지 못 하고 있다. 따라서 강간 방지는 개인적 차원에서 할 수밖에 없다는 결론에 이르게 된다」

그는 자신의 발명품을 내놓게 된 의도를 다음과 같이 기록하고 있다.

「본인은 수동적 형태의 강간 방지 기구를 제공한다. 수동적 기구라 함은 사용자의 공격적 방어 의지가 필요 없이 작동되도록 하는 것을 의미한다. 따라서 이 기구는 겁이 많거나 소심한 사람, 또는 정신을 잃는 경우 등에 매우 유용하다」

탬폰처럼 질 속에 밀어 넣는 이 기구는 끝이 날카로운 대못처럼 생긴 플

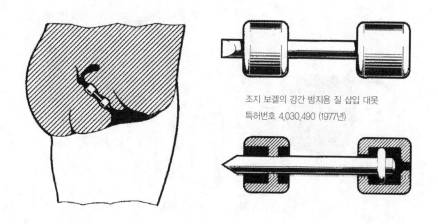

조지 보겔의 강간 방지용 질 삽입 대못
특허번호 4,030,490 (1977년)

라스틱 제품으로서 도넛처럼 생긴 두 개의 플라스틱 고리에 의해 질 안에 자리잡도록 만들어졌다. 보겔의 말은 다음과 같이 이어진다.

「이 기구를 널리 사용하게 되고, 또 그 사용 사실이 널리 알려지면 이 기구는 본래의 기능을 넘어서는 훨씬 큰 예방 효과를 낼 것이다. 그 이유는, 이런 기구를 많은 여성들이 사용하고 있다는 점을 알게 되면 잠재적 강간범들이 심리적으로 위축될 것이기 때문이다. 또한 이 기구를 사용함으로써 강간의 공포에 시달리는 여성들은 심리적 안정감을 얻을 수 있을 것이다」

그 뒤를 이어 캘리포니아 주 벌링에임의 앨스턴 레베스크는 「음경 훼손용 질 삽입물」이란 발명품으로 특허를 출원하였다. 원형의 얇은 치즈 절단기와 흡사한 형태에 어지럽게 얽혀 있는 스프링과 칼날로 이루어진 이 기구는 질 안에 별다른 불편 없이 삽입해 놓을 수 있었다. 「음경은 이 기

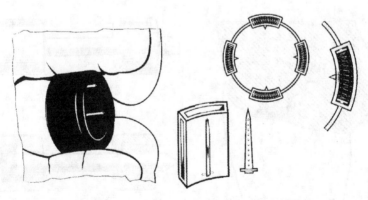

앨스턴 레베스크의 음경 훼손용 질 삽입물 특허번호 4,016,875 (1977년)

구 속으로 별다른 저항 없이 들어가지만 뒤로 빼내려 할 때 기구가 작동
되어 칼날이 나오게 된다」는 것이 발명자의 주장이었다. 레베스크는 다
음과 같이 기록하고 있다.

「극도의 강간 공포로 시달리는 여성을 위한 기구이다. 또한 데이트에서
조차 남성과 함께 있는 것이 불안한 여성에게도 적절한 도구이다. 이 기
구를 착용하게 되면 남성들이 서투른 짓을 하다간 큰 낭패를 보게 될 것
이라는 생각에 여성은 안도감을 갖게 될 것이다」

더크 코에찌라는 사람은 더욱 강력한 음경 훼손 기구를 선보였다. 탬폰
과 같은 모습의 플라스틱 용기에 스프링으로 자동하는 음경 훼손기를 넣
은 것으로, 공업용 강력 스프링이 강철 못 뒤에 붙어 있었다. 음경에 의
해 이 기구 앞쪽으로 압력이 가해지면 5cm짜리 강철못이 스프링에 의해
발사되는 구조였다.

질 삽입용 작살 튜브

애리조나 주 투손의 찰스 발로우의 발명품인 질 삽입용 작살 튜브도 쇠
못을 이용한 것이었으나 위의 것에 비해 훨씬 단순한 형태였다. 질과 같
은 모습의 기다란 튜브로 한쪽 끝에는 한 개에서 세 개까지의 2cm짜리
강철못이 달려 있었고, 각 강철못의 머리에는 작살 침이 붙어 있었다. 이
기구에는 움직이는 부품이 없이 그저 강간범의 음경이 밀고 들어올 때 음
경을 찌르도록 한 것이었다.

화학 공격 물질을 이용한 쪽으로 눈을 돌리면 오하이오 주 신시내티의

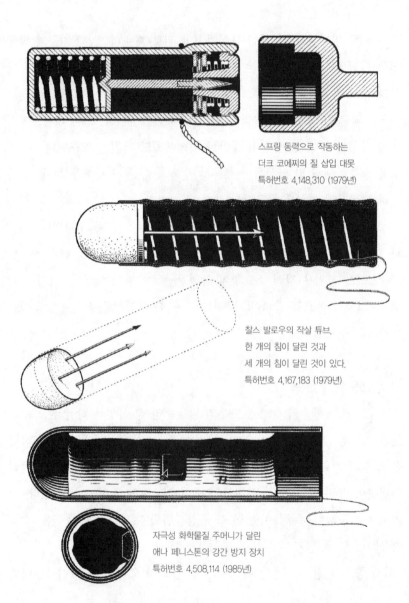

스프링 동력으로 작동하는
더크 코에찌의 질 삽입 대못
특허번호 4,148,310 (1979년)

찰스 발로우의 작살 튜브.
한 개의 침이 달린 것과
세 개의 침이 달린 것이 있다.
특허번호 4,167,183 (1979년)

자극성 화학물질 주머니가 달린
애나 페니스톤의 강간 방지 장치
특허번호 4,508,114 (1985년)

애나 페니스톤의 발명품이 눈에 뜨인다. 질 보호막에 끈끈한 액체 자극제를 담은 주머니가 들어 있는 제품이다. 이 자극제는 음경이 보호막의 입구를 눌러 찢어지게 할 때까지는 밖으로 노출되지 않았다. 강간범이 음경을 깊이 밀어 넣는 순간 자극제가 음경 앞쪽에 달라붙게 되어 있다. 페니스톤의 설명은 다음과 같다.

「주머니 안에 있는 자극성 물질은 강간범의 음경에 곧바로 달라붙어 통증을 일으키며, 그 통증은 강간을 멈추고 물러서게 할 정도의 통증이다」

특허청은 그저 단순히 새로운 기계 장치로 인정되면 특허를 주지만 페니스톤의 발명품과 같은 것들은 의료 기구나 위협한 무기로 분류된다. 따라서 여러 종류의 연방 정부 승인 및 주 정부 승인을 받은 후라야 상업적 판매가 가능하다. 그러나 안전성이나 제품의 신뢰성, 적절성 등을 고려해 볼 때 그 어떤 것도 판매 승인을 받기는 어려울 것으로 보인다.

가장 기발한 착상으로 만들어진 것은 아마도 캘리포니아 주 엘크그로브의 조웰 럼프와 린다 워렌이 만든 발명품일 것이다. 이 두 사람은 특허청에 보낸 서류에서 다음과 같이 밝히고 있다.

「강간 피해자들은 많은 경우 흉기의 위협 속에서 강간을 당하게 되고, 따라서 저항은 아무 소용도 없으며, 목숨까지 잃게 되는 무모한 일이 되기도 한다. 또한 자신의 신원이 밝혀질 것을 두려워하여 피해자를 죽이는 일도 적지 않다. 강간범들이 거의 잡히지 않고 있는 현실에서 피해자들은 직극직으로 신고를 하려 들지 않는다」

강간을 막아줄 뿐만 아니라 강간범의 체포를 용이하게 하는 발명품으로 이들 두 사람은 질에 삽입토록 하는, 스프링을 이용한 피하 주사 바늘 장치를 개발하였다. 플라스크 모양으로, 질 안에 단단히 고정되도록 하였으며 거기에는 스코폴라민과 같은 효과 빠른 마취제가 담긴 주사기를 달아 강간범을 신속하게 마취시킬 수 있도록 하였다.

음경이 질 안으로 들어오면 플라스틱 기구의 앞면을 누르게 되고 이것이 스프링을 작동시켜 주사 바늘이 2.5cm 가량 음경 속으로 뚫고 들어가 마취제를 주입하도록 하였다. 발명자의 말을 빌리면 다음과 같다.

「피해자가 도망칠 수 있을 뿐만 아니라 강간범은 경찰이 당도할 때까지 범법 증거를 그대로 간직한 채 쓰러져 있게 된다」

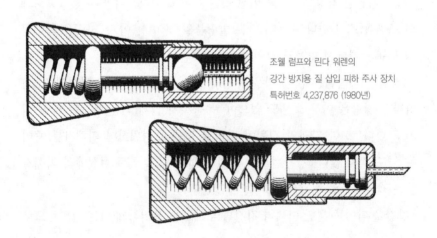

조웰 럼프와 린다 워렌의
강간 방지용 질 삽입 피하 주사 장치
특허번호 4,237,876 (1980년)

14 기계 자극기

1994년에 출간된 미국인의 성 실태에 관한 연구 보고서에 따르면 18세에서 59세까지의 여성 중 16%가 넘는 사람들이 딜도나 바이브레이터와 같은 여성용 자위 기구 사용에 대해 최소한 「어느 정도 마음이 끌린다」는 반응을 보였다고 한다. 또 4%의 여성이 실제로 지난 1년간 딜도와 같은 성 용품을 사용하고 있다는 것이다. 18세에서 59세 여성이 2억 5천만이므로 그 수는 수백만에 이른다.

이 연구 보고서는 성적 자극기 사용에 있어 신뢰할 만한 자료를 수집한 최초의 과학적 조사 결과이기는 하지만 이런 성 용품의 발명은 일찌기 고대문명의 교역 기록, 예술 작품, 문학 작품 등에서 무수하게 찾아볼 수 있다.

예를 들어 기원전 500년 그리스 도시 국가 시절, 나무와 가죽으로 만든 성 용품에 대한 수요가 너무나도 컸기 때문에 지금의 터키에 위치한 어느 도시는 남근 제조 공장을 특별히 차려놓고 지중해 국가 모든 곳에 이를 수출하고 있었다고 한다. 중국에서는 물에 끓인 후 단단하게 만들어 성용품으로 쓰는 식물이 있었는데, 그런 목적으로 빈번히 쓰였으므로 「광동(廣東)의 사타구니」라는 이름으로 불렸다고도 한다. 폴리네시아 신화에서는 여신들이 바나나를 가지고 옷 밑에서 장난을 치다가 임신하는 이야기가 나온다. 그리고 〈아라비안 나이트〉에서는 다음과 같은 송시(訟詩)를 찾아볼 수 있다.

「오! 바나나여! 부드럽고 매끈한 껍질을 지닌 바나나여! 젊은 여인의 눈을 열어 주는 그대는 모든 과실 중에 연민의 정을 지닌 유일한 과실이로다. 오, 과부와 이혼녀들의 위안자인 그대여!」

중세 때에는 손으로 깎아 만든 남근이 유럽 전역에서 판매되고 있었다. 성직자들은 이것을 악마의 도구라고 공격하였다. 이탈리아는 당시 「파사템포」 또는 「딜레토」(이탈리아어로 기쁨이라는 의미;역주)라는 이름으로 알려진 남근 기구 제조의 중심지였다. 프랑스에서는 「고데미슈」, 또 독일에서는 「삼탄제」란 이름으로 불리며 유통되고 있었다. 영국에서는 이탈리아 말 「딜레토」가 변해 「딜돌」, 「딜도」, 「딜도에」 등으로 불리었다.

18세기가 되자 딜도는 유럽 상류사회의 향락주의적 귀부인들 사이에서 선풍적으로 애용되었다. 많은 경우 복잡한 장치가 달린 기구로서, 은이나 상아로 만들어져 있었으며 따뜻한 물을 넣을 수 있는 공간이 있었고 혹은 실제 성기 같은 느낌을 주기 위한 여러 기계 장치가 덧붙여 있었다. 성 용품이 유럽에서만 인기가 있었던 것은 아니다. 여타 문명권에서의 성 풍속에 대한 헤이브록 엘리스의 1899년 보고서에 따르면 일본, 중국,

인도 등지의 부유한 여성들은 예전부터 자극기를 사용해 왔다고 한다. 그것은 속이 빈 놋쇠 구슬 가운데에 추가 달려 있는 것으로, 질 속에 삽입하면 몸의 움직임으로 인해 진동하도록 만들어진 것이었다.

제어된 진동을 만들어 내는 일은 현재에는 그닥 어렵지 않은 일이지만 초기 산업시대에는 참으로 놀랄 만한 업적 중의 하나라 할 수 있다. 애초에 진동은 엔지니어를 괴롭히던 문제 가운데 하나였다. 이들 엔지니어들은 중심이 어긋난 구동축이나 홀수선의 예기치 못한 진공 상태 및 균형에 문제가 생긴 바퀴나 기계 장치 등에 의한 부정적 운동에 관해 이해하고 이를 방지하고자 했던 것이다. 이렇게 해서 축적된 데이터는 후에 제어된 진동을 만들어 내는 데 필요한 지식을 제공해 주었다.

바이브레이터

1800년대의 후반에는 이러한 지식으로 인해 돌팔이 의사나 정규 의사 모두에게 치료법과 상품 판매에 있어서 새로운 지평이 열리게 되었다. 가장 오래된 물리 치료법인 마사지 요법에는 오랫동안 나무 롤러나 스프링을 달아 놓은 안마용 막대처럼 단순한 기구만이 쓰여 왔다.

새로운 세기로 접어들 무렵 호스로 연결되어 수압으로 작동되는 바이브레이터가 의사들과 치료사 그리고 이발사들에 의해 사용되었다. 그 중 몇몇 경우에는 수압을 이용한 내부 장치에 의하여 바이브레이터에 진공

의 흡입력이 발생하게 만들어졌다. 치료사들은 이 흡입 기능을 고급의 치료 요법으로 사용하였다. 이발사들의 경우 두피를 마사지하는 데 사용하였을 뿐만 아니라 머리 속의 먼지나 비듬, 벌레들을 없애는 진공 청소기로도 이용하였다.

집안에 배관을 갖춘 부유한 사람들의 출현으로 목욕 욕조의 수도꼭지나 샤워기에 달아 놓을 수 있는 바이브레이터 기구의 상품화도 가능하게 되었다. 보스턴의 클라렌스 리치우드는 「액체 발동 바이브레이터」란 이름의 발명품을 특허 출원하면서, 이 바이브레이터는 욕실이나 침실에서 개인적인 마사지 도구로 사용할 수 있다고 적고 있다. 이 기구는 둥글고 뭉툭한 머리와 혹처럼 튀어나온 패드를 달아 놓아 다양한 신체 부위를 원하는 대로 진동시킬 수 있도록 하였다. 뉴욕 주의 폴 호프만은 수도꼭지에 끼워 사용하는 가정용 바이브레이터를 개량한 사람들 중 하나였다. 그의 제품은 손바닥 안에 완전히 잡힐 만큼 작았고, 다양한 진동 속도를 낼 수 있는 제어장치가 달려 있었으며, 그의 말에 의하면 「사실상 영구적인」 제품이었다.

다른 편에서는 전동 바이브레이터의 개발에 힘쓰고 있었다. 예컨대 로스앤젤레스의 존 T. 케프는 의료 기구인 확장기를 개량하려 노력하고 있었다. 확장기란 항문 괄약근과 질 괄약근의 확장 및 근육 조절 훈련에 사용되는 도구였다. 1911년에 특허 출원한 발명품은 확장기의 기본 개념을 바이브레이터와 결합하여 만든 최초의 전동 진동 질 삽입물이었다. 커다란 아스파라거스의 뭉툭한 머리처럼 생긴 그의 「진동 확장기」는 몸체가

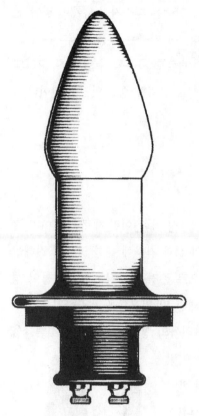

로스앤젤레스의 존 케프는
1911년 최초의 바이브레이터로 특허를
출원하였다.
특허번호 1,032,840 (1912년)

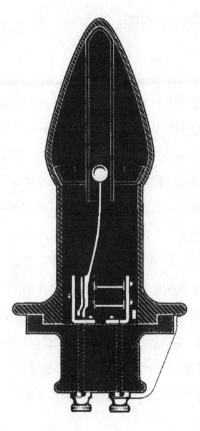

금속과 단단한 고무로 되어 있었으며, 그 안에는 회전자가 덮개에 닿아 진동하도록 하는 전기 장치가 들어 있었다. 이 기구는 질을 자극하는 용도 외에도 당시 유행하고 있던 「전기 치료기」로도 사용될 수 있도록 고안되었다. 약한 전류를 질 벽에 보내도록 전선을 연결할 수도 있었던 것이다.

새로운 시대로

2차 세계대전이 일어나기 10여 년 전에 「성 과학」이란 새로운 분야가 출현하였다. 이는 많은 의료인들이 인간의 성과 건강에 대한 그들의 견해를 새롭게 정립함에 따른 결과였다. 처음으로 존경받는 전문 의료인들이 성적 문제로 고민하는 부부들에게 치료 세션 및 워크숍을 제공하기 시작했다. 고민을 가진 사람들이 그곳에 와 자신들의 성적 습관이나 문제점들을 솔직하게 의논할 수 있도록 한 것이다. 이런 혁신적인 접근 방식은 여성 오르가슴의 바람직함과 긍정적 효과를 인정할 뿐만 아니라, 부부간의 관계와 성적 역할을 이해하고 더 잘 수행할 수 있도록 자위와 성 용품을 합당한 도구로 권하기도 했다. 클리토리스를 자극하는 일의 중요성이 남성들에게 강조되었고, 이내 「부부 금실을 좋게 하는 기구」나

제이크 스트리트의
"부부 금실을 좋게 하는 기구"
특허번호 2,024,983 (1935년)

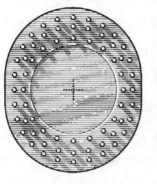

성을 새롭게 바라보는 시각

1930년대에는 인간의 성에 대한 새로운
생각이 의료 분야와 정신 건강 분야를
획기적으로 바꾸어 놓았다. 처음으로 부부들은
상담을 통해 자신들의 성적 욕망을 터놓고
이야기하게 되었다.
클리토리스 자극 및 여성 오르가슴의
중요성이 공식적으로 인정되었으며
발명가들도 치료 목적의
성적 자극 기구를 만들어
특허를 출원하기 시작했다.

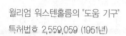

윌리엄 워스텐홀름의 "도움 기구"
특허번호 2,559,059 (1951년)

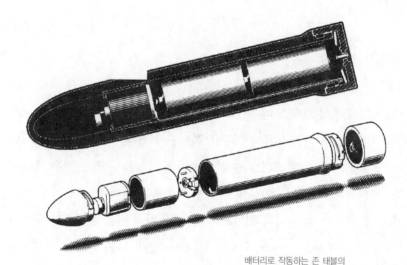

배터리로 작동하는 존 태블의
일체형 질 바이브레이터
특허번호 3,549,920 (1968년)

「도움 기구」 등과 같은 새로운 클리토리스 자극기 발명이 뒤를 이었다.

1960년대에는 성적 역할에 대한 논의가 더욱 개방되어 가는 추세와 우주 시대의 기술이 결합하여 성 관련 기술에 혁명적 변화를 가져왔다.

새로운 플라스틱과 소형 모터, 그리고 더욱 효율적인 배터리 등이 완전 자동화된 성 기구 개발에 힘을 쏟는 발명가들에게 막대한 영향을 미쳤다. 1966년 존 H. 태블은 새로운 시대의 상징이라고 해도 좋을 만한 발명품을 특허 출원하였다. 태블이 제출한 도안은 무선에, 일체형에, 방수에, 배터리로 작동되는, 다양한 속도로 작동되는 어뢰형 플라스틱 진동딜도였다. 태블의 발명품은 인조 남근 디자인의 최정점인 제품으로서, 가장 많이 팔리고 또 가장 인기 있는 성 자극기가 되었다.

부인용 진동자

코네티컷 주의 모리스 바쿠닌과 레나드 나폴리, 라파엘 콘스탄쪼는 「부인용 의료 진동기」란 이름의 기구로 특허를 얻었다. 기존 방식대로 배터리 작동에 의한 소형 모터 기술을 사용하였으나 그 구조는 매우 특이했다. 배터리는 허리끈을 이용해 복부에 착용하는 형태로, 그곳에서 기다란 진동 가지가 뻗어 나와 있었으며, 특별히 마련된 돌출 부위가 있어서 클리토리스 부분을 자극할 수 있도록 했다. 뻗어 나온 가지는 클리토리스에서 멈추지 않고 위로 휘어져 올라가 질 안쪽으로 들어가도록 만들어

져 있었다. 스위치를 켜면 기구는 다양
한 빠르기의 진동으로 클리토리스뿐 아
니라 질벽도 자극할 수 있었다. 또 클리
토리스나 질을 자극할 수 있는 여러 가지
다양한 형태의 부착물도 포함돼 있었다.

캘리포니아 주 롱비치의 마크 세쿨리
치는 특허청에 보낸 글에서 복부에 걸치
는 배터리 작동 부인용 기구에 대해 비
판을 가했다. 그 이유는 이들 기구가 「휴
대하기 번거롭고 사용하기에도 불편할
뿐만 아니라 여성들에게 거부감을 주기
때문」이라는 이유에서였다. 세쿨리치는
매우 특이한 형태의 자극기 디자인에 대
해 특허를 출원하였다.

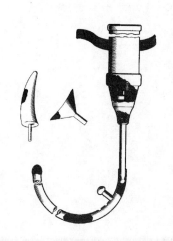

부인용 진동자는 허리끈으로 배터리를
복부에 착용하도록 했고 다양한 종류의
부속물이 달려 있어서 클리토리스와
질 부위를 동시에 자극할 수 있었다.
특허번호 3,504,665 (1970년)

이 기구는 독특한 재질과 형태를 갖고 있어서 동력 장치 없이 자동적
으로 클리토리스를 자극할 수 있도록 만들어진 데다가 사용은 간단하면
서도 세련된 것이었다. 유연한 플라스틱 재질에 V자 형태로 만들어진
이 기구는 한 쪽 가지는 클리토리스에 맞닿도록 음순에 밀착되었고 다
른 가지는 질 안으로 삽입되어 그 유명한 「G 포스트」 부위의 질벽을 압
박히도록 히었다.

마크 세쿨리치의 "자체 완비형 여성 자극기"는 질 안에
삽입한 후 그 위에 옷을 입을 수 있도록 했다.
특허번호 3,996,930 (1976년)

남성용 자극기

1960년대에는 남성용 자극기의 출현도 보게 되는데, 여기에는 크게 두
종류가 있었다. 상대 여성을 흥분시키도록 음경에 부착되어 음경 자체를
바이브레이터로 바꾸어 주는 종류와 자위를 위한 모조 질 종류, 이렇게
두 가지였다. 1964년 펜실베니아 주 멜로스 파크의 마이어 카츠는 음경
뿌리에 착용하는 전동 진동 고리로 특허를 출원하였다. 고무로 된 고리
는 가느다란 막대에 연결되어 있었고, 막대는 다시 110볼트 가정용 전기
로 작동하는 진동 발생기에 연결되어 있었다. 성행위시에 막대는 남녀
사이에 위치하여 음경 고리를 진동시켰다. 남성 성기를 강하게 흔들리게
함으로써 여성 성기를 자극하도록 한 것이었다. 이 기구는 1974년 휴스
턴의 맥브라이드에 의해 더욱 개량되었다. 그의 발명품은 크기가 훨씬

작아졌고, 단추 모양의 작은 건전지로 작동되었으며, 형태는 마치 손전등 같았다. 또 작동 버튼을 눌러 음경을 흔들리게 만드는 데 한 손만으로도 충분했다. 비어레스워 비삭은 이를 개량하여 고리를 원추형으로 늘려 그 일부분이 음경과 함께 질 안으로 삽입되도록 하였다. 즉, 클리토리스 자극기와 음경 바이브레이터를 겸한 것이었다.

전자동 모조 질은 20세기 초 마비 환자에게 쓰였던 커다란 크기의 자동 마사지 기계에서 그 아이디어를 얻어 왔다. 이 자동 마사지 기계는 공기 가압대가 특별히 마련되어 있어 팔이나 다리 혹은 상체 전체를 감싸도록 했고 공기 압력을 이용해 반복적으로 압박하도록 한 장치였다. 1966년 세자리오 배리오는 이 자동 마사지 기계의 축소판을 제작하여 특허를 출원하였다. 이 기계에는 음경을 넣을 수 있는 도넛 모양의 플라스틱 가압대가 달려 있었다. 몇 년 후, 플로리다 주 마이에미비치의 P. 브라브 소벨은 정교한 음경 마사지 기구로 특허를 획득하였다. 이 기구에는 폭신한 튜브를 비롯해 여러 종류의 부착기가 포함되어 있었고 여기에 음경을 집어 넣으면 배터리가 작동되면서 부드럽게 마사지해 주었다.

1975년에는 질 모양의 고무 마사지 가압대가 달린 탁상 크기의 유압식 오르가슴 기계가 특허를 취득했다. 이 기계의 발명자는 다른 어떤 것보다도 정자 은행에 판매할 목적으로 이를 발명한 것이었다. 즉, 정자 채취를 자동화하려는 것이었다. 여러 남성들이 이 기계에 몸을 맡기고 있는 모습을 상상하면 목장에서 기계로 젖소들의 젖을 짜는 모습이 떠오르고 만다.

1976년 울릭 글레이지의 특허품이 마지막 남성용 자극기였다. 이것은 딜도와 정반대의 기능을 하는 것이었다. 손에 올려놓을 수 있는 방수 플라스틱 튜브 안에 사람 살과 같은 고무가 덮여 있어 음경을 감싸도록 하였다. 조용히 진동하는 이 기구의 손잡이를 잡고 일을 마칠 때까지 음경 위아래로 문지르거나 그냥 가만히 놓아두면 되는 것이었다.

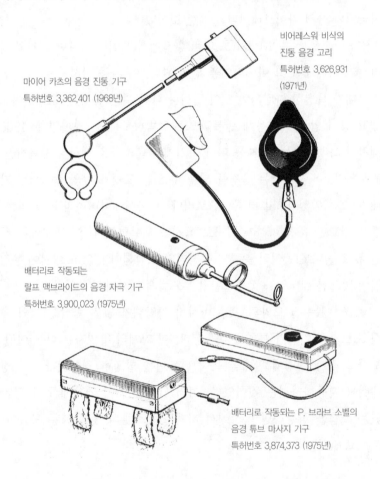

비어레스워 비삭의
진동 음경 고리
특허번호 3,626,931
(1971년)

마이어 카츠의 음경 진동 기구
특허번호 3,362,401 (1968년)

배터리로 작동되는
랄프 맥브라이드의 음경 자극 기구
특허번호 3,900,023 (1975년)

배터리로 작동되는 P. 브라브 소벨의
음경 튜브 마사지 기구
특허번호 3,874,373 (1975년)

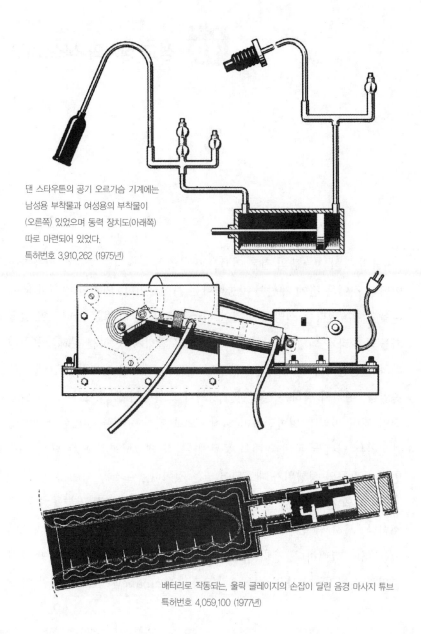

댄 스타우튼의 공기 오르가슴 기계에는
남성용 부착물과 여성용의 부착물이
(오른쪽) 있었으며 동력 장치도(아래쪽)
따로 마련되어 있었다.
특허번호 3,910,262 (1975년)

배터리로 작동되는, 울릭 글레이지의 손잡이 달린 음경 마사지 튜브.
특허번호 4,059,100 (1977년)

15   성교 장치와 섹스 기구

  미국의 특허 시스템의 기본 이념은 미국인의 독창력을 충분히 활용하면 어떠한 것이든 간에 개선이 가능하다는 자신감이다. 이러한 자신감과 떼돈을 벌 수 있다는 희망에 힘입어 미국은 지칠 줄 모르는 아마추어 발명가들의 나라가 되었다. 이들은 드러내놓고 말하지 못 하는 문제, 즉 성행위와 관련된 위험이나 불편을 해결할 수 있는 새로운 발명품 개발에 힘을 쏟았다. 여기서 말하는 성행위는 영화나 소설에서 볼 수 있는 그런 환상적인 것이 아니라 일반인들이 일상적으로 행하는 것을 의미한다. 이 성행위라는 말에는 몸의 형태와 몸무게, 성적 테크닉까지 모두 다른 수백만의 사람들의 성행위가 내포되어 있는 것이다.

  남녀 간의 신장 및 체중의 차이는 성적 만족감에 결정적 영향을 주는 요소이다. 특히 남성이 위에 위치하고 여성이 밑에 있는 전통적인 체위에서는 더욱 그러하다. 샌디에고의 버니 갤런트가 이 점을 고려하여 특허 출원한 것이 「동시 사용 이중 요람(Dual Occupancy Cradle)」이란 이름

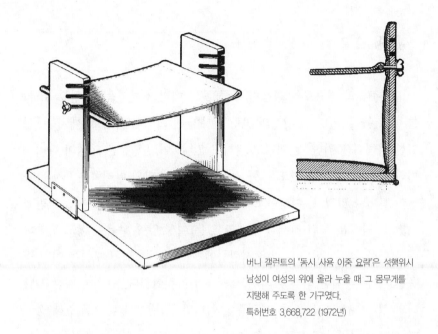

버니 갤런트의 "동시 사용 이중 요람"은 섹행위시
남성이 여성의 위에 올라 누울 때 그 몸무게를
지탱해 주도록 한 기구였다.
특허번호 3,668,722 (1972년)

의 발명품이다. 그는 다음과 같이 설명하고 있다.

「과거 부유한 사람들 가운데는 가정 생활의 가장 은밀한 부분에 있어서
그들의 필요나 구미에 맞게 여러 기구를 개인적으로 개발하여 사용해 왔
다. 하지만 성 파트너의 몸무게를 받쳐 줄 기구의 개발은 지금까지는 없
었던 것으로 알고 있다」

갤런트의 발명품은 요람이라기보다는 받침대에 가까웠다. 이단으로 패
드를 대놓은 기구로서 침대 위에 올려놓을 수 있었는데, 여자는 아래에
눕고 남성은 해먹처럼 생긴 자구만 받침대 위에 몸을 대구 누우면 몸무게
를 느끼지 않으면서도 자유로운 움직임이 가능했다.

성교용 소파

이런 종류의 것으로 앨라배마 주 해롤드 메쳐의 발명품인 「성교 소파」를 예로 들 수 있다. 응접실의 안락 의자만 한 크기의 가구로, 메쳐는 「편안한 성행위를 위한 것」이라고 말하고 있다. 이 발명품은 여성이 다리를 벌리고 뒤로 기댈 수 있도록 한 것이었다. 이 소파의 아래쪽은 Y자의 쿠션이 뻗어나 있었고, 여성이 그 위에 다리를 뻗어 올려놓을 수 있게 만들어졌다. 남성은 그런 자세를 취하고 있는 여성 앞에 무릎을 꿇고 편안하게 삽입을 할 수 있었다. 많은 사람들에게 그저 재미있어 보이는 이 발명품은, 실은 진지한 목적을 가지고 만들어진 것이었다. 단순히 건강한 남녀의 성 관계에 도움을 주는 것뿐만 아니라, 질병이나 나이로 인해 장애가 생긴 여성이라도 서로 만족감을 느끼는 성생활을 영위할 수 있도록 돕는 것이 그 목적이었던 것이다.

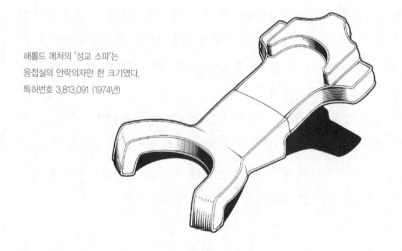

해롤드 메쳐의 "성교 소파"는
응접실의 안락의자만 한 크기였다.
특허번호 3,813,091 (1974년)

성교용 마구

1952년 플로리다 주 마이애미의 루이스 트와이만은 최초의 성교용 마구(Harness)로 특허를 얻어 냈다. 캔버스로 된 끈과 조임 장치로 만들어진 이 기구는 전쟁 기간 중 발달한 낙하산 장치 기술에 힘입은 바 컸다. 거들과 같은 기구로 여성의 허리 주위에 착용하며 커다란 등자(鐙子)가 발목 근처로 내려와 있었다. 남성은 누운 여성의 다리 사이에 몸을 눕히고 한쪽 또는 양쪽 발을 이 등자에 집어 넣을 수 있었다. 이렇게 하면 남녀는 서로 효과적으로 긴밀하게 결합하게 되어 미끄러져 빠지는 것을 방지할 수 있었다. 뒤이어 이 성교용 마구를 개량한 다른 발명가들은 이러한 기구의 주요 사용자는 심장질환 등으로 인해 힘든 육체 활동을 하기 어려운 노인임을 지적하고 있다. 버지니아 주 로날드 위더스는 침대 머리에 고정해 놓은 가구형 성교 마구를 개발하였다. 이 기구에는 조절이 가능한 어깨 패드와 두 개의 등자가 달려 있었다. 위더스는 다음처럼 설명하고 있다.

「통상 성행위시에는 등과 가슴 그리고 어깨와 팔이 근육이 사용되며, 이는 심장병 환

한 쌍의 등자가 달린 로날드 위더스의
침대 머리판 성교용 마구
특허번호 3,896,787 (1975년)

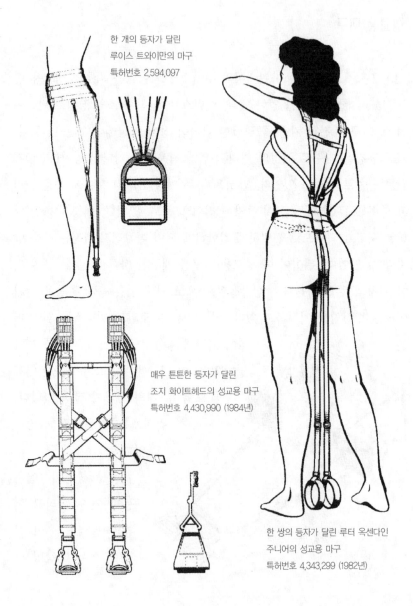

한 개의 등자가 달린
루이스 트와이만의 마구
특허번호 2,594,097

매우 튼튼한 등자가 달린
조지 화이트헤드의 성교용 마구
특허번호 4,430,990 (1984년)

한 쌍의 등자가 달린 루터 옥센다인
주니어의 성교용 마구
특허번호 4,343,299 (1982년)

자들에게 해를 줄 수 있다. 하지만 이 기구를 사용하게 되면 50% 이상을 다리의 근육이 담당하게 됨으로써 심장병 환자들의 위험을 크게 줄여 줄 수 있다」

최근에도 두 개의 유사한 성교용 마구가 특허를 얻은 것으로 알려져 있다.

섹스 핸들

성교용 마구와는 달리 조금은 덜 진지한 성격의 발명품으로서 「섹스 핸들」이란 특이한 기구를 들 수 있는데, 매사추세츠 주 스타우턴의 일레인 러너가 발명한 것이다. 이 발명품에는 허리 밴드와 허벅지 밴드가 있고, 여행용 가방 손잡이처럼 생긴 핸들이 엉덩이 옆쪽에서 이들 밴드를 연결해 주고 있다. 성교를 할 때 이 기구를 이용해 남성은 여성의 하체에 단단히 밀착시킬 수 있고, 또한 서로의 쾌감을 더욱 높여 줄 움직임을 연출할 수 있었다. 러너는 특허출원서에 다음과 같이 쓰고 있다.

「본인이 알고 있는 범위 내에서는 지금까지 성행위시에 자신의 뜻에 맞추어 상대방의 엉덩이 운동을 조절할 수 있는 성 용품은 없었다」

이러한 발명품이 너무도 어처구니없어 보여 실소를 자아낼지도 모르겠다. 하지만 이는 미국인들이 그들의 창의성과 솜씨를 이용하여, 사회가 인정해 주지 않을 수도 있는 광범위한 성적 문제들을 해결하기 위해 어떻게 노력했는가를 엿볼 수 있는 좋은 사례가 될 것이다. 새롭고 독창적인 기구를 만들어 삶의 질을 높이고자 했던 이들 성교용 장비 발명자와 섹스 가구 발명자들이야말로 미 특허청의 본래의 설립 목적을 실현해 주는 완벽한 모범이라 할 수 있다.

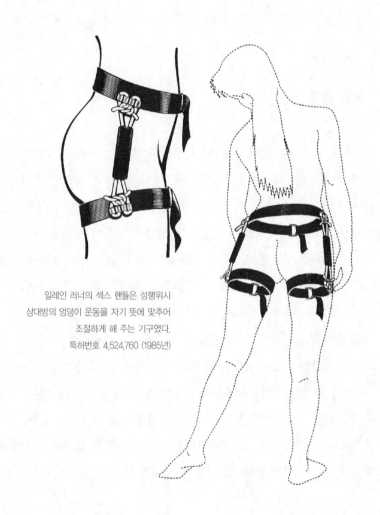

일레인 러너의 섹스 핸들은 성행위시
상대방의 엉덩이 운동을 자기 뜻에 맞추어
조절하게 해 주는 기구였다.
특허번호 4,524,760 (1985년)

16 훈련 기구와 검사기

여성의 성적 반응은 상당 부분 근육의 기계적 반응 상태에 의한 것이다. 바구니 모양으로 여성의 골반을 이루는 여러 뼈 사이로 근육들이 서로 교차되어 지나가고 있으며, 거기에 또다른 세 개의 근육이 비집고 들어오는 것이 여성의 하반신이다. 여기서 세 개의 근육이란 질과 요도 그리고 항문 근육이다. 서로 얽혀 있는 이들 근육은 복잡한 신경 조직으로 긴밀하게 결합되어 배뇨나 배변을 관장하고 성적 흥분과 오르가슴을 일으킨다. 이들 근육은 보이지도 않고 또 느껴지지도 않으며 의식적으로 사용하는 경우도 없기 때문에 인류는 기나긴 역사 동안 그 중요성을 깨닫지 못하고 있었다. 그러던 중 자궁 탈출증이 근육 질환이라는 것이 알려지고, 20세기 초에는 그곳의 근육이 약화되거나 손상되면 여성의 건강에 심각한 영향을 미치게 된다는 사실도 알게 된다. 예컨대 임신으로 인해 요실금이 생기기도 하는데, 그 이유는 요도를 막아 주는 근육이 약화되기 때문이다.

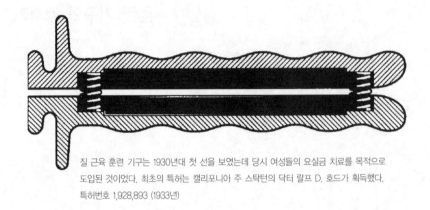

질 근육 훈련 기구는 1930년대 첫 선을 보였는데 당시 여성들의 요실금 치료를 목적으로 도입된 것이었다. 최초의 특허는 캘리포니아 주 스탁턴의 닥터 랄프 D. 호드가 획득했다. 특허번호 1,928,893 (1933년)

1920년대가 되자 산부인과 의사들이 질 근육 강화 훈련을 일반적 치료 항목의 하나로 포함시키기 시작했다. 처음 여성 환자들은 단순히 매일 반복적으로 질 근육을 움츠리라고 지시받았다. 하지만 이 보이지 않는 근육에 대해 별다른 신경을 써본 일이 없던 많은 여성들에게 이 훈련은 쉽지 않은 것으로 느껴졌다. 따라서 의사들 중 어떤 이는 효율적으로 근육에 자극을 주는 훈련 기구에 대해 생각하게 되었다.

질 근육 훈련 기구에 대한 최초의 특허는 1931년 캘리포니아의 어느 의사에게 주어졌다. 그는 특허 서류에서 이렇게 적고 있다.

「본인은 수년 동안 산부인과 의사로서의 진료 경험을 갖고 있으며, 이를 통해 질 근육 강화 훈련의 효용에 대해 깨닫게 되었다. 하지만 지금까지는 환자들이 아무런 기구의 도움 없이 문제의 부위를 움츠리는 방법만을 사용하였다. 이는 매우 효용이 큰 것으로 판명되었다. 그러나 훈련 방법의 효율성을 볼 때, 그것은 마치 아령 없이 아령 운동을 하는 것에 비유할 수 있다」

그의 질 근육 훈련 기구는 두 개의 판으로 이루어진 튜브 형태의 단순한 삽입 기구로, 두 개의 판은 스프링에 의해 약간 벌어져 있었다. 근육을 움츠릴 때 스프링에 의한 저항력이 근육에 가해지도록 만든 것이었다.

여성 생식 근육을 위한 치료법

1950년대에 캘리포니아 대학의 산부인과 의사인 아놀드 H. 케겔은 질 근육 훈련 프로그램을 개발하기 시작했다. 이 프로그램은 그 후 광범위하게 사용되어 현재 「케겔 프로그램」으로 알려져 있다. 처음에 케겔은 요실금으로 고생하는 여성들에게 도움이 될 방법을 찾고자 했다. 그런데 이 프로그램에 참여한 여성들은 잘 짜여진 훈련을 통해 성적 반응이 증가하였음을 보고하였다. 오르가슴이 더욱 강렬해졌으며, 일부 여성은 난생 처음으로 오르가슴을 경험했다고 말하기도 했다. 그 동안 주목 받아오지 못한 여성 생식 근육의 중요성이 알려지게 된 것이다. 그 후의 연구를 통해 불감증으로 치료받은 많은 여성들은 그들 질 근육을 채 10%도 사용하지 않고 있다는 사실이 밝혀졌다. 보이지 않는 근육이, 적절한 긴장과 힘의 부재로 인해 성저인 반응 능력이 반감되거나 아예 사라져 버렸던 것이었다.

닥터 케겔의 훈련 프로그램은 곧 성 기능 장애를 겪고 있는 여성들 치료에 광범위하게 쓰였다. 환자의 진행 상황을 모니터하기 위하여 닥터 케겔은 질 근육의 죄는 힘을 측정하는 공기 압력 기구를 발명, 특허를 획득하였다. 속이 빈 고무 기구가 질 안으로 삽입되고 이 고무 기구는 압력 측정 계기에 연결되어 여성들에게 정확한 피드백을 줌으로써, 근육의 위치를 파악하고 적절히 제어할 수 있도록 도움을 주었다. 또 훈련 프로그램이 진행됨에 따라 근육 강화가 어느 정도 진행되었는지를 측정할 수 있게 해 주었다.

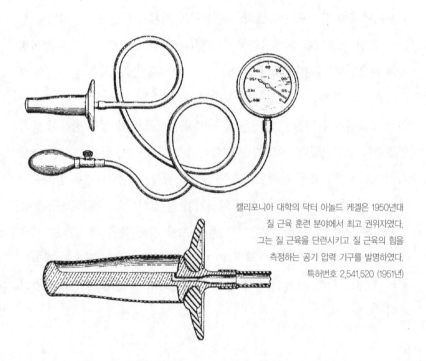

캘리포니아 대학의 닥터 아놀드 케겔은 1950년대 질 근육 훈련 분야에서 최고 권위자였다. 그는 질 근육을 단련시키고 질 근육의 힘을 측정하는 공기 압력 기구를 발명하였다. 특허번호 2,541,520 (1951년)

그후 몇 년 동안 산부인과 의사들과 의료기구 전문가들은 이런 종류의 기구를 여러 개 개발하여 특허를 취득하였다. 이들 발명가 중에는 케겔의 기구를 비판하는 이도 있었다. 그들의 주장은 다음과 같았다.

「그 동안의 의료 인터뷰를 통해 환자들은 케겔의 커다란 측정 기구에 대해 불만이 있음을 알게 되었다. 커다란 크기로 인해 환자가 신체적, 정신적 불편을 받고 있었던 것이다. 질 삽입 기구와 관련해 환자는 두 가지 거부감을 극복해야 한다. 그 중 하나는 남근에 대한 공포감이며 또다른 하나는 자위행위와 관련된 죄책감이다. 보통 의사의 신뢰감 가는 설명이 이런 거부감을 완화시키는 데 도움이 된다. 하지만 살색의 음경처럼 생긴 케겔의 기구는 이런 거부감을 더욱 심하게 한다」

한편, 다른 발명가들은 질 훈련 기구들을 오히려 음경 모양에 가깝게 만드는 데 힘을 기울이고 있었다. 예를 들면 뉴욕 주 버팔로의 하워드 사세는 작고 경제적인 훈련 기구를 만들었는데, 결론적으로 그것은 액체를 채운 딜도 끝에 측정기를 달아 놓은 것이었다. 그는 다음과 같이 기록했다.

하워드 사세의 개인용 질 근육 훈련 기구는
액체를 채운 딜도에 측정기를 달아 놓은 모습이었다.
특허번호 4,048,985 (1977년)

「본 기구는 질 압박 기술을 익히는 데 사용할 수 있는 기구이다. 이 기구를 이용해 규칙적으로 훈련을 하면 압박 기술을 얻을 수 있으며, 실제로 이 기술을 사용하게 되면 성행위 당사자 모두에게 최대의 즐거움을 줄 수 있다」

우주 시대의 질 관련 전자공학

이 분야에 새로운 최첨단의 기술을 이용한 발명품은 닥터 필립 A. 드랭기스에 의해 첫선을 보였다. 1972년 특허를 얻은 이 기구는 전극이 달린 질 삽입 기구로, 약한 전류를 자동적으로 흘려보내 질 근육이 자동적으로 수축하게 만들어 실제적으로 여성들에게 훈련 효과를 주는 기구였다. 우주 시대의 도구답게 세련된 모습을 한 닥터 드랭기스의 기구는 민무늬근과 가로무늬근 모두를 훈련할 수 있게끔 두 종류의 전류를 사용하도록 프로그램되어 있었다. 또한 드랭기스에 따르면 이 기

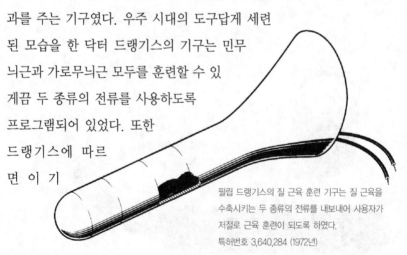

필립 드랭기스의 질 근육 훈련 기구는 질 근육을 수축시키는 두 종류의 전류를 내보내어 사용자가 저절로 근육 훈련이 되도록 하였다.
특허번호 3,640,284 (1972년)

구의 사용을 통해 여성 불감증을 크게 줄인 바 있고, 요실금을 완화시켰으며, 다른 여러 비뇨기과 질환을 개선시켰다는 것이다.

하지만 산부인과 의사 중에는 전기 자극을 이용한 자동 질 근육 훈련에 반대하는 사람들이 있었다. 존 페리 주니어는 특허청에 제출한 서류에 다음과 같이 적고 있다.

「그러한 전기 기구는 사람 몸에 전기 충격을 가하는 것이다. 전기 충격이 아무리 약한 것이라 하더라도 그 기구의 제조와 사용에 있어서 세심한 전문가의 감독과 관리가 필요하다. 또한 이러한 전기 충격에 대해 많은 환자들은 공포감과 거부감을 갖고 있다」

닥터 페리는 질에 사용하는 「근전도기(筋電圖機, myograph)」로 특허를 획득하였다. 이 기구는 근육이 수축과 이완을 할 때 자연적으로 발생하는 전류를 검출하는 기구였다. 이 기구를 통하면 여성들은 자신의 질 근육이 현재 어떤 상태인지를 실시간 음향으로 듣거나 화면으로 볼 수 있었다.

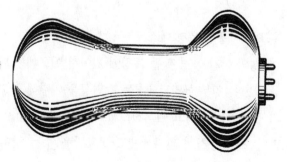

닥터 페리의 전자 생체자기제어 장치는 질 근육의 움직임을 전자적으로 읽어서 사용자에게 이를 실시간 음향으로 들려주거나 화면으로 보여줌으로써 좀더 효과적으로 질 근육을 단련할 수 있도록 한 것이었다
특허번호 4,396,019 (1983년)

남성 성기 근육 측정기

한편 남성용의 정교한 성 근육 측정 기구 또한 개발되고 있었다. 수면 중 발기의 빈도와 지속 시간을 측정하는 것이 주목적이었다.

이제 수면 중 발기는 여러 측면에서 성적 건강을 말해 주는 바로미터로 여겨지게 되었다. 예컨대 발기 불능에는 두 가지 종류가 있어서, 하나는 심리적 문제로 인해 일어나는 것이고 다른 하나는 발기를 일어나게 하는 혈관과 근육의 이상으로 인한 것이다. 하지만 발기의 원인이 기질적인 것인지 심리적인 것인지를 판단하기란 쉬운 일이 아니다. 심리적 장애가 근육의 활동을 완전히 방해해서 이 둘을 구별할 수 없도록 만들기 때문이다. 그러나 심인성 발기부전 환자에게는 건강한 사람과 마찬가지로 수면 중에 몇 차례의 발기가 일어난다는 사실이 알려지게 되었다. 동시에 완전한 기질성 발기부전 환자는 어떤 경우든 전혀 발기가 일어나지 않음도 밝혀졌다. 따라서 발기부전을 진단하는 경우에 환자가 수면 중에 발기를 일으키는지의 여부를 빨리 아는 것이 중요한 일이 되었다.

우표를 이용한 음경 테스트

남성의 야간 음경 활동 측정에 있어서 애초에는 매우 단순한 것들이 사용되었다. 일부 클리닉에서는 수면실을 마련해 놓고 간호사가 밤새 음경의 움직임을 살피고 기록하도록 하였다. 하지만 이 방법은 매우 비용이 많이 드는 동시에 환자에게도 당혹감을 주는 것이었다. 어떤 의사들은

「우표 발기 테스트」란 방법을 사용했다.

이 방법은 이름에서 짐작할 수 있듯이 아주 단순한 것이었다. 잠자리에 들기 전 연이어 붙어 있는 우표 한 줄을 환자의 음경 주위에 감는 방법이었다. 마지막 우표에는 침을 발라 종이 고리처럼 만들어서 잠자는 동안 음경이 발기하게 되면 우표와 우표 사이가 찢어지게 해 놓는 것이었다. 의사는 환자에게 보통 3일간 연속해서 이 테스트를 실시했다. 하지만 이 방법은 여러 변수에 따라 그 결과가 달라질 수 있다는 단점이 있었다. 어떤 우표는 쉽게 찢어지지 않았고, 또 어떤 것들은 발기하지 않았음에도 불구하고 잠자는 동안의 단순한 움직임에 찢어지기도 했던 것이다.

1977년 일단의 의료기구 개발자들이 침대 곁에 둘 수 있는 띠 그래프 기록기로 특허를 출원하였다. 이 기록기는 환자의 음경에 위치한 측정기와 연결된 것으로, 측정기는 음경 두 군데에 부착하게 되어 있었다. 이들 측정기가 늘어나고 줄어듦에 따라 전기 신호를 보내도록 하였는데, 기다란 전선이 이 측정기와 기록기를 연결해 주었다. 이 기계는 밤새도록 음경 크기의 변화를 기록했다.

또다른 발명가는 음경을 감싸는 플라스틱 기구로 특허를 획득하였다. 이 기구는 우표 음경 테스트의 우표와 같은 역할을 하는 것이었다. 하지만 그 결과는 훨씬 정확했다. 값이 비싸지 않은 가벼운 플라스틱 밴드는 손목시계를 손목에 차듯 음경에 두르면 음경의 팽창에 맞추어 늘어났다. 줄자와 같은 곳에 표시가 나므로 한자는 간밤에 최대 발기가 어느 정도였는지를 정확히 확인할 수 있었다. 이 외에도 이런 형태의 기구를 개량한

알바로 모랄레스의 플라스틱 측정 고리

특허번호 4,428,385 (1984년)

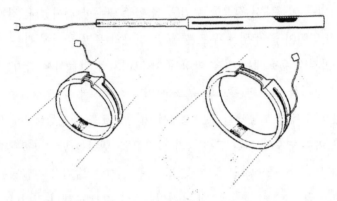

발기 측정 기술 – 아주 단순한 것에서부터 매우 복잡한 것까지

1980년대에는 오랫동안 외면되어 왔던 발기부전의 문제가 많은 의사와 클리닉에 의해 점차 부각되었다. 발기부전의 원인을 찾아내기 위해서는 야간 발기에 대한 정보 수집이 중요했으므로 여러 개의 발기 측정 기구가 1980년대에 나오게 되었다. 이들 기구는 위에서 본 간단한 플라스틱 기구에서부터 데스크탑 컴퓨터 시스템이 동원되는 장치에 이르기까지 매우 다양했다.

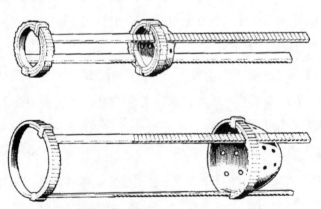

발기 굵기 및 길이를 측정하는 아브라함 골드스타인의 기구

특허번호 4,469,108 (1984년)

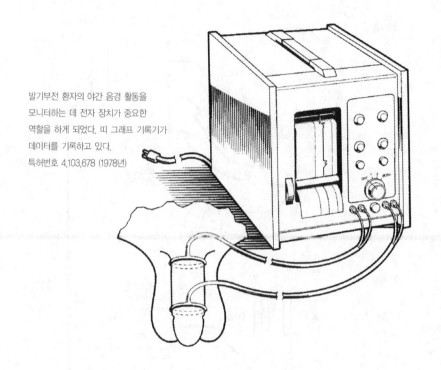

발기부전 환자의 야간 음경 활동을
모니터하는 데 전자 장치가 중요한
역할을 하게 되었다. 띠 그래프 기록기가
데이터를 기록하고 있다.
특허번호 4,103,678 (1978년)

여러 발명품들이 있다.

　데스크탑 컴퓨터 혁명이 전국을 휩쓸기 시작한 1980년 중반, 미니에폴리스의 데이콤드 코포레이션이란 회사가 특허를 얻은 발명품은 음경에 계측 고리를 달아 컴퓨터에 연결한 것이었다. 음경에서 발생한 정보는 데스크탑 컴퓨터로 보내졌고, 컴퓨터의 데이터베이스 프로그램은 이를 수집하여 대조 평가하였다.

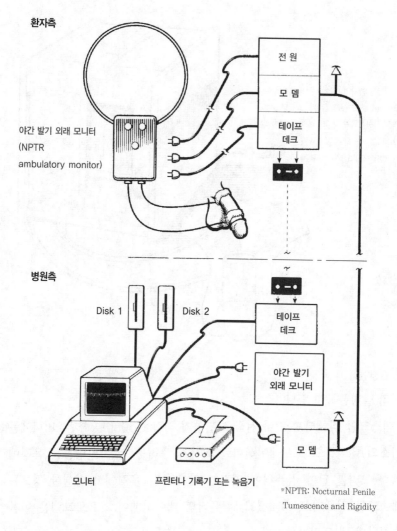

환자측

야간 발기 외래 모니터
(NPTR
ambulatory monitor)

전 원

모 뎀

테이프
데크

병원측

Disk 1   Disk 2

테이프
데크

야간 발기
외래 모니터

모 뎀

모니터   프린터나 기록기 또는 녹음기

*NPTR: Nocturnal Penile
Tumescence and Rigidity

의료기 회사인 데이콤드 코포레이션의 주문에 의해 제랄드 팀은 야간 발기 측정을 위한
컴퓨터 장치를 위와 같이 만들었다. 특허번호 4,515,166 (1985년)

전자 성기 싸개

닥터 윌리엄 매스터즈와 닥터 버지니아 존슨이 인간의 성 반응에 대해 광범위한 연구를 행한 1960년대 이후로, 성기의 활동을 조사하고 기록하는 전자 장치의 사용은 더욱 첨단화되어갔다. 매스터즈와 존슨은 온갖 종류의 기구를 이용하여 성적 흥분 상태나 오르가슴시에 일어나는 생물학적 활동을 기록하였다. 매스터즈와 존슨이 그들의 결과를 발표하기 시작하자 커다란 반향이 일었다. 그들의 연구 결과는 성적 흥분 및 성교 중에 실제로 일어나는 것에 대한 최초의 상세한 기록이었다. 이를 계기로 기계 장치를 사용할 때 성적 「효율」을 고려하는 것이 유행하였다. 성 요법을 제공하는 클리닉은 이러한 측정 기구들을 점점 더 많이 사용하게 되었다.

이런 새로운 시장을 겨냥한 사람 중의 하나가 1968년 전자 성기 싸개로 특허를 얻은 메릴랜드 주 베세다의 라파엘 카레라였다. 그의 발명품은 성교시에 음경과 질의 표면에 일어나는 활동을 모니터하고 기록하는 기구였다. 콘돔처럼 남성이 착용하는 기계로, 소형 압박 센서들이 박혀 있었고 각 센서는 중앙 데이터 수집 기계로 신호를 보내게 만들어졌다. 카레라의 전자 성기 싸개는 성행위시 왕복 운동에 따라 발생하는 마찰과 압박에 대한 정보를 수집하는 것이었다. 예컨대 띠 그래프 기록기는 클리토리스 부분에 가해지는 압박의 형태와 세기를 측정하고 이를 표시해 줄 수 있었다. 카레라가 밝혔듯이, 의사들은 이를 이용해 환자로 하여금 상대 여성을 더욱 적절히 흥분시킬 수 있도록 그들 몸의 위치와 왕복 운동

자세를 교정해 줄 수 있었다. 또한 이 기구는 오르가슴 중에 일어나는 남성 및 여성의 근육 경련을 찾아내어 이를 기록할 수도 있었다. 카레라는 특허출원서에서 다음과 같이 밝히고 있다.

「결혼한 부부들은 이 기구를 이용해 성관계시에 최대의 효율을 얻을 수 있도록 연습할 수 있다」

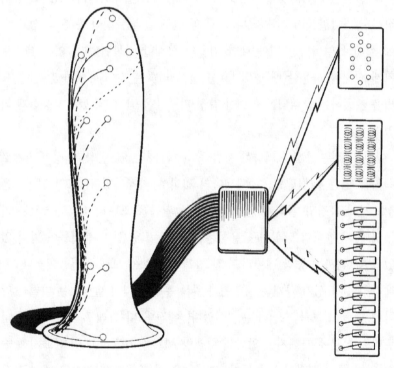

전자적으로 성기의 활동을 모니터하는 라파엘 카레라의 음경 싸개
특허번호 3,417,743 (1968년)

미래에 대한 전망

이런 다양한 성 근육 훈련 및 측정 기구를 발명한 사람들은 대부분 성기능 장애 전문 치료와 관련된 사람들이다. 따라서 일반적으로 이들은 비전문가에 비해 이 문제를 제대로 파악하고 있었다.

미국의 영화와 TV, 소설, 음악은 성적으로 활발하며 또 만족스러워하는 여성들의 모습으로 덧칠되어 있다. 하지만 과학적 조사에 의해 밝혀진 바에 따르면 상당수의 여성은 그렇지 못 했다. 현실적으로, 미국 여성들은 비교적 낮은 단계의 성적 만족도를 보이고 있다. 1994년 조사에 따르면 다섯 명의 여성들 가운데 한 명은 전혀 성적 쾌감을 느끼지 못하고 있으며 성행위마다 오르가슴을 느끼는 여성은 전체 여성의 29%에 불과하다는 것이다.

많은 경우 성기 근육을 제대로 사용하지 못하는 단순한 이유가 주요 원인으로 생각된다. 점점 육체 활동이 적어지고 전반적으로 운동을 소홀히하는 점을 고려할 때 그것은 더욱 설득력 있는 이유가 된다. 따라서 지금까지 많은 발명가들이 관심을 기울여 온 성기 근육 기구에는 거대한 잠재적 시장이 있음을 어렵지 않게 깨달을 수 있다. 이 분야에 쏠리고 있는 관심과 최근의 전자 공학, 유전 공학에서의 획기적 발견 등을 살펴볼 때, 아나볼릭 스테로이드(근육증강제;역주)를 성기 근육에만 작용시킨다든지 레이저를 이용해 성 클리닉의 치료실을 마치 가상 현실의 오락실처럼 만들어 놓을 날도 곧 도래할 것이다.

17 에이즈 시대의 안전한 성행위를 위한 발명품

 1980년대가 되자 지난 20년간 성해방이라고 환호하던 행동에 대해 대가를 지불해야 하는 불행이 찾아온다. 성 억압이 완화되면서, 가장 급격한 변화를 본 것은 성병의 전염 속도였다.

 성병 감염율은 그야말로 하늘 높은 줄 모르고 치솟았다. 처음에는 헤르페스가 창궐하여 수천만의 사람들이 감염되었다. 이 질환은 성기에 포진이 발생하는 불치의 병이었다. 그리고 그 다음엔 에이즈가 출현하였다.

 1986년 가을, 당시 미 공중 위생국 장관이었던 C. 에버렛 쿠프는 에이즈가 이미 전국적 규모의 전염병이 되었으며, 더 이상의 확산을 막기 위해서는 전국민의 성적 행동과 성적 태도에 있어 획기적인 변화가 있어야 한다는 내용의 성명을 발표했고, 그로써 미국은 큰 충격을 받았다. 그리고 그는 단호히 콘돔의 사용을 촉구했고, 성 실태에 관한 전국 규모의 토론의 장을 마련할 것도 권고하였다.

 국가적 재난의 경우와 마찬가지로 에이즈의 위기에서도 얻은 자와 잃은 자가 생겨났다. 잃은 자들은, 물론 바이러스에 감염되어 목숨 자체를 잃은 사람들이고 얻은 자들은 정부와 미디어를 종용하여 에이즈 관련 상품 판촉에 나서서 큰 부를 이룬 사람들이다. 예컨대 닥터 쿠프가 콘돔을 에이즈 예방에 있어 가장 효과적인 것으로 이야기하자, 콘돔 회사들의 주식은 최대 170%까지 치솟았다. 이런 종류의 뉴스는 기업가들을 흥분시키기에 충분한 것이었다.

미국 전역에 걸쳐 안전한 성행위 기구를 발명하여 특허를 얻으려는 노력이 봇물처럼 터져 나왔다. 하지만 이윤을 남기는 제품으로 구현해 내는 일은 생각만큼 쉬운 것이 아니었다. 피부의 실제적 접촉 없이 성행위를 행할 수 있게 한다는 문제는 그리 간단히 해결될 것이 아니었다. 이 문제점을 해결하고자 한 발명품들을 살펴보면 아무리 좋게 말한다고 해도 유별나고 괴상하다는 표현을 쓰지 않을 수 없다. 이들 발명품은 우비 같은 모습에, 온몸을 덮는 고무 싸개에서부터 꼴사나운 모습의 부착식 피임 도구와 전자동 섹스 로봇에 이르기까지 매우 다양했다. 특히 섹스 로봇은 두 사람의 발명가가 특허를 획득한 것으로, 이것을 이용하면 살아 있는 성 파트너와 위험스러운 관계를 맺을 필요가 전혀 없다고 주장했다.

일부 발명가들은 상업적 성공을 거두기도 했다. 지금까지 특허가 허용된 여섯 개의 여성용 콘돔 중 하나가 미 식품의약국의 승인을 받게 되었다. 그것은 이내 언론의 주목을 받게 되었고 현재 위스콘신에 있는 한 제약회사에 의해 생산되고 있다.

하지만 그 외의 발명가들은 큰 손실을 보기도 했다. 와이오밍 주 해나의 닥터 A. V. K. 레디는 한 인터뷰에서 자신의 특허품인 여성용 콘돔 비키니를 상품화하는 데 1천 200만 달러를 사용했다고 말했다. 그러나 미 식품의약청의 승인을 받지 못 하자 그에게 남겨진 것은 화려한 색깔의 제품과 포장 재료, 전시용 선반과 광고 홍보물, 그리고 빚뿐이었다.

이러한 위험 요소에도 불구하고 발명가들 사이의 경쟁은 여전히 치열하다. 예를 들면 팬티 속에 콘돔 주머니를 달아 놓은, 서로 유사한 발명품으로 지금까지 세 사람의 발명가가 특허를 받았다.

새로운 형태의 남성용 콘돔

콘돔은 성 기구 분야에 있어서 여전히 중심적 역할을 하고 있다. 다른 이유는 차치하고라도, 콘돔은 에이즈 예방에 가장 적절한 도구임이 공식적으로 확인되고 있기 때문이다. 하지만 콘돔 사용을 촉구하는 보건 당국자들의 꾸준한 노력에도 불구하고, 성적으로 활발한 사람들 중 상당수는 여전히 콘돔을 사용하지 않고 있다. 에이즈 감염 우려가 가장 높은 집단에서도 마찬가지이다. 따라서 정부 당국자들은 좀더 사용이 편리한 콘돔 개발에 격려를 아끼지 않고 있다.

1987년 펜실바니아 주 해트보로의 마이클 메도우스는 그의 특허 출원 서류에서, 남성들이 콘돔을 회피하는 이유는 콘돔을 사용하면 감각이 떨어지기 때문이라고 설명했다. 그가 제출한 새로운 디자인은 두 겹으로 이

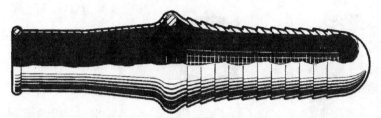

마이클 메도우스의 두 겹 짜리 콘돔은 윤활제와 특수한 결을 지닌 재질을 내부에 사용하여 남성의 감각을 높여 주도록 하였다. 특허번호 4,798,600 (1989년)

루어진 콘돔으로, 윤활제와 특별한 감촉의 재질을 사용하여 여성의 질과 같은 느낌이 들도록 했다. 즉 이 발명품은 콘돔인 동시에 성 용품이었던 것이다. 바깥쪽 껍질은 상대방 여성의 질에 움직이지 않고 고정되는 반면 남성 성기에 닿아 있는 내피는 부드럽게 마찰하며 움직였다.

뉴욕 주의 개리 존슨은 전기 장치를 이용해 그러한 효과를 얻고자 「전기 전도성」 콘돔이란 특허품을 개발하였다. 존슨에 따르면 이 콘돔의 고무 막 속에는 전기 도체인 탄소 가루가 들어가 있어 성기의 피막에서 발생되는 미량의 전류를 흘려보낼 수 있다고 한다. 존슨은 특허청 심사 서류에서 주장하기를, 자연산 양피로 만든 콘돔이 라텍스 콘돔보다 더욱 감각을 잘 전달해 주는 이유는 그것이 라텍스와는 달리 자연 발생하는 전류를 통과시켜 주기 때문이라는 것이다.

완전히 다른 방식으로 콜로라도 주의 버나드 헤인즈는 「감각 전달 막」 콘돔이라는 혁신적인 발명품을 내놓았다. 겉모습은 단순하지만 매우 흥미로운 특성을 지닌 것으로, 그의 콘돔은 여기저기에 짧고 부드러운 돌

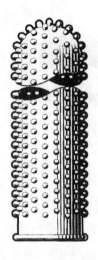
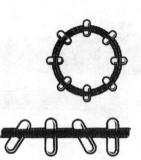

기가 달려 있었다. 이전에 이미 특허를 얻은 돌기형 콘돔의 형태를 취하고 있지만, 이전의 발명품과 구별되는 것은 콘돔의 고무막 안쪽에도 돌기나 나 있다는 점이다. 성행위를 할 때 돌기의 양쪽이 각각 음경과 질에 닿도록 한 것이다. 콘돔 막 안팎의 각 돌기들은 지렛대와 같이 움

버나드 헤인즈의 "감각 전달 막"은 작고 부드러운 돌기를 이용하여 한 쪽의 움직임을 다른 쪽으로 직접 전달해 주도록 했다.
특허번호 4,852,586 (1989년)

직였다. 한 방향으로 밀어 주면 그 반대 방향으로 움직였다. 돌기 하나하나는 독립된 개체로 움직였으므로 매우 섬세한 움직임도 반대편으로 전달해 줄 수 있었다. 따라서 남성과 여성 모두에게 감각을 높여 주었을 뿐만 아니라 오히려 감각을 증폭시켜 주는 효과도 지니고 있었다.

메릴랜드 주의 마이클 스탱은 1988년 향기 나는 콘돔으로 특허를 출원하였다. 그의 설명에 따르면 자신의 발명품의 목적은 콘돔 사용에 대한 거부감을 줄여 주고 향기로운 냄새를 풍겨 성적 즐거움을 더욱 높여 주는 데 있다는 것이었다. 콘돔 위에는 여러 줄로 튜브가 달려 있었다. 이 튜브 안에는 반 고체 상태로 몸에 흡수되지 않는 합성 물질이 들어 있었는데, 이 합성 물질은 체온에 의해 액체로 바뀌었다.

매사추세츠 주의 폴 라이온스는 컴퓨터 칩이 내장되어 있어 음악을 녹

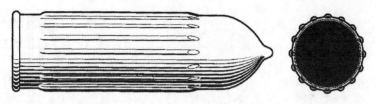

마이클 스탱의 향기가 나는 콘돔 특허번호 4,919,149 (1990년)

음, 재생할 수 있는 콘돔으로 특허를 획득하였다. 콘돔 입구 쪽에 달려 있는 컴퓨터 음악 칩은 압력에 의해 작동되도록 하였다. 라이온스는 다음과 같이 적고 있다.

「이 발명품의 목적은 사용자들이 기꺼이 콘돔을 사용하도록 만드는 데 있다. 또 상황에 맞게 사용자가 선곡하여 곡을 집어 넣을 수도 있다. 그리고 음악이나 음성 메시지를 단 1회만 재생할 수도 있고, 성 관계를 하는 동안 반복할 수도 있다」

여성용 콘돔

앞에서 언급한 바와 같이 에이즈 시대에 출현한 것 중 가장 잘 알려진 대체형 콘돔은 바로 여성용 콘돔이다. 본래 1977년의 특허품으로서, 여성들이 주도적으로 피임할 수 있도록 개발되었다. 1986년 이후로 다섯 명의 발명가들이 본래의 이 여성용 콘돔을 각기 개량하여 특허를 얻었다. 이들은 모두 유사한 형태를 취하고 있었다. 칼집이나 주머니처럼 생긴

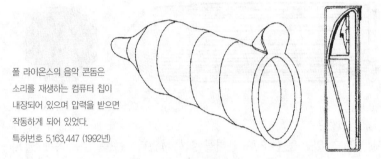

폴 라이온스의 음악 콘돔은
소리를 재생하는 컴퓨터 칩이
내장되어 있으며 압력을 받으면
작동하게 되어 있었다.
특허번호 5,163,447 (1992년)

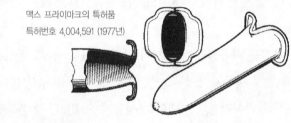

맥스 프라이마크의 특허품
특허번호 4,004,591 (1977년)

여성용 콘돔

여섯 명의 발명가들이 여성용 콘돔으로 특허를
얻었다. 그 중 세 개를 여기 선보인다.

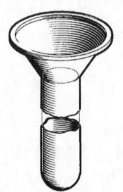

로버르토 퀴로즈의 특허품
특허번호 4,875,490 (1989)

데이비드 로비초드의 특허품
특허번호 4,794,920 (1989년)

것을 질 안에 밀어 넣도록 하였고, 플라스틱 고리나 테두리 또는 챙이 질 바깥쪽으로 나와 있어 콘돔을 고정시켜 주는 역할을 했다. 이것이 처음으로 판매 승인이 난 때는 1993년이었다. 그러나 이미 널리 알려져 있었음에도 불구하고 판매는 그다지 신통하지 못 하였다. 여성들은 그 감촉과 사용할 때 나는 소리에 대해 부정적인 반응을 보였으며(사용시 약간 찍찍거리는 소리가 나는 것으로 보고되고 있다), 또한 피임 도구로서의 효율성이 낮다는 보도에 따라 그 사용을 포기했던 것이다. 조사에 따르면 여성용 콘돔을 규칙적으로 사용한 사람들 중 26%가 임신을 했다고 한다. 하지만 보건 당국자들은 에이즈 예방 기구로 여성용 콘돔의 사용을 적극 권장하였다.

구강 콘돔

1987년, 몇 주를 사이로 세 명의 발명가들이 두 가지 형태의 「구강 콘돔」을 특허 출원하였다. 이것은 구강 성교시 입 주위에 착용하도록 한 것이었다. 그 중 첫 번째 형태는 오하이오 출신의 두 사람에 의해 만들어진 것으로, 치아 보호대와 비슷한 모습이었다. 라텍스 재질에 밴드 모양을 하고 있었고, 가운데는 콘돔이 있었으며, 양끝의 고리는 귀에 걸도록 만들어졌다. 이 기구의 발명자들은 다음과 같이 기록하고 있다.

「이 기구의 목적은 구강을 성적으로 사용함에 있어 직접적 접촉을 피하

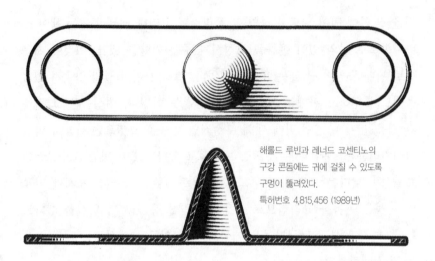

해롤드 루빈과 레너드 코센티노의
구강 콘돔에는 귀에 걸칠 수 있도록
구멍이 뚫려있다.
특허번호 4,815,456 (1989년)

구강 콘돔

보건 당국자에 의해 구강 성교가 에이즈 바이러스 확산의 가장 큰 원인이라고 밝혀짐에
따라 구강 성교시 사용할 수 있는 구강 콘돔 두 종류가 특허를 획득하게 되었다.

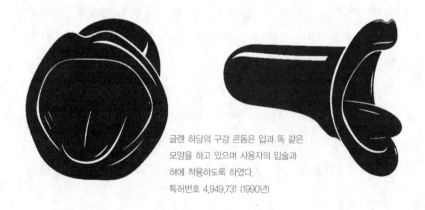

글렌 하딩의 구강 콘돔은 입과 똑 같은
모양을 하고 있으며 사용자의 입술과
혀에 착용하도록 하였다.
특허번호 4,949,731 (1990년)

도록 하는 데 있다」

두 번째는 실제 입의 형태를 취한 것으로, 할로윈 때 사탕가게에서 판매하는 밀랍 입술 그대로이다. 이 고무 기구 전체를 입 속에 넣어 혀와 입술이 제자리를 잡게 했다. 머리 끈으로 고정하는 것도 있었고, 또 네 모퉁이에 접착제를 발라 뺨에 붙이도록 한 것도 있었다. 발명자인 글렌 하딩은 다음과 같이 쓰고 있다.

「구강 성교를 통해 체액이 옮겨진다는 사실을 고려할 때 새로운 구강 콘돔은 상당히 중요한 발명품이라 할 수 있다. 본인의 발명품은 입술과 혀 그리고 입의 형태에 맞도록 만든 것으로 편하게 착용할 수 있고, 최대한의 자연스런 감촉이 느껴지도록 했으며 색상과 촉감 및 그 맛을 구미에 맞게 맞춤 주문할 수도 있다. 또 사용자가 자신의 타액을 별다른 불편 없이 삼킬 수 있도록 만들었다」

콘돔 보관 용기

콘돔을 사용하기 위해서는 바로 결정적인 순간에 손 닿는 곳에 콘돔이 있어야만 한다. 여러 발명가들은 이 점을 겨냥해 콘돔을 보관하는 열쇠고리라든가 보석 모양의 작은 상자 등 다양한 특허품을 선보였다. 아마도 지금까지 나온 것 중 가장 희한한 제품은 위스콘신 주 투니 패론의 발명품이리라. 그것은 남성 속옷 안에 받쳐 입는 아주 가벼운 허리 밴드에 고리 모습을 한 콘돔 꽂이가 음경과 같은 높이로 매달려 있다.

이 꽂이는 또한 콘돔을 펼치는 데 사용할 수 있어서 한 손만으로도 콘돔을 착용할 수 있고, 따라서 별다른 방해 없이 행위를 계속해 나갈 수 있다고 한다.

콘돔 주머니 속옷

1989년과 1991년 사이에 세 명의 발명가들이 각기 「콘돔 주머니 속옷」으로 특허를 출원하였다. 세 개의 디자인 모두 기능적으로는 매우 유사한 것으로, 남성 속옷 또는 여성 속옷 상단에 자그마한 주머니가 달려 있는 것이다. 미시간 주 폰티액의 마이클 캐치카는 세 사람 중 최초로 특허를 획득한 사람으로, 이러한 발명을 하게 된 배경에 대해 다음과 같이 기록하고 있다.

「에이즈의 확산에 대해 사람들이 점점 더 큰 우려를 갖게 되면서 콘돔의 사용이 늘어나고 있지만 콘돔을 소지하고 다닐 수 있는 적절한 방법이 아직 없는 실정이다」

콘돔 옷

콘돔과 의복을 결합하여 만든 「콘돔 옷」 역시 발명가들의 엉뚱한 상상력이 낳은 발명품으로, 콘돔을 커다란 사타구니 보호대나 고무로 된 피복 등에 달아 놓은 것이다.

콘돔 옷의 아이디어는 그리 새로운 것이 아니다. 이미 1951년 노스캐롤

토니 패론의 콘돔 꽂이는 사용자가 속옷 안에 받쳐입
는 허리 띠 형태의 기구에 콘돔을 꽂을 수 있도록
한 것이었다. 이를 이용하면 사용자는 필요시
한 손만으로도 콘돔을 착용할 수 있다.
특허번호 4,875,491 (1997년)

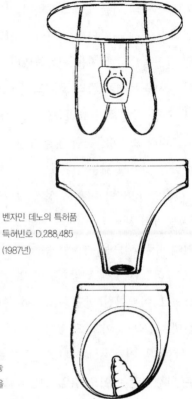

벤자민 데노의 특허품
특허번호 D.288,485
(1987년)

안톤 데이비스와 케빈 시몬스
그리고 리차드 블레어의 특허품
특허번호 4,942,885 (1990년)

콘돔 의복

10여 명의 발명가들이 콘돔의 기능을 의복으로 옮겨 놓
는 일에 힘을 쏟았다. 이들 의복은 피부 및 체액 접촉을
더욱 확실히 막아 줄 수 있는 것이었다.

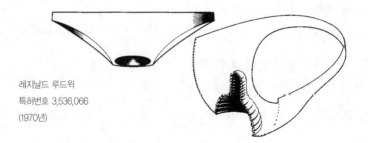

레지날드 루드윅
특허번호 3,536,066
(1970년)

라이나 주의 더글러스 크래독이 이에 대해 특허출원을 한 바 있다. 1980년대까지 세 사람의 발명가들이 사타구니에 콘돔을 달아 놓은 팬티 형태의 발명품으로 특허를 획득하였다. 이들 발명품은 헤르페스 감염을 우려하는 사람들에게 좀더 효과적인 예방 도구를 제공할 목적으로 만들어졌다. 이들 발명품이 효과적인 예방 도구였는지는 모르지만, 큰 불편을 주었으리라 보인다. 격한 몸놀림을 하는 성행위시 더위와 불편함을 가져다 주었을 것이기 때문이다.

하지만 1986년 이후로 성기 주변을 불투과성의 보호대로 완전히 가리는 방법이 새로운 에이즈 예방 특허품으로 활용될 수 있음을 깨달았고, 이에 따라 새로운 관심이 부풀게 되었다. 1987년 뉴욕 주 레고파크의 마크 그러브만은 섹스 앞치마와 얼굴 마스크로 이루어진 발명품을 특허 출원하며 다음과 같이 적고 있다.

「콘돔은 전혀 사용하지 않는 것보다는 낫겠지만 에이즈 감염 위험을 크게 줄여주지는 못 한다. 이는 부주의나 사고로 인해 체액이 번지거나 흐르는 일이 생길 수 있기 때문이다. 그러나 광범위한 홍보 덕분에 가장 큰 위험 요인을 안고 있는 사람들도 에이즈 예방에 세심한 주의를 기울일 필요성에 대해

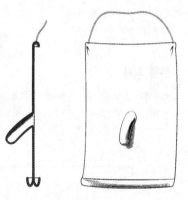

마크 그러브만의 콘돔 앞치마는
사용자가 허리에 두르면 아랫단이
허벅지 중간까지 내려왔다.
특허번호 4,781,709 (1988년)

서는 잘 알고 있다」

 그러브만의 놀랄 만한 발명품은 허리에 매면 허벅지까지 내려오는 플라스틱 앞치마였다. 음경 높이에는 콘돔이 달려 있었고, 특별히 마련한 아랫단은 앞치마를 타고 흘러내리는 체액을 받아내도록 되어 있었다. 또 여기에는 플라스틱 안면 가리개가 포함되어 있어서 성행위시 상대방의 입술과 타액의 접촉을 막기 위해 이를 머리에 졸라매도록 했다.

 코네티컷 주 스탬포드의 케네스 존슨은 콘돔 반바지로 특허를 출원하였다. 그의 발명품은 몸에 꼭 달라붙는 바지로, 허리에서 허벅지 중간까지 내려왔으며 사타구니 앞쪽과 뒤쪽에 콘돔이 특별히 마련되어 있었다. 앞

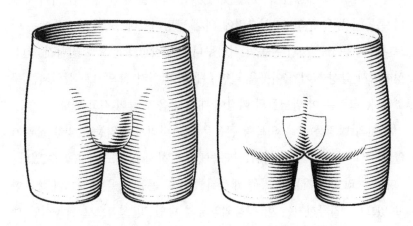

케네스 존슨의 콘돔 반바지는 라텍스로 된 패널이 사타구니에 달려 있었으며 앞과 뒤에서 바깥쪽 또는 안쪽으로 콘돔이 펼쳐지도록 하였다. 특허번호 4,807,611 (1989년)

쪽 콘돔은 앞쪽으로 펼쳐져 착용자의 발기된 음경이나 질에 착용되도록 하였고, 뒤쪽 콘돔은 착용자의 항문에 착용되도록 하였다. 존슨은 다음과 같이 적고 있다.

「이 발명품의 목적은 여성이나 남성이 질 성교 및 구강 대 성기 성교, 구강 대 항문 성교 등을 할 때 체액의 접촉을 차단하는 것이다」

와이오밍 주의 닥터 레디가 보낸 특허출원서는, 지금까지 접수된 성 기구 특허출원서 중 가장 긴 22페이지에 걸쳐 그림이 빼곡이 들어찬 서류로, 이성애적 성행위와 동성애적 성행위에 쓰일 수 있는 여러 개의 성기 접촉 차단 기구를 기술해 놓고 있다. 이 발명품 역시 사타구니에 콘돔이 부착된 팬티로 끈이나 보호대, 질 성교 및 항문 성교를 위한 삽입 주머니 등을 추가로 달아 놓을 수 있는 것이었다. 이것을 약간 변형한 비키니 팬티 콘돔이 뉴욕 주의 이반 그린에 의해 발명되었다. 그의 발명품에는 아코디언 주름처럼 생긴 콘돔이 사타구니에 납작한 모습으로 접혀져 있다. 성행위시 남성 성기가 이곳을 밀면 콘돔이 펼쳐져 질 안으로 삽입되는 구조였다. 그린은 이 발명품의 이점에 대해 다음과 같이 적고 있다.

「본인의 발명품 같은 의복형 콘돔은 잃어버리거나 착용을 잊을 우려가 없고, 전희와 같은 성적 행위를 도중에 중단하지 않고도 착용할 수 있다」

다른 여러 발명가들이 더욱 개선된 형태의 콘돔 옷을 내놓으려 노력하고 있으나, 지금까지는 미 식품의약국의 승인 및 성적으로 활동적인 대중들의 적극적 수용을 얻은 제품은 나오지 않은 듯하다.

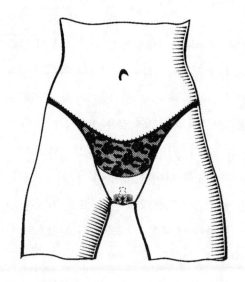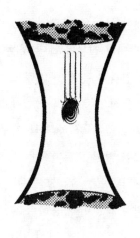

이빈 그린의 비키니 콘돔
특허번호 4,862,901 (1989년)

섹스 로봇

의문의 여지 없이 이 분야의 특허품 중에 가장 기묘한 것은 바로 섹스 로봇이라 하겠다. 한 달을 사이에 두고 애리조나 주와 캘리포니아 주의 발명가들은 각기 왕복운동 오르가슴 기계로 특허를 출원하였다.

캘리포니아 주 말리부의 다니엘 세갈은 1987년 그의 특허출원서에서 다음과 같이 말하고 있다.

「최근 에이즈 바이러스의 발견으로 인해 예전에는 성적으로 활동적이었던 사람들이 성행위를 삼가려는 경향이 있다. 하지만 인간의 성적 욕망은 그냥 지나칠 수 있는 성질의 것이 아니다. 에이즈 바이러스 감염에 대한 두려움 때문에, 또 성행위를 하려는 상대방에게 최근의 성적 접촉에 대해 질문을 해야 하는 껄끄러움 때문에, 많은 사람들이 자신의 성과 타인과의 관계를 바라보는 방식에 변화를 겪고 있다. 따라서 안전하고 위생적으로 성 욕구를 해결해 줌으로써 에이즈와 같은 성병 감염의 두려움을 없애 줄 성 자극 기구가 요구된다. 이러한 기구는 파트너와의 체액 교환 없이 오르가슴을 경험할 수 있도록 하여야 하며, 설치 후 최소한의 조작만으로, 각자의 구미에 맞게 조절이 가능해야 한다. 또한 가정용 전기로 작동이 가능하며, 자체 완비형에, 가벼운 무게를 지니고 청소와 보관에 용이하며, 남성 및 여성 모두가 사용할 수 있어야 한다」

모터가 달린 상자에 왕복 운동을 하는 음경 또는 질 모양의 부드러운 고무를 달아 놓은 이 기구로 그는 특허를 획득하였다.

비슷한 형태의 모터 달린 또다른 섹스 머신은 애리조나 주 메사의 윌리엄 하비가 디자인한 것으로, 트랙 위에 놓여진 상자에 왕복 운동하는 음경 자루가 달려 있으며 자루 뿌리에는 인조 음모가 심겨 있었다. 하비는 다음과 같이 쓰고 있다.

「지금까지 오랫동안 실제 성행위에 가까운 느낌을 주는 섹스 로봇의 출현이 요망되었지만 아직까지 이루어지지 않고 있으며 이런 기계에 대한 소망은 계속될 것이다. 제대로 된 기계가 되려면 실제 남성 성기의 모습과 감촉을 지녀야 하고 사용자의 구미에 맞게 그 속도와 사용방법 및 세기를 조절할 수 있어야 한다. (중략) 본 발명품은 여성의 질에 사용할 수 있을 뿐만 아니라 남성, 여성의 항문에도 사용할 수 있으며 약간의 상상력과 연습을 통해 어떤 자세로도 즐길 수 있다」
그의 발명품도 역시 특허를 받았다.

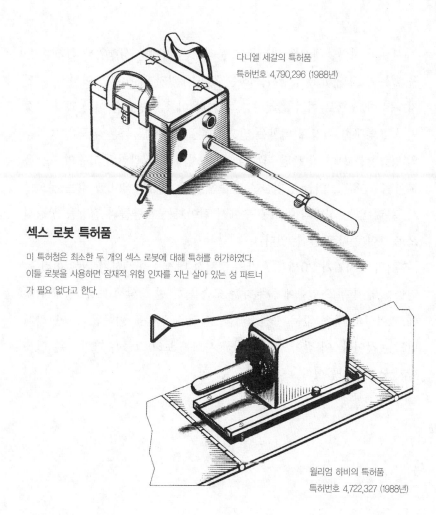

다니엘 세갈의 특허품
특허번호 4,790,296 (1988년)

섹스 로봇 특허품

미 특허청은 최소한 두 개의 섹스 로봇에 대해 특허를 허가하였다.
이들 로봇을 사용하면 잠재적 위험 인자를 지닌 살아 있는 성 파트너
가 필요 없다고 한다.

윌리엄 하비의 특허품
특허번호 4,722,327 (1988년)

　대부분의 사람들에게는 피스톤이 움직이는 기계와 성행위를 하거나 몸을 덮는 싸개를 하고 성행위를 하는 것이 내키지 않을 뿐만 아니라, 어쩐지 처량한 짓으로 여겨질 것이다. 하지만 이들 발명품은 미국 과학 기술 역사의 영구한 이정표 역할을 맡고 있다. 이 발명품들은 미국 발명가들의 엉뚱함을 보여 줄 뿐만 아니라, 우리 시대 성에 관련된 고통의 모습을 보여 주고 있다. 이들 발명품은 단순한 기계 이상의 의미를 갖는 것으로서, 유례 없는 성병의 두려움 속에서 살아가는 사람들의 절망을 상징적으로 보여 준다고 할 수 있다.

　후세의 역사가가 20세기 후반의 정서적 배경을 이해하기 위해 이런 물건들을 앞에 두고 연구에 몰두하는 모습을 한 번 상상해 보자. 성적 접촉에 있어서의 구속 없는 자연스러움, 이것은 인생을 아름답고 충만하게 만드는 것이다. 이 점이 결여된 미국 사회를 보고 그들은 과연 무슨 말을 할지 궁금할 따름이다.

후기

　새로운 기계 장치의 발명을 통해 부를 얻고자 하는 개인적 욕망은 미국 인들이 지닌 충동 가운데 가장 강력한 것 중의 하나임은 모두가 익히 알 고 있는 사실이다. 지난 200년간 이러한 욕망은 멈출 수 없는 힘이 되어 미국 사회를 압도하고 변화시켜 왔다. 그 영향력과 중요성이 상당히 컸 기 때문에 유명한 발명가들의 여정을 살펴보는 것만으로도 미국 역사의 상낭 부문을 그려낼 수 있다.

　이들 발명가는 욕망 때문에, 또는 자신들의 천재성에 자아도취되어 발 명에 몰두했지만, 대개는 큰 부를 이루려는 욕구에 의한 지배를 받았다. 이들은 사회에 대한 뛰어난 관찰자였다. 뛰어난 관찰자가 되지 않을 수 없었던 것이다. 사실, 이들이 남겨 놓은 중요한 사료들은 새롭게 사회가 필요로 하는 것을 찾아내고 그 필요에 부응하는 물건을 만들어 내기 위 해 발명가들이 기울였던 노력의 부수적인 산물일 뿐이다.

　우리 모두가 잘 알고 있듯이, 발명가들과 그들의 발명품들은 항상 우 리들 자신에 대한 중요한 무언가를 알려 주고 있다. 그렇다면 성 문화의 경우는 어떠한가? 과연 그들이 들려 주고자 하는 바는 무엇인가?

　성적인 측면에서 보면 발명가는 평범한 우리들과 전혀 다르지 않다. 그 들도 같은 사회에 살며, 같은 자극에 반응하고, 같은 상상을 하며, 같은 절망을 경험하고, 또한 같은 쾌락을 느끼고 있다. 단지 우리와 구별되는 점이 있다면 그들은 자신의 상상을 기계 장치를 통해 구현해 보려고 노력했다는 점이다. 그들이 남겨 놓은 수많은 그림들과 기계 장치에 대한 설명들은 아웃사이더의 왜곡된 그림이 아니다. 그것은 바로 그들이 살고 있는 사회를 비쳐주는 거울이다.

그 거울에 비친 모습은 때로는 아름답지 못하다. 고고학자들이 주장하듯, 문명이 그 문명이 만들어낸 도구에 의해 규정지어진다고 한다면, 성적인 면에서 미국은 커다란 문제점을 안고 있는 곳이라 할 수 있다. 종교적 광신과 끝없는 탐욕으로 인해 미국의 성문화가 얼마만큼 왜곡되어 왔는가를 많은 발명가들을 통해 생생하게 목격할 수 있다.

신앙심 깊은 척하는 성직자들의 등쌀에 떠밀려 미국은 생명체로서 당연히 갖고 있는 기본적 본능과 가장 치열하고 힘든 전쟁을 벌여왔다. 그들의 논리란 너무도 편향되어 있다. 입안으로 음식을 넣는 일은 본래 추접스러운 것이므로 음식 섭취 자체를 피해야 한다고 주장하거나, 잠자는 일이 명백한 게으름의 증거이기 때문에 올바른 자들은 항시 잠을 이기고 깨어 있어야 한다고 주장하는 것만큼이나 그들의 주장은 편협한 것이다.

다른 한편으로, 미국은 가장 교활한 판매 수법을 동원해 성적 혼란을 겪고 있는 국민들을 상대로 이윤을 챙겨 왔다. 많은 발명가들은 대중의 성에 대한 무지와 정서적 불안정을 유리한 시장 조건으로만 보았다. 성적인 문제를 안고 있는 사람들에게 온갖 감언이설과 사기 수법을 동원하여 이상야릇한 물품을 판매하는 일은 떠돌이 약장사들이 공연을 벌여대던 시절 이전부터 이미 시작되었다. 약장사들이 사라진 이후에도 이러한 전통은 없어지지 않았다. 대신 이 전통은 전자 시대의 소비자 문화와 융합되었다. 사람들을 현혹시키는 이런 전통은 매일 TV와 영화관, 신문 가판대, 쇼핑몰을 뒤덮고 있는 외설적 내용의 광고 속에 깊이 스며들어 있다.

이러한 상업 광고가 조장해 내는 환상은 「미국인들은 성적 유희와 모험을 즐기는 국민」이라는 것이다. 하지만 미국은 성적으로 여전히 결벽증에 걸려 있는 나라이다. 미국은 지금까지 성에 관한 중요한 정보를 제공하는 일에 대해 제약을 가해 왔다. 예컨대 발기부전의 문제를 살펴보면 약 3천만 명의 미국 남성들이 남몰래 고통받고 있다고 한다.

발기부전은 남성의 정신 건강에 큰 위협을 주는 질병으로 여겨지고 있지만, 대부분의 발기부전은 치료를 하지 않은 채 방치되고 있다고 한다. 그 주된 이유는 다음 두 가지라고 한다. 첫 번째는 의료 관계자들이 터부시되고 있는 이 문제에 대해 환자들과 상의하는 것을 달갑지 않게 생각한다는 점이고, 두 번째는 환자나 의료 관계자들마저 발기부전을 치료하거나 보정해 줄 수 있는 기구에 대해 무지하다는 것이다. 그러나 이런 기구들은 예전부터 존재해 왔다. 특허청 기록에 의하면 인조 음경 발기 기구는 성 관련 기구 중에서 가장 역사가 오래되고 또 가장 활발하게 발명이 이루어져 왔던 것 중 하나였다. 지난 수년간 수백만의 남성들에게 발기부전을 치료할 수 있는 요법과 기구가 있다는 사실이 제대로 알려지지 않았다는 점에 놀라움을 금할 길이 없을 정도이다.

이들 특허품을 통해, 현재 미국 사회에 만연되어 있는 성폭력에 대한 분노의 강도가 어느 정도인지도 새삼 생생하게 인식할 수 있다. 그 감정의 정도를 이해하는 데에는 그저 강간 방지 기구들을 살펴보는 것만으로도 충분하다. 수만 페이지짜리 경찰 통계나 페미니스트들의 독설보다도 기구들의 번쩍이는 미늘과 칼날 또는 날카로운 침에서 우리는 더욱 선명하게 분노의 감정을 읽을 수 있다.

우리 사회는 많은 문제점과 결함을 지니고 있다. 하지만 특허청의 성 관련 특허품을 살펴보면 그럼에도 불구하고, 성을 긍정적이고 건강한 것으로 여기는 사회로 끊임없이 발전해 나아가고 있음을 알 수 있다. 이런 경향은 예전의 금기를 깨고 대중매체들이 성과 관련된 심각한 문제를 다루고 있는 데에서, 또한 성적 능력 향상과 성적 쾌감 증진을 위해 첨단 기술을 사용하고 있는 요즘의 특허품에서 쉽게 살펴볼 수 있다. 이러한 기구들은 성적 쾌감을 긍정적으로 볼 뿐만 아니라 오히려 사람들의 건강을 위해 필수적이며 또 치유의 효과까지 지닌 것으로 여기는 사회적 견해가 형성되면서 자연스럽게 생겨난 결과물이다.

끝으로, 200여 년이 지난 지금도 발명에 대한 열정이 여전함을 우리는 이들 발명가를 통하여 알게 되었다. 새롭고 독창적인 물건을 만들어 특허를 얻는 일에 우리 모두는 크게 매료되어 왔다. 이것은 「타오르는 천재의 불꽃에 금전적 이득이라는 연료를 더하라」는 아브라함 링컨의 말에서처럼 금전적 동인이 작용하고 있는 것이다. 따라서 발명에 대한 미국의 열정은 멈추지 않을 것이며 앞으로도 계속 우리의 성적 관습, 성적 환상과 결합하여 예상치 못 한 놀라운 결과를 빚어 낼 것이다.

역자 후기

남성과 여성으로 나뉘어 진화를 하면서부터, 인간은 생존과 진화를 위해 본능적으로 성(sex)에 대해 관심을 가져 왔다. 그 관심은 많은 억압을 받으면서도 위로는 당시 문화 예술에 막대한 영향을 미쳤으며, 아래로는 서민들의 삶에 활력을 주기도 했다. 그리고 현대에 들어 성은 단순히 생물학적 차원에서의 행동이 아니라 즐기는 차원, 커뮤니케이션의 한 형태로까지 발전하고 있다.

그러나 이러한 발전은 인류의 긴 역사에서 볼 때 그리 빠른 것만은 아니라고 생각된다. 사실 인간들이 만든 문명은 인간이 지닌 본능적인 성적 호기심과 열망을 어떻게 하면 교묘하게 감추고 막느냐는 방향으로 고민한 바가 더 크기 때문이다.

이 책에 실린 발명품들 또한 터부와 억압의 도구로 이용된 '섹스 머신'이 적지 않다. 몇 세기 전의 잘못된 지식들 – 자위행위가 정신병의 원인이 될 수 있으며, 몽정은 수치스러운 일이라는 등 – 을 바탕으로 나름대로의 전문가들이 머리를 싸매고 만들어낸 그런 기구들은 이제 보면 실소를 금할 길이 없다.

(물론 이 책에 소개된 발명품들이 모두 우스개 차원의 것은 아니다. 당시에는 눈길을 끌지 못했지만 나중에는 그 안정성과 효율성을 인정받아 현대 비뇨기과 의학 기술의 발판이 된 것도 적지 않다)

하지만 그렇게 실소하기 전에 되돌아 볼 필요도 있을 것 같다. 지금 우리가 지닌 성 관념은 얼마나 열려 있는지를.

자칭 성교육 전문가마저 의학적 사실과는 무관하게 암묵적으로 자위 행위를 죄악시하고, 나아가 성을 조심하고 기피해야 할 대상으로만 전달하는 모습이 대중매체를 통해 당연하게 전파되는 속에서 한편으로는 원조교제처럼 굴곡된 형태로 욕구가 터져 나오는 것이 우리의 현실이지 않은가 말이다.

이렇게 수세기 전의 잘못이 아직도 모양만 바뀌어 여전히 존재하며, 성에 대한 터부와 억압이 이성이라는 수면 속에 깔려 있는 현실을 상기한다면, 기구(섹스 머신)의 발달보다도 더 뒤지고 더 유치한 상태에 머물고 있는 우리 성 인식의 답보에 대해서야말로 한숨을 쉬어야 마땅한 일인지도 모르겠다.

이 책을 처음 들었을 때가 생각난다. 이 책의 원제목은 「American Sex machines」. 사춘기 시절에 가슴 두근거리며, 행여 들킬세라 너덜너덜 헤어진 표지를 조심스럽게 펼치던 미국 성인 잡지가 연상되기도 하는 제목이다. 비뇨기과 전문의인 역자 또한 처음에는 얇은 호기심으로 책장을 펼쳤음을 가벼운 웃음과 함께 인정한다. 하지만 실제로 책을 읽어보면 오히려 한편의 다큐멘터리를 보는 듯한, 그래서 묘하게 언밸런스한 지적 즐거움을 느낄 수 있는 책이다. 그 재미에 욕심이 앞서서 번역을 해보겠다는 생각까지 하게 되었다.

실제 번역하는 데 있어서, 전문 분야의 내용이 많아 의사로서의 장점도 적지는 않았다. 그렇지만 번역 전문가가 아닌 탓의 미숙함은 더 많으리라 생각된다. 끝으로 방대한 자료를 수집한 원작자의 노력에 미숙한 번역이 누가 되지 않았기를 바랄 따름이다.

비뇨기과 전문의 / 의학박사
한지엽

참고 문헌

Chapter 1: The Original Sex Patent

Small-town Calvinism: Dirk J. Struik, *Yankee Science in the Making: Science and Engineering in New England from Colonial Times to the Civil War*, Dover 1991 reprint of 1948 original, Brawn and Company, Boston, page 30. Fines and whipping: John D' Emilio and Estelle B. Freedman, *Intimate Matters: A History of Sexuality in America*, Harper & Row, New York, 1988, pages 11-25. Search for economic opportunity: James Reed, *From Private Vice to Public Virtue: The Birth Control Movement and American Society Since 1830*, Basic Books, New York, 1978, pages 19 and 20. Portuguese female pills: Linda Grossman, Woman' s Body, *Women's Right: A Social History of Birth Control in America*, Grossman Publishers, New York, 1976, page 53. The market for abortion: Ellen Chesler, *Woman of Valor: Margaret Sanger and the Birth Control Movement in America*, Simon & Schuster, New York, 1992, page 63. Statistic of one in five live births aborted: D' Emilio & Freedman, Intimate Matters, page 65. Cut condoms: Angus McLaren, *A History of Contraception from Antiquity to the Present Day*, Basil Blackwell Books. 1990, page 183. Erie Canal as conduit for immorality: Terry Lehr, Assistant Curator for Research, Baker-Cedersberg Museum & Archives, Rochester General Hospital, letter report, June 28, 1993. Beers' s arrival in 1839: Harvey J. Burkhart, "Centennial History of Dentistry in Rochester," in *The Rochester Historical Society Publication Fund Series, Vol XIII*, Rochester Historical Society, Rochester, 1934, page 287. How Beers' s device worked: U.S. Patent Number 4,729, "Preventing Conception," J.B. Beers, Rochester, NY, granted August 28, 1846. Rochester' s religious elders: Porter Farley, M.D., "Rochester in the Forties," by Porter Farley, M.D., in *The Rochester Historical Society Publication Fund Series, Vol. IV*, Rochester Historical Society, Rochester, 1925, page 265. Dental crowns and gold sluicing patents: U.S. Patent Number 144,182, "Artificial Crowns for Teeth," John B. Beers, San Francisco, CA, November 4, 1873, and U.S. Patent Number 129,644, "Apparatus for Collecting the Precious Metals in Mining Sluices," John B. Beers, San Francisco, CA, July 23, 1872.

Chapter 2: America's Assault on the Solitary Vice

Rendered feeble, crippled, blind, or deaf by masturbation: Simon-Andre Tissot, *Onanism: or, a Treatise Upon the Disorders Produced by Masturbation*, J. Pridden, London, 1766, page 72. Tissot' s profound effect: E. H. Hare, "Masturbatory Insanity: The History of an Idea," *Journal af Mental Science*, Vol. 108, No. 452, Jan. 1962, p.2. The supposed relationship between the moon and madness: John Haslam, *Observations on Madness and Melancholy: Including Practical Remarks on Those Diseases*, J. Callow Medical Books, London, 1809, pages 210-217. Masturbation as causing madness: Benjamin Rush, *Medical Inquiries and Observations Upon the Diseases of the Mind*, Grigg & Elliot, Philadelphia, fifth edition, 1835, page 24. Masturbation gave parents something to blame: Karin Calvert, *Children in the House: The Material Culture of Early Childhood, 1600-1900*, Northeastern University Press, Boston, 1992, page 141. Threatening children with knives and scissors: Ivan Bloch, *The Sexual Life of Our Time In Its Relation to Modern Civilization*, Allied Book Company, New York, 1908, page 427. Masturbators charged and tried in court: Allen W. Hagenbach, M.D., "Masturbation as a Cause of Insanity," in *Journal of Nervous and Mental Disease*, Vol. VI, Jan.-Oct., 1879, page 603. The forced removal of testicles: J. D. Marshall, M.D., "Insanity cured by castration," in *Medical and Surgical Reporter*, Vol. XIII, 1865, p.363. Asylum conditions in 1876: John C. Bucknill, *Notes on Asylums for the Insane in America*, J & A Churchill, London, 1876, page 74. Two hundred and fifteen women in modes of restraint: The American Psychiatric Association, *One Hundred Years of American Psychology*, Columbia University Press, New York, page 115. Bromide of potassium and silver prepuce rings: Alexander Robertson, "Notes on a Visit to American Asylums," in *Journal of Mental Science*, Vol. XV, April, 1869, p.58. Masturbators injected with opium: H. Tristam Engelhardt, Jr., "The Disease of Masturbation," in *Sickness & Health in America: Readings in the History of Medicine and Public Health*, University of Wisconsin Press, Madison, second edition, 1985, page 17. Mutilating surgery recommended up to 1936: Vern L. Bullough and Bonnie Bullough, *Sin, Sickness, & Sanity: A History of Sexual Attitudes*, Garland Publishing. New York 1977, page 69. 1994 Sex in America survey: R. T. Michael, J. H. Gagnon, E. O. Laumann and G. Kolata, *Sex in America, a Definitive Survey*, Little, Brown and Co., New York, 1994, pages 155-168.

Chapter 3: The War on Wet Dreams

Pliny and Galen accounts of lead: Herbert L. Needleman, Human Lead Exposure, CRC Press, Boca Raton, 1992, page 5. Early theories on semen loss and illness: Vern L. Bullough, *Sex, Society & History*, Science History Publications, New York, 1976, page 174. Dr. Acton and the need to keep dreams pure: cited in Steven Marcus, *The Other Victorians: A Study of Sexuality and Pornography in Mid-Nineteenth-Century England*, Basic Books, New York, 1964, page 23. Procedure piercing the foreskin with silk slings: Dr. Louis Bauer, "Infibulation as a Remedy far Epilepsy and Seminal Losses," in *Saint Louis Clinical Record*, Vol. 6, Sept. 1879, page 163. First spermatorrhoea rings: Dr. J. A. Mayes, "Spermatorrhoea Treated by the Lately Invented Rings," in *Charleston Medical Journal and Review*, Vol. 9, May 1854, page 351.

Chapter 4: The Evolution of Vaginal Machinery

Families having seven children each in 1800: James Reed, *From Private Vice to Public Virtue: The Birth Control Movement and American Society Since 1830*, Basic Books, New York, 1978, page 4. Procidentia described: Edward Shorter, *Women's Bodies: A Social History of Women's Encounter with Health, Ill-Health and Medicine*, Transaction Publications, New Brunswick, NJ, 1991, page 273. Doctors keeping eyes averted from patient's genitals: Judith Walzer Leavitt, "Science Enters the Birthing Room: Obstetrics in America since the 18th Century," in *Sickness & Health in America: Readings in the History of Medicine and Public Health*, University of Wisconsin Press, Madison, 1985, page 83. Multiple meaning of term "stem pessary": Until the mid-1800s, the term "stem pessary" was generally used to describe a "stem-and-ball" or "stem-and-cup" pessary that was inserted in the vagina. The "stem" in this case was the bar that ran the length of the vagina and pressed the ball, cup, or support platform against the exterior of the womb. In the second half of the century, "stem pessary" came to assume a new meaning as a device that had a narrow stem for insertion into the uterus. As later sections of this chapter explain, these intrauterine stem pessaries were used for purposes of contraception and abortion. Throughout this book, the term "stem pessary" is always used to refer to the vaginal "stem-and-ball" type device. The term "intrauterine stem pessary" is used to describe the pessary devices which actually enter the uterus. A number of books and articles published in the twentieth century have used the single term, "stem pessary" to describe both kinds of devices in a manner that is often confusing. Decreasing national birthrate: In 1800, American women were bearing an average of 7.04 children each. By 1860, this had declined to 5.21 children per woman. And by 1900 it was down to 3.56 - half of what it had been one hundred years previous. This steady decline in births parallels an equally steady increase in the use of birth control techniques throughout the century. See: James Reed, *From Private Vice to Public Virtue: The Birth Control Movement and American Society Since 1830*, Basic Books, New York, 1978, page 4.

Chapter 5: The Victorian Era of Contraception

The vagina as a Chinese toy-shop: Dr. W. D. Buck "A Raid on the Uterus," 1866 address to the New Hampshire State Medical Society reprinted in *New York Medical journal*, Vol. 5. August, 1867, pages 464-465. Dearth of hard information on Victorian contraception and abortion products: Linda Gordon, *Woman's Body, Women's Right: A Social History of Birth Control in America*, Crossman Publishers, New York, 1976, page 67. Widespread douching: James Reed, *From Private Vice to Public Virtue: The Birth Control Movement and American Society Since 1830*, Basic Books, New York, 1978, page 10. Seaweed vaginal plugs: Norman E. Himes, *Medical History of Contraception*, Williams & Wilkins, Baltimore, 1936, page 22. Edward Bliss Foote on the womb veil: Quoted in: James Reed, *From Private Vice to Public Virtue*, page 16.

Chapter 6: The Rubber Revolution

Rubber shoes in 1820: P. W. Parker, *Charles Goodyear: Connecticut Yankee and Rubber Pioneer*, Godfrey Cabot Publishers, Boston, 1940, page 15. "ko-chook" is the pronunciation of the word "caoutchouc." Crude rubber syringes: P. W. Parker, *Charles Goodyear*, page 13. The French and douching in the 1700s: Angus McLaren, *A History of Contraception from Antiquity to the Present Day*, Basil Blackwell, Ltd., Cambridge, 1990, page 157. Thumb-sized gobs of rubber: Ralph Frank Wolf, India Rubber Man: *The Story of Charles Goodyear*, Caxton Printers, Ltd., Caldwell, Ohio, 1940, page 44, cites Priestly's mention in the introduction to the book, *Theory and Practice of Perspective*, 1770. Quantities and prices of rubber shoes and india rubber instruments: P.W. Parker, *Charles Goodyear, pages 15 and 22. Rubber tubes and abortion*: Edward Shorter, Women's Bodies: *A Social History of Women's Encounter with Health, Ill-Health and Medicine*, Transaction Pub., 1991, page 198. Variety of commercial terms for rubber products: Patent applications filed with the U.S. Patent Office over the years mention india rubber, caoutchouc, gutta percha and, at times, gum elastic. All of these are terms used in this era to describe rubber. Comstock's diary: Heywood Broun and Margaret Leech, *Anthony Comstock: Roundsman of the Lord*, Albert & Charles Boni Publishers, New York, 1927, page 31. "All that was vulgar...": Broun and Leech, *Anthony Comstock*, page 75. "Stationed in a swamp...": Broun and Leech, *Anthony Comstock*, page 19. Seizures of "immoral rubber articles": Broun and Leech, *Anthony Comstock*, page 153. Three factories raided and closed: Broun and Leech, *Anthony Comstock*, page 155. American condom industry: James Murphy. *The Condom Industry in the United States*, McFarland & Company, Inc., Publishers, North Carolina, 1990, page 9. Volume of 1930s condom sales: Norman E. Himes, *Medical History of Contraception*, Williams & Wilkins, Baltimore, Maryland, 1936, page 186.

Chapter 7: Erector Rings

"Be thankful your studies are not interfered with"; William Acton. *The Functions and Disorders of the Reproductive Organs in Childhood, Youth. Adult Age, and Advanced Life*, P. Blakison, Son & Co., Publishers, Philadelphia, 1883. page 87. Modem day impotence rate: "NIH Consensus Development Panel on Impotence," in *Journal of the American Medical Association*, vol. 270, No. 8, July 7, 1993, page 83. "Large towns harbor crowds...": Victor Vecki. *The Pathology and Treatment of Sexual Impotence*, W.B. Saunders, Philadelphia, 1899, page 27. Prince Lotus Blossom:James H. Young, *The Toadstool Millionaires:*

333

A Social History of Patent Medicines in America Before Federal Regs, Princeton University Press. 1972. page 200. "Lost manhood": Stewart H. Holbrook, *The Golden Age of Quackery*. Macmillan, New York, 1959, page 76. New York Museum of Anatomy: James H. Young, *The Toadstool Millionaires*, page 183. Dr. Cross' s impotence lecture: Samuel W. Gross, "On Sexual Debility and Impotence," in *Medical & Surgical Reporter*, Philadelphia, May 5, 1877, page 391. Masturbation and internal strictures: At this time, the exact nature of gonorrhea was not well understood. It would be another two years before the gonococcus microbe was isolated and identified and still later before the Full range of the disease' s pathology was known. Urethral strictures are one of the major characteristics of the disease, It seems likely that the strictures to which Gross was referring were those caused by gonorrhea, later discovered to be far more prevalent throughout society than was appreciated in 1877. Tonic and malt doctor: John J. Caldwell, "Impotence and Sterility, Their Causes and Treatment by Electricity," address before the Baltimore Medical and Surgical Society, September, 1879. reprinted in *Virginia Medical Monthly*, Richmond, 1879, Vol. VI, p436. Understanding of the bio-hydraulics of erection: James H. Dunn, M.D., "Impotence in the Male and Its Treatment," in *Northwestern Lancet*, St. Paul, November, 1885 Vol. V, No. 3, page 41. Procedure of partially tying off the dorsal vein: G. R. Phillips. M.D., "Impotence Treated by Ligation of the Dorsal Vein of the Penis." *St. L Louis Medical Era*, 1895-1896, page 99, Professor Bartholomew: Stewart H. Holbrook, *The Golden Age of Quackery*, page 251. 1993 NIH report: "NIH Consensus Development Panel on Impotence," *Journal of the American Medical Association*, Vol. 270, No. 8. July 7, 1993, page 83.

Chapter 8: Penile Splints

"Patent" medicines: Generally, the term "patent" medicine, does not refer to a substance that has been registered at the U.S. Patent Office, but rather to an older custom of European monarchs who granted "patents" or exclusive rights to individuals to make and sell certain substances throughout the realm. The fact that a brew or potion had been granted the favor and protection of the King or Head of State was perceived to imply its high quality and effectiveness. Annual sales of patent medicine industry: Steward H. Holbrook, *The Golden Age of Quackery*, Macmillan, New York, 1959, page 4. $80 million in 1900 is roughly equivalent to about $5 billion in 1994 dollars. Patent medicine expose' : Samuel Adams Hopkins, "The Great American Fraud," in *Collier' s Weekly*, October 7, 1905, page 95.

Chapter 9: The Bionic Penis

Discovery of effect of vasoactive drugs on erection: R. Virag, "Intracavernous Injection of Papaverine for Erectile Failure," in *The Lancet*, Vol. 11, No. 8304, October23, 1982, page 938. AMA evaluation of vasoactive drugs for impotence therapy: "Vasoactive Intracavernous Pharmacotherapy for Impotence: Papaverine and Phentolamine," A Diagnostic and Therapeutic Technology Assessment, Office of Technology Assessment, American Medical Association, *Journal of the American Medical Association*, August 8, 1990, Vol. 264, No. 6, page 752. 1993 NIH report: "NIH Consensus Development Panel on Impotence," *Journal of the American Medical Association*, vol. 270, No. 8, July 7, 1993, page 83. Federal study of impotence: Lawrence K. Altman, "Study Suggests High Rate of Impotence," in *the New York Times*, December 22, 1993, page C13.

Chapter 10: Who Really Invented the Bra?

Contemporary reference works: James Trager, *The People' s Chronology; A Year-by-Year Record of Human Events from Prehistory to the Present*, Henry Holt & Company, New York, 1992, page 710; *The New York Public Library Book of Chronologies: The Ultimate One-Volume Collection of Dates, Events, People, Places and Pastimes*, Prentice Hall Press, New York, 1990, page 431. French corset maker Herminie Cadolle: "Hurray for the Bra: It' s 100 Years Old," cover story, Life, June, 1989, page 89. Day corsets: Willett C. Cunnington, and Phillis Cunnington, *The History of Underclothes*, Michael Joseph, Ltd., London, 1951, reprint. Dover Publications, New York, 1992, page 49. "This novel application of India-rubber...": Willett and Phillips Cunnington, *History of Underclothes, page 132*. Soutien-Gorge: "Hurray for the Bra: It' s 100 Years Old," cover story, *Life*, June, 1989, page 89. Jacobs' s soutien-gorge: Caresse Crosby, *The Passionate Years*, The Dial Press, New York, 1953, page 61. "But I did invent it": Caresse Crosby, *The Passionate Years*, page 10. Bra "prototypes" of the 1840s: Willett and Phillis Cunnington, *History of Underclothes*, page 149. Backless bra: Anne L. Macdonald, *Feminine Ingenuity: Women and Invention in America*, Ballantine Books, New York, 1992, page 273. Individual bra cups: E. Vare and G. Ptacek, *Mothers of invention: From the Bra to the Bomb-Forgotten Women and Their Unforgettable Ideas*, Morrow, New York, 1988, page 58.

Chapter 11: The Industrialization of the Breast

"Sell them their dreams...": William Leach, *Land of Desire: Merchants, Power, and the Rise of a New American Culture*, Pantheon Books, New York, 1993, page 298. "The tragedy of children acting out the sexual fantasies...": Betty Friedan, *The Feminine Mystique*, Laurel Books, Dell Publishing, New York, 1983, page 281.

Chapter 12: Artificial Breasts and the Silicone Nightmare

Silicone in World War II: Aaron J. Ihde, *The Development of Modern Chemistry*, Harper & Row, 1964, reprinted by Dover Publications, 1984, page 605. Stolen silicone transformer fluid: Philip J. Hilts, "Strange History of Silicone Held Many Warning Signs," *the New York Times*, January 18, 1992, page 1. 1949 patents of Kausch and Freeman: The later patents filed by Pangman and Cronin would specifically cite these earlier designs as direct antecedents. Failure of Pangman's 1951 concept: William C. Grabb and James W. Smith, *Plastic Surgery*, third edition, Little, Brown and Company, Boston, 1979, page 719. "I am feminine...": Hugh A. Johnson, M.D., "Silastic Breast Implants: Coping with Complications," Rockford, IL, *Plastic and Reconstructive Surgery*, Vol. 44, December, 1969, page 588. Fifty thousand implants in first eleven years: Boyce Rensberger, "Breast Implant Study Findings Misrepresented: 1 of 4 Beagles Died in 1973 Company Test," the *Washington Post*, January 16, 1992, page A1. 1979 implant pall: Grabb and Smith, *Plastic Surgery*, page 719. Large-celled tumor masses: Harry V. Eisenberg and Robert J. Bartells, "Rupture of a Silicone Bag-Gel Breast Implant by Closed Compression Capsulotomy," *Plastic and Reconstructive Surgery*, Vol. 59, June, 1977, page 849. Dow Corning appreciable oiling memo: Dr. Frank B. Vasey and Josh Feldstein, *The Silicone Breast Implant Controversy*, Crossing Press, Freedom, CA, 1993, page 67. Implants as a half-billion dollar annual industry: Sandy Rovner, "Implant Safety: Who's Right?," by Sandy Rovner, The *Washington Post*, November 12, 1991, page Z12; Sarah Glazer, "Women's Health Battle Over Breast Implants: Fewer Women Are Seeking Cosmetic Enlargements, Plastic Surgeons Say," the *Washington Post*, January 14, 1992, page Z7. FDA's "alarming" memos: Boyce Rensberger, "Silicone Gel Found to Cause Cancer in Laboratory Rats; Citizens' Group Calls for Ban on Breast Implants," the *Washington Post*, November 10, 1988, page A3. "Guinea pigs in a vast uncontrolled clinical trial": Philip J. Hilts, "Drug Agency Questions Companies' Safety Data on Breast Implants," the *New York Times*, September 17, 1991, page B6. TDA in polyurethane implant coatings: Philip J. Hilts, "Scientists Link Breast Implant to Cancer," the *New York Times*, April 14, 1991, page 18.

Chapter 13: Anti-Rape Technology

Number of rapes in U.S.: *Violence Against Women: A Week In The Life of America*, A Majority Staff Report, Committee on the Judiciary, U.S. Senate, Second Session, October, 1992, pages 2-3. This report indicates that about 12,000 women are subjected to forcible rape throughout America each week. This calculates Out to 624,000 rapes a year, or an average of about 1.2 rapes a minute, round the clock. The Judiciary Committee also cites data from the National Victim Center and the Crime Victims Research Treatment Center indicating an average of about 605,000 women have been raped each year for the last twenty years in America, or about 12.1 million women. Brownmiller's landmark book: Susan Brownmiller, *Against Our Will*: Men. Women and Rape, Fawcett Columbine/Ballantine, New York, 1993.

Chapter 14: Mechanical Stimulators

1994 Sex study: Michael, R. T., J. H. Gagnon, E. O. Laumann and G. kolata, *Sex in America, a Definitive Survey*, Little, Brown and Co., New York, 1994, pages l46-l57. Phallus factories of 500 B.C.: Reay Tannahill, *Sex in History*, Scarborough House, London, 1992, page 98. Anthropological findings in many cultures: Havelock Ellis, *Studies in the Psychology of Sex, Volume I, Random* House, New York, 1942, page 170; Norman E. Himes, *Medical History of Contraception*, Williams & Wilkins, Baltimore, MD, 1936 (1970 reprint, Schocken Books), page 125; Ivan Bloch, *The Sexual Life of Our Time In Its Relation to Modern Civilization*, Allied Book Co., NY, 1908, page 411; Ray Tannahill, *Sex in History*, page 179. Phallus implements in European history: Havelock Ellis, *Studies in the Psychology of Sex*, pages 169-170; Ivan Bloch, *Sexual Life in England*, Corgi Books, London, 1958, page 260. Handcrafted silver dildos: Ivan Block, *Sexual Life of Our Time*, page 412. Asian hollow balls: Havelock Ellis, *Studies in the Psychology of Sex*, page 167.

Chapter 16: Exercisers and Monitors

Michael, R. T., J. H. Gagnon, E. O. Laumann and G. Kolata, *Sex in America, a Definitive Survey*, Little, Brown and Co., New York, 1994.

Chapter 17: Safe Sex in the Age of AIDS

Widely publicized Female condom product: Elizabeth Kaye, "Reality Dawns: With a Squeak Instead of a Roar, the First Female Condom is About to Arrive," the *New York Times*, May 9, 1993, page 8V, col. l; Warren E. Leary, "Female Condom Approved For Market," the *New York Times*, May 11,1993, page C5, col. 1; Mireva Navarro, "Female Condom Is Winning Favor: Among Women First to Use It as a Shield Against H.I.V., the Device Gains Interest," the *New York Times*, December 15, 1992, page Bl, col. 2.

그리고 인간은 섹스머신을 만들었다

초판 인쇄 2002년 10월 13일
초판 발행 2002년 10월 15일
번역 한지엽
편집 홍제희
디자인 조희정
영업 최진호
발행인 김정열

(주)엔북
우) 121-817 서울 마포구 동교동 168-3 홍남빌딩 6층
http://www.nbook.seoul.kr
전화 02-334-2862
팩스 02-332-2479
메일 goodbook@nbook.seoul.kr

등록 제10-2110호
ISBN 89-89683-15-7 03300

값 9,400원